질문 8

인천교육의 길을 다시 묻다

질문8

인천교육의 길을 다시 묻다

초판 1쇄 인쇄 2026년 2월 2일
초판 1쇄 발행 2026년 2월 10일

지은이 도성훈
진행 및 정리 강순원
펴낸이 김승희
펴낸곳 도서출판 살림터

기획 정광일
편집 송승호
북디자인 이순민
제목 글씨 꽃비 고천성

인쇄·제본 (주)신화프린팅
종이 (주)명동지류

주소 서울시 양천구 목동동로 293 22층 2215-1호
전화 02) 3141-6553
팩스 02) 3141-6555
출판등록 2008년 3월 18일 제313-1990-12호
이메일 gwang80@hanmail.net
블로그 https://blog.naver.com/dkffk1020
한국교육연구네트워크 https://www.kednetwork.or.kr

ISBN 979-11-5930-355-5 03370

인천교육의 길을 다시 묻다

질문 8

도성훈 지음 | 강순원 진행 및 정리

살림터

| 차 례 |

도성훈 교육감과 강순원 교수의 대담은 교육이 나아가야 할 명확한 방향을 보여줍니다. 급속한 변화 속에서도 교육의 본질을 잃지 않고 혁신을 모색해야 한다는 메시지가 특히 의미 있습니다. 인간·자연·AI의 평화와 공존을 기반으로 한 도 교육감의 철학은 오늘의 갈등 사회에 꼭 필요한 시사점을 줍니다. 두 분의 대담을 통해 교육이 평화와 공존의 사회를 만들고, 그것이 다시 교육을 견인하는 선순환의 길을 모색하는 데 의미 있는 기여를 하리라 믿습니다. 이 책이 미래교육을 고민하는 모든 이에게 새로운 길을 제시하는 귀중한 기록은 물론, 지속 가능한 한반도 평화로 가는 교육적 노력에도 큰 도움이 되기를 바랍니다.

_이해찬(민주평화통일자문회의 수석부의장)

이 책은 교육자와 연구자의 대담이라는 독특한 형식으로 해방 후 현대 사회사와 교육사, 그리고 미래 교육의 화두들을 진솔한 대화를 통해 흥미롭고 깊이 있게 다루고 있습니다. 우리는 도성훈 교육감과 강순원 교수의 대화에 독자로 참여하면서, 한국 교육의 과거, 현재, 미래에 관한 실존적이고 역사적인 질문들, 앞으로의 실천적 전망에 대한 고민들을 나누게 됩니다. AI가 인간의 대면 대상으로 떠오르고 어느 때보다 교육의 불확실성이 높아지는 시기에, 교육에 관한 가장 기본적인 관점들, 여전히 풀어내지 못하고 있는 문제들, 내일을 여는 시작을 위해 추구해야 할 평화와 공존의 가치들을 돌아보게 하는, 묵직하면서도 섬세한 울림을 주는 귀한 책입니다.

_이윤미(홍익대학교 교육학과 교수)

도성훈 교육감은 신기한 사람이다. 조부로부터 올곧은 교육사상을 학습한 한 청년이 그대로 국어교사가 되었으나, 불합리한 학교 현실 속에서 교사와 학생이 상호진화하는 상생의 교실을 지키기 위해 교육운동가로 이행했으며, 그 현장경험에서 터득한 정책적 대안들을 한국의 얽힌 매듭, 인천에서 함께 풀고자 연대하면서 문득 교육행정가로 변신한바, 그는 여전히 아름다운 교실을 꿈꾸는 청년 국어교사다.

도 교육감은 신통한 사람이다. 한신대 강순원 교수와 나눈 이 대담집을 통독하며 놀랐다. 21세기에 불어온 AI 바람에 이처럼 집중하다니, 많이 배웠다. 왜 까다로운 AI에 주목하는가? 이제 교육의 다른 주체인 학생들이 스마트폰에 익숙한 Z세대보다 한 걸음 더 나아가 AI를 '도구'가 아니라 '환경'으로 경험하는 첫 세대, 바로 AI 세대이기 때문이다. 이 변화에 적응할 새로운 교육정책의 모색이 절실한바, 그럼에도

AI에 매몰되지 않는 균형이 돋보인다. 최근 종이책에 대한 다른 매혹과 전통에 대한 조용한 열광이 젊은 세대 사이에서 빠르게 확산하는 것을 보건대, 비판적 AI 활용능력과 자기주도학습역량의 강화를 위한 이중 축 교육을 제안한 도 교육감의 통찰이 더욱이 미쁜 것이다.

한결같되 나날이 새로운 교육정책을 위해 노고하는 장년 국어교사, 도성훈 교육이 인천 학생들과 학부모들, 그리고 뜻있는 인천 시민들과 함께 성찰적 열매를 거두기를 축수한다.

_최원식(인하대학교 국어국문학과 명예교수)

도성훈 교육감의 책은 '사람을 어떻게 키울 것인가'라는 인류적이면서도 시대적인 질문에 답을 주는, 깊이 있는 성찰의 기록입니다. 의료인이자 교육자로서 저는 생명을 돌보는 일과 한 사람의 성장을 책임지는 교육이 본질적으로 다르지 않다고 늘 느껴왔습니다. 누군가의 삶을 존엄하게 보듬고 온전히 키워낸다는 점에서, 꼭 같은 사명의 길이기 때문입니다.

근년의 교육환경의 격랑(激浪), 팬데믹 3년을 포함한 거센 변화의 물결 속에서도 저자는 인간다움과 공동체 그리고 책임이라는 교육의 가치를 지키기 위해 심혈을 기울여 오셨습니다. 이 책은 인천교육의 발자취를 넘어, 우리가 함께 그려가야 할 미래 사회의 방향을 조용하지만 분명하게 비추어 줍니다.

_이길여(가천대학교 이사장)

인천에서 초·중·고를 모두 다닌 한 시민으로서 이 책을 읽었다. 이 책은 교육이 제도나 구호에 머무르지 않고, 교실과 마을, 학생의 일상 속에서 어떻게 삶으로 구현되는지를 차분히 보여준다. 특히 AI 주도 시대 기술보다 먼저 읽걷쓰를 기반으로 한 인간의 사유와 책임 있는 실천을 교육의 중심에 두어야 한다는 메시지는 깊은 울림을 준다. 이 책은 인천교육이 걸어온 길과 앞으로 나아갈 길을, '성과'가 아닌 '존재의 성장'이라는 언어로 또렷하게 제시한다.

_폴김(전 스탠포드대 교수, 현 카자흐스탄 대통령실 AI위원회 위원)

인천의 교육현장에서 아이들과 마주하며 늘 고민해왔습니다. 어떻게 하면 지역과 학교의 격차를 넘어 모든 아이의 결을 살릴 수 있을까? 이 책은 학교를 '철학적 공동의 집'으로 세우며, 모든 학생을 '아이 플라토'로 정의하자고 그 방향을 제시합니다. AI 시대 교학상장의 의미와 함께, 교육이 성취를 위한 수단이 아니라 삶의 힘을 키우는 과정

이라는 확신을 갖게 되었습니다. 삶으로 이어지는 '진짜 공부'의 방향
이 담긴 이 책을 동료 교사들에게 자신 있게 추천합니다.

_최동석(도림고등학교 교사)

　도성훈 교육감님을 동암중학교에서 만난 제자로서, 당시 '열린 교장
실' 운영을 통해 학생들의 목소리에 진심으로 귀 기울이시던 모습을
가까이에서 기억하고 있습니다. 특히 우리 이름을 일일이 기억하시며
스스럼없이 불러 주시던 모습에서 진정한 교육자의 품격을 느낄 수
있었습니다.

　학창시절의 이런 경험 속에 저는 민주적 소통과 책임 있는 리더십
의 가치를 배우며 큰 성장을 이룰 수 있었습니다. 이 책은 교육현장에
서 실천해 오신 열린 행정과 학생 중심·시민적 교육철학, 그리고 인천
교육의 길에 대해 성찰한 기록을 널리 나누게 된 점에서 더욱 뜻깊습
니다.

　이번 출판을 진심으로 축하드리며, 교육감님이 걸어오신 따뜻하고
단단한 여정이 학생성공시대를 여는 인천교육의 미래를 밝혀 주시기
를 기원합니다.

_방승원(동암중학교 32회 졸업생, 인천시교육청 청년진로멘토 2기)

아이들과 함께일 때 가장 멋진 도성훈 교육감님! 항상 든든한 울타리가 되어 인천교육의 안전에 힘써주시고 아이들과 함께하며, 그들이 각자의 결대로 꿈을 키워가도록 매 순간 고민하시는 교육감님, 사랑합니다. 함께했던 '읽걷쓰' 활동은 단순한 독서를 넘어, 아이들이 세상을 읽고, 자기 시선으로 삶을 걸으며, 그 안에 담긴 소중한 경험들을 글로 써 내려가는 귀한 기회를 만들어 주고 있다고 생각합니다. 오늘 빛나는 열매를 맺은 교육감님의 글이 많은 이들의 마음에 스며들어 또 다른 '읽걷쓰'의 시작점이 되기를 간절히 바랍니다.

_배애숙(인천송천고등학교 학교운영위원장)

　　이 책은 제가 교육감으로서 역할을 수행하는 동안 인천교육을 다시 묻고 답을 찾아가는 치열한 고민과 실천의 기록입니다. 긴 시간 동안 생각을 모으도록 대담을 이끌어주신 강순원 교수님께 감사드립니다.

초심을 묻다: 벽을 허무는 행정

　　처음 교육감으로서의 소임을 부여받았을 때 품었던 마음은, 교육행정의 투명성과 소통을 극대화하는 것이었습니다. 그래서 교육감으로서 가장 먼저 한 일은 눈에 보이는 권위의 상징들을 없애는 것이었습니다. 교육감 명패를 만들지 않았고, 접견실과 집무실 벽을 투명 유리로 바꾸어 언제든지 현장의 목소리가 닿을 수 있게 했습니다. 문을 닫아두는 행정이 아니라 열린 공간에서 함께 고민하는 행정을 선택했습니다.

　　교육청 정문 옆, 시민과의 소통을 가로막고 있던 집회 방지용 화단을 철거한 것도 같은 맥락입니다. 행정은 언제든 질문받고 설명해야 할 책임의 영역이기 때문입니다. 또한 교육감 관사를 청소년 문화공간으로 바꿔, 미래 세대의 성장 공간으로 만들었습니다. 이 모든 선택은 학교 현장과 시민 곁으로 다가가겠다는 다짐이자 실천입니다.

현장을 묻다: 위기 속에서 행정의 이유를 찾다

그런데 임기 중 누구도 예상치 못한 거대한 파도를 마주했습니다. 코로나19 팬데믹은 교육은 물론 우리의 모든 일상과 질서를 근본부터 흔들었습니다. 저는 두 달 남짓 교육청에서 숙식하며 방역과 학사 운영이 흔들리지 않도록 모든 역량을 쏟았습니다. 이 경험은 교육의 존재 이유를 다시 묻게 했습니다. 안전 없이는 배움도 없다는 사실을, 어느 때보다 절실하게 깨닫게 되었습니다.

아이들은 계속 성장했기에, 우리는 미래교육에 대한 준비를 멈출 수 없었습니다. 급변하는 시대 속에서 아이들이 주체적인 미래 시민으로 성장할 수 있도록, 교육 방향과 내용을 다시 설계하며 미래교육의 바탕을 만들어 갔습니다.

성장을 묻다: 교육환경과 교육복지로 확장되는 미래교육

배움은 교실 안에만 머물러서는 안 됩니다. 아이들이 꿈을 키울 수 있는 환경, 한 아이도 포기하지 않는 교육을 위한 일, 이 역시 중대한 문제입니다. 원도심과 신도심의 교육 균형 발전을 위해 적정 규모의 학교 설립과 노후 학교 개축, 새로운 교육 수요에 응하는 기관 설립을 통해 안전하고 쾌적한 학습 환경을 만들고자 했습니다. 아울러 한 아이도 소외되지 않도록 교육복지를 확장하며, 교육의 공공성을 강화하는 데 힘썼습니다.

인천을 묻다: 지역에서 시작하는 미래교육

인천은 168개 섬과 다양한 해양자원, 선사시대 유적부터 첨단 스마트 자원에 이르기까지 다양성, 개방성, 포용성으로 성장한 도시입니다. 아이들이 내가 발 딛고 사는 인천을 바로 알고, 아끼고 사랑하게 하고자 교육해 왔습니다. 인천의 지리적·역사적·산업적 특성을 교육의 자산으로 삼고, 인천의 특성을 살린 교육, 세계와 연결된 배움 속에서 아이들이 글로벌 감각과 지역 정체성을 함께 키워갈 수 있도록 '인천을 품고 세계로 향하는 교육'을 설계해 왔습니다.

이 모든 과정은 오직 교육공동체 모두의 행복과 성장을 위해 달려

온 길이고, 이 책은 그런 여정을 묻고 성찰한 기록입니다. 이를 토대로 우리가 놓쳐서는 안 될 중요한 교육적 가치들을 확인하는 질문들이 계속 이어지기를 바랍니다. 이 여정에 함께해주신 모든 분께 진심으로 감사드리며, 이 책이 인천교육, 더 나아가 대한민국 교육의 더 나은 미래를 향한 소중한 밑거름이 되기를 기원합니다.

2026년 1월

도성훈

교육 40년, 내일을 여는 시작

도 교육자로서 삶을 성찰하는 귀한 대화에 초대해 주셔서 감사합니다. 나의 어제와 오늘 그리고 내일을 돌아보는 성찰적 대화에 큰 기대를 하고 있습니다. 그동안 제대로 숙고하며 이 자리에 와 있는지 고민하면서 여기까지 왔습니다. 지금은 인천광역시 교육을 총괄하는 교육감 직무를 맡고 있지만, 교사를 할 때나, 집에서 아이 아빠일 때나, 학교에서 해직되어 지역에서 교육운동을 할 때나, 전교조 지부장을 할 때나, 전 언제 어디서 누구와 무슨 일을 하든 똑같습니다. '지금 여기 나와 함께 있는 사람들이 소중하다. 그래서 서로에게 도움되는 관계이고 싶다'는 생각과 철학으로 살다 보니 행동반경만 커졌지 변한 게 없어요.

나의 나무 밑에서

강 도 선생님은 1985년 성헌고에서 교사로서 첫발을 내디디셨으니까, 올해가 교직에 입문하신 지 40년 되는 해입니다. 1980년대는 정치·

사회적으로 두려움과 불확실성의 시기였지요. 1979년 10·26사태, 1980년 5·18광주민주화운동 등 정치적으로 매우 혼란했습니다. 대학가는 민주주의를 요구하는 운동권과 이와 무관하게 낭만을 즐기자는 무정치파로 양분되었다고 볼 수 있지만, 이들은 대체로 시대의 고민을 함께 안고 생활한 정치화된 세대라고 볼 수 있지요. 하루하루가 혼란스러운 상황에서 대학 생활을 하셨는데, 국어국문과 졸업생이 왜 교사가 되려고 하셨나요?

도 1979년 중앙대학교 문리과대학에 입학했는데, 엄혹한 시국이었음에도 학교에서 시위는 자주 일어나지 않았습니다. 그래도 독재 정치에 대한 의구심은 있는 분위기였어요. 그런데 그해 10·26사태가 발생했어요. 그 직후 모든 학교에 휴교령이 떨어지고, 학교는 문을 닫고 그대로 겨울방학으로 이어졌습니다.

1학년을 그렇게 마무리하니 어리둥절했습니다. 2학년이 된 1980년 봄학기는 1학년 때같이 조용한 학교가 아니었어요. 학교에는 경찰이 상주해 있었고, 매일같이 격렬한 학내 시위가 벌어졌어요. 서울역에는 많은 대학생과 시민이 모여 계엄해제를 요구하는 민주화 시위로 경찰과 강경대치하는 '서울의 봄'이 이어졌어요. 계엄사령부 전두환 장군은 광주민주항쟁을 무자비하게 진압한 후, 5월 30일 국보위(국가보위비상대책위원회)를 만들어 삼엄한 정치환경을 조성했습니다. 그리고 통일주체국민회의를 소집하여 치른 간접선거를 통해 그해 8월, 제5공화국을 이끄는 7년 단임제 대통령으로 당선되었습니다. 저는 1980년에 발생한 이런 극한적 정치 변동을 이해하기 어려웠어요.

1학년 때는 문과계열로 입학하여 반별로 나뉘어 수업을 들었기 때문에, 학과에 대한 소속의식이나 정치의식이 특별히 형성되지 않았던 것 같아요. 그러다가 2학년 때 국문과로 진학했는데, 그때가 1980년이라 자연스럽게 학과 친구들끼리 정치적 논의를 하곤 했어요. 그렇게 일 년을 지내다 3학년 때 휴학하고 군대 간 거죠.

당시에는 대학마다 밴드가 결성되어 있었어요. 1학년 때 같은 반 친구의 권유로 밴드에 참여하게 되었습니다. 저는 음악은 좋아했지만 경제적 여유가 없어 망설였는데, 그 친구가 기타를 사주면서 같이 하자고 해서 베이스로 밴드에 참여했어요. 처음엔 어려웠지만 그래도 당시 TBC(언론 통폐합으로 KBS로 합쳐짐)가 주최하던 '젊은이의 가요제'에 참가하려고 우리는 흑석동 연습실에서 거의 매일 살다시피하며 연습에 매진했습니다. 아쉽게도 우리 팀은 2차 예선에서 탈락했고 이후 자연스럽게 다 흩어졌어요.

1981년 1학기에 군대 가려고 휴학을 했어요. 신체검사(신검)를 기다리는 동안 돈도 벌어야 했기에 포장마차도 하고, 부평극장 골목 지하에 있는 '삼색다방'에서 디스크자키(DJ)도 했습니다. 그런데 신검에서 생각지도 못했던 건강상 이유로 방위병 판정이 나와, 일반병보다 짧게 14개월 병역을 마치고 1983년 1학기에 3학년으로 복학하니 학교 분위기가 엄청 달라져 있었습니다. 그때가 중앙대 안성캠퍼스를 막 시작하던 때였기 때문에 '안성 캠퍼스 반대' 이슈를 내건 학내 시위가 거의 매일 일어났습니다.

당시 정부는 과외 금지와 대학 졸업정원제를 기획하여, '대학에 들어오기는 쉬워도 졸업하기는 어렵게 한다'는 정책을 시행했습니다. 입학만 하면 누구나 쉽게 졸업하기 때문에 대학생들이 공부는 안 하고 놀거나 데모만 한다고 여론몰이를 했습니다. 그래서 1981년 입학생부터는 30%의 추가 정원을 입학시켜 경쟁을 통해 졸업 때까지 탈락시킨다는 졸업정원제를 내세운 겁니다. 이런 환경에서 정부가 교사자격증 남발이라며 사범대 외 일반대학에서의 교직 이수자 정원을 규제했습니다. 그래서 비사범계는 30%만 교직을 이수할 수 있어서 공부 잘하는 소수 인원만 교사자격증을 딸 수 있었습니다. 저는 교직 이수자 정원규제 대상이 아닌 79학번이어서, 비사범계였지만 큰 어려움 없이 중등 정교사 2급 자격증을 딸 수 있었습니다.

교사가 되면 좋겠다는 생각은 할아버지 영향이 큽니다. 대목장이셨던 할아버지는 시골 훈장이기도 하셔서 늘 곧은 자세로 제게 천자문을 가르치며 올바로 사는 것이 무엇인지 일깨워 주셨습니다. 할아버지의 이런 모습에서 누군가의 스승이 되는 일이 얼마나 보람된 일인지 느낄 수 있었습니다. 1985년 졸업하는 해에 마침 인천 성헌고에서 교사를 뽑는다 하여 지원했는데, 채용돼서 바로 교직에 진출하게 되었습니다.

강 도 선생님이 교직을 시작했던 1983년부터 2년간 저는 중앙대학교 사범대에서 '교육사회'를 강의했습니다. 당시 흑석동 본교에는 '안성캠퍼스 이원화 반대' 시위가 거의 매일 일어났어요. 졸업정원제 이후 대학가에서는 학내민주화투쟁이 전두환정권 퇴진이라는 정치투쟁과 결부되어 대단한 규모로 전개됐지요.

전 원래 초등교사가 되고 싶었어요. 그때는 교대가 2년제였는데, 입학에 키 제한이 있더라고요. 153cm 이상인데, 키가 작아서 초등교사가 될 수 없다는 것이 어이가 없었습니다. 그래서 이화여대 사범대 교육심리학과에 진학했어요. 1976년 입학 당시만 해도 이대의 5월은 학교축제로 무척 분주했어요. 저도 즐비하게 늘어선 학교 앞 양장점에서 비싼 축제복을 맞춰 입고 남자친구와 쌍쌍파티도 가고, 친구들과 학교 앞 대형 음악다방에서 DJ에게 음악 신청하며 팝 음악을 즐기곤 했습니다.

그러던 어느 날 우연히 학교 앞 골목에 있는 조그만 '철학서점'(바로 없어졌지만)에 들어갔는데, 주인이 『대화』라는 잡지를 권하기에 '어! 이런 게 있네' 하고 펴봤죠. 그때 유동우 님이 쓴 '어느 돌멩

이의 외침'을 읽고 어찌나 놀랐는지… 제가 이해하던 조국 근대화의 경제성장과는 너무나 다른 암울한 노동 현실이었기에 그 후 편히 잠을 잘 수 없었습니다. 거의 매일 책방에 가서 이책 저책 읽으며 시대적 고민이 시작되었고, 집과는 점점 멀어졌죠.

저는 1970년에 중학교에 진학했는데, 국민학교 5학년 2학기 때 갑자기 중학교 무시험제가 발표되었어요. 대전이 6대 도시여서 저부터 '추첨제'가 시작된 거죠. 일단 중학교 입학시험을 안 봐도 된다니까 좋았는데, 중학교 들어가니 우열반을 나누고 고등학교 입시교육을 엄청 시키더라고요. 그렇게 고등학교 입시를 통해 대전여고로 진학했고 보수적인 부모님의 요구로 서울의 여자대학으로 유학 왔습니다.

도 저는 열 살까지는 외지에서 지내는 부모님과 떨어져서 할머니, 할아버지와 천안 목천읍 석천리라는 산동네(산방)에서 살았습니다. 마을 둥구나무 아래 모여 이런저런 이야기를 하시는 어른들 말씀을 많이 듣고 자랐어요. 석천리에서 다닌 덕전국민학교(1950년 개교, 1991년 본교 목천초등학교에 통폐합)는 작은 학교였어요. 경쟁도 심하지 않았고, 공부 열심히 해야 한다고 다그치는 선생님도 없었습니다. 할머니는 부모와 떨어져 지내는 손주아이가 안쓰러워 무조건 품어주셨습니다. 산으로 들로 뛰어 다니며 열매 따 먹고, 개구리 잡고, 붕어랑 메기도 잡고, 호두도 따면서 자연 속에서 풍요롭게 지냈습니다. 놀거리가 지천에 널려 있어서 자치기나 굴렁쇠놀이, 썰매타기 등을 하며 시간 가는 줄 모르고 행복하게 지냈습니다. 이런 어린 시절이 있다는 게 제게는 큰 힘입니다.

그러다 4학년 때 할머니 할아버지와 떨어져 부모님이 자리 잡으신 부평으로 오게 되었습니다. 전학 온 부평남국민학교는 사방이 산으로 둘러싸인 덕전국민학교와 달리 도회지 학교로, 규모도 크고 학생들도 많고 선생님도 많았습니다. 처음엔 친구들도 사귀기 어려웠습니다. 워낙 소심한 성격이라 친구들에게 다가가기 어려웠는데, 다행히 주인집 아들이 내 또래라 그 애 친구들과 놀 수 있었습니다.

부평남초를 졸업하고 부평동중학교로 진학했습니다. 한 학년이 750명이니 전교생이 2천 명이 넘는 대형 과밀학교인 셈이죠. 산동네 학교라 시장 쪽 학교에 비해 가난한 아이들이 주로 다녔는데, 아주 재미있었어요. 전 외동이라 친구들과 어울리는 게 좋았어요. 축구나 철봉 같은 운동을 아주 좋아했죠. 그러다 중2 때 철봉 하다가 팔이 부러져, 경주 수학여행을 못 가게 되었습니다. 서운했지만, 대신 수학여행비를 돌려받아서 그 돈으로 책을 처음으로 사서 봤는데 엄청 재미있었어요. 당시 책을 사본다는 것은 꿈같은 일이었지요.

고등학교는 집에서 가까운 좋은 학교로 가고 싶었어요. 부평고 등학교가 가장 가까웠어요. 입학하자마자 반 편성 시험을 봤는데,

영어시험이 다 영어로 출제된 거예요. 읽어볼 생각도 못 하고 거의 못 풀었죠. 정확한 기억인지 모르지만, 평균점수가 수학 19점, 영어 27점이었던 것 같아요. 그 점수를 근거로 학교에서는 스파르타식 입시교육을 강행했습니다. 일일고사, 월말고사, 모의고사, 수업 중 쪽지시험 등 시험이 학교생활의 중심이었습니다. 시험 결과는 성적 순으로 복도 벽에 게시되었습니다. 50등까지만 게시하는 복도 성적 게시판에 제 이름은 당연히 없었습니다. 저는 시험에 대한 엄청난 중압감에 짓눌려 살았습니다. 너무 힘들었고 좌절도 했습니다. 군대식 교련과 조회에서 조금만 움직여도 혼나고, 아침 8시부터 밤 9시까지 학교에서 일사불란하게 지내야 했던 고등학교 시절은 몹시 힘든 청소년기였습니다.

고3 때 할머니가 병환으로 쓰러지셔서 할머니와 할아버지를 모시고 다 함께 살아야 했어요. 그런데 살고 있는 집이 좁아서 좀 더 넓은 방 두 칸짜리 무허가 주택 전셋집으로 이사하게 되었습니다. 하지만 거기에도 제 공부방이 없어서 근처 홍익독서실에서 공부하게 되었는데, 이게 공부에 몰두할 수 있는 계기가 되었습니다. 집중해서 열심히 공부하니 성적이 많이 올랐고, 대학에 진학할 수 있었습니다.

강 저희도 성적을 게시했어요. 매 학기에 열린 국·영·수 학력경시대회에서 성적이 우수한 학생들은 메달을 받기도 했죠. 공부 못하면 뭔가 인정받지 못하는, 불편한 분위기였어요. 그때 여학생들도 교련과 제식훈련을 했습니다. 지금도 웃기는 것은, 제가 반장이어서 소대장을 했는데 제식훈련 때는 키 큰 순서대로 줄을 섭니다. 제일 작은 제가 소대장이고 우리 반에서 제일 큰 아이가 바로 제 뒤에 서서 걸으니 보폭 맞추기가 너무 힘든 거죠. 명문 여고지만 교내에서 어이없는 체벌도 많았어요. 선생님은 학교 다닐 때 체벌이나 차별로 상처받은 적은 없었나요?

도 가난하다고 특별히 차별받은 기억은 없지만 성적 때문에 시험만 보면 많이 혼나고 맞기도 했어요. 학교에서 생긴 일은 아닌데, 지금도 황망한 기억으로 남아있는 억울한 경험이 있어요. 동네 뒤 성모병원 옆에 경찰학교가 있었어요 그곳 잔디운동장이 너무나 좋지만 일반인은 출입이 금지되었습니다. 담이 낮은 곳으로 몰래 넘어가거나 하수구를 타고 들어가 놀다가 누가 쫓아오면 도망쳐서 나오곤했는데, 한번은 교장선생님께 잡혀서 심하게 혼난 적이 있었어요. 당시 혼난 정황은 지금도 밝히기가 어렵네요. 다시 생각해봐도 어린아이들한테 너무도 가혹한 처사였던 것 같아요.

집에서는 아버님이 일하시느라 바빠 저의 양육은 어머님이 전담하셨는데, 어머님은 아들이 잘못될까 봐 아주 엄하게 저를 대했습니다. 할머니 할아버지 밑에서 응석받이로 자랐다 싶은 저를 제대로 훈육하기로 마음먹으신 듯했습니다. 매섭게 야단치시고 가끔 매도 드셨지만, 어머닌 저만 바라보며 자식 교육에 일생을 바치셨습니다.

강 저는 1남 4녀 중 가운데 딸이었으니까, 늘 시끄러운 집에서 혼자 조용히 있을 곳을 찾아다녔어요. 여대에 가고 싶지 않았는데, 부모님이 강권해서 이화여대에 갔습니다. 지금 생각하니 저를 위해선 괜찮은 결정이었어요. 여대에서는 모든 것을 우리가 다 해야 했어요. 농활 가도 우리가 대장을 했고, 학회운영이나 학내 시위도 우리 안에서 모든 걸 결정해야 하니까 독립적이고 억세질 수밖에 없었죠.

대학 때 당시 노동청소년들과 야학을 한 경험이 저를 교육사회학 연구에 붙들어 맨 것 같아요. 민중교육의 의미를 체감케 한 교육공동체 경험이었습니다. 그러다 10·26 이후 휴교령이 내려지고 학교 문이 닫힌 상황에서 졸업했습니다. 1980년 광주민주화항쟁으로 다시 휴교령이 내려진 상태에서, 학교 앞에서 우연히 만난 이규환 교수님의 권유로 이대 대학원에 진학하여 교육사회학을 공부하게 되었습니다. 이 교수님의 지도하에 비판적 교육사회학을 공부했기에 1984년 『자본주의사회의 교육』을 출판함으로써 전교조와 참교육학부모회 창립에 이론적으로 기여할 수 있었다고 생각합니다.

선생님이 교직을 시작한 1985년은 한국 교육운동론의 형성에
결정적 시기였습니다. 1985년『민중교육』필화사건으로 글을 쓴
20여 명의 교육자가 파면되거나 강제 해직 및 중징계되고, 1986년
'교육민주화선언'에 이어 1987년 '민주교육추진 전국교사협의회'가
결성됩니다. 마침내 1989년 '전국교직원노동조합' 결성으로 1,400
여 명이 넘는 현직 교사의 해고 사태가 벌어지면서 이에 항의하는
다차원의 교육운동이 정치·사회적 운동의 핵심부문으로 떠오르
게 되었습니다.

인천에서 의미-만들기

도 1985년 2월, 대학 졸업 후 바로 인천 성헌고등학교 국어교사로 부
임하게 되었습니다. 돌이켜보면, 성헌고에 문제가 없었으면 국어교
사로서 정년을 마치지 않았을까 싶네요. 당시에는 제가 교육운동
을 하게 되리라고는 전혀 생각지 못했죠.

다른 사립고등학교와 마찬가지로, 성헌고도 재단 이사장의 부인
이 교장을 맡는 가족경영 사립학교였지만, 다른 학교와 달리 교사
채용의 부정도 없었을뿐더러 나름 안정적인 학교운영을 했습니다.
하지만 1987년 부산에서 유치원을 운영하던 새 재단이 학교를 인
수하면서 정규교사를 채용하지 않고 강사로 대체하는 등, 학교에

서 이해할 수 없는 일들이 벌어지기 시작했습니다. 학생들을 우열반으로 나누고 우반에는 정교사를, 열반에는 강사를 배치하는 것을 비롯하여 학생들의 학습권이 상당히 피해받는 상황이 일어나기 시작했습니다.

1988년 1월 겨울방학 때 이런 파행적 학교운영에 문제의식을 느낀 교사 8명과 유성 연수를 하면서 더욱 분노하게 됩니다. 여기서 그동안 몰랐던 학교 비리가 터져 나오자, 문제의식을 공감한 교사 14명이 여름방학 때 홍천강 연수에서 '평교사협의회'를 결성하기로 했습니다. 이들은 2학기 개학 첫날 교직원회의 때 '평교사협의회' 발족을 선포했고, 9명의 교사가 추가로 가입했습니다. 그날 학교 밖 음식점 모임에서 제가 '성헌고 평교사협의회' 초대 회장을 맡았습니다.

저희는 1988년 8월부터 '인천교사협의회' 성헌고 분회로 활동하면서 관련 정보도 얻고 교육운동에 대한 공부도 시작했습니다. 여기서 교사의 권리와 의무, 교직 전문성 등에 관한 배움을 이어갔습니다. 법정 수업시수가 24시간이며 퇴근이 5시라는 것을 이때 제대로 알았습니다. 저희는 퇴근이 7시이고 보충수업까지 해서 34~39시간 하는 것이 당연한 줄 알았거든요.

강 도 선생님이 1985년에 부임하셨으니 3년밖에 안 된 초임교사인데도 중책을 맡으셨네요. 홍천강에서 14명의 교사가 찍은 사진은 안 중근 열사의 '단지동맹(斷指同盟)'을 생각나게 합니다. 결연한 의지가 엿보이는 장면이에요. 여기서부터 이전과 다른 '새로운 인간' 도성 훈이 탄생했다고 봅니다. 일본의 노벨문학상 수상자 오에 겐자부로(大江健三郞)는 새로운 것을 현실 세계에 도입하는 젊은 사람을 '새로운 인간'이라고 부르기로 합니다. 사회의식이 없어서 대학 시절 학생운동에 참여하지 않았던, 서른 살도 채 안 되는 젊은 도 선생님께서 내 학생들이 다치는 학교 현장의 문제에 눈뜨며 벌떡 일어서게 됩니다. 부임 3년 차 신임교사로, 일찍 결혼도 하여 한 집안의 가장이고, 또 당시는 한 아이(1989년엔 둘째가 태어남)의 아빠이기도 한 젊은 교사가 학교 권력에 맞선다는 것은 대단한 용기가 필요했을 겁니다. 두렵지 않았습니까?

도 사실 사회운동 경험도, 조직을 만들어 본 경험도 없어서 이게 얼마나 힘든 일인지 몰랐습니다. 학생운동 하다 경찰에 잡혀가 본 적도 없기에 유치장에 갇힌다는 게, 수사를 받는다는 게, 권력에 맞선다는 게 얼마나 피 말리는 일인지 전혀 몰랐죠. 아내와는 상의도 못 했고, 아이도 막 태어났지만, 멈출 수는 없었습니다. 일단 진행되는 일이니까 책임져야 했고, 다른 생각은 할 수 없었습니다.

평교사협의회 발족 다음 날, 교장실을 찾아가서 '26개 요구사항'

을 전달했지만 교장은 들은 척도 하지 않았습니다. 두 달 동안 전혀 진척이 없자 우리는 그해 10월 박석무 의원을 통해 국정감사를 요청했습니다. 그러자 재단에서 바로 해결안을 가지고 나와 저희 요구의 대부분을 합의문에 담았기에, 모든 게 잘 해결된 듯했습니다.

그런데 뜻하지 않게 11월에 평교사협의회 회원 교사가 숙직할 때 서무실 금고가 뜯기고 거액 4백만 원이 도난당하는 일이 벌어졌습니다. 이 사건을 빌미로, 겨울방학 동안 해당 숙직교사를 근무 소홀로 징계하겠다고 위협하면서, 우리는 다시 학교 측과 대립하게 되었습니다. 해당 교사는 심리적 부담을 느껴 권고사직을 받아들였지만, 남은 우리는 수용할 수 없는 결정이었기에 자체 조사하여 만든 〈학교 비리 자료집〉을 전교생 집으로 발송했습니다. 학부모들이 학교 비리 실상을 알게 되면서 자녀들이 불이익과 피해를 받고 있다고 생각하며 모이기 시작했습니다.

이런 조치에 학교 측은 학생·학부모 선동 죄목으로 이듬해 2월 14일 징계위원회를 열어 저를 포함한 5명에게 파면과 해임 처분을 내렸습니다. 이런 처사를 한겨레신문과 인천일보 기자가 알고 기사화하기 시작했습니다. 1989년 2월 18일, 봄방학 하는 날이었어요. 우리가 징계 철회를 위한 농성에 돌입하자 학생들도 동조하기 시작했고, 학부모들도 아이들과 함께 농성을 지지했습니다. 학교 측은 우리 측 교사들을 회유하려고 했지만, 저희는 똘똘 뭉쳐 조금도 흐트러지지 않고 문제해결에 최선을 다했습니다.

성헌고 사건은 걷잡을 수 없는 차원으로 불거졌습니다. 성헌고 사태가 사학비리 사건으로 일파만파 번지자, 사태 해결을 위한 청문회가 열렸습니다. 학생 대표, 교사협의회 대표, 학부모 대표, 재단 대표와 학교 측 대표가 한자리에 앉았습니다. 여기서 사학비리와 교육 부조리가 만천하에 드러났습니다. 그럼에도 부정과 협박으로 교사들을 무릎 꿇리려고 했으나, 우리는 굴복하지 않고 일치단결하여 학교 측으로부터 개선안을 받아냈습니다.

이렇게 되자 인천시교육청은 교장과 교감을 교체하도록 임시교장을 파견했습니다. 그 결과, '① 부당징계 교사 5인 전원 복직, ② 전담 숙직제 실시, ③ 법정 교사 수 유지, ④ 모든 강사의 정식교사 발령, ⑤ 학생회비 내역 공개 및 학생자치회 구성(직선제), ⑥ 우열반 폐지, ⑦ 동창회 구성, ⑧ 장학금 혜택 대폭 증액, ⑨ 보충수업비 내역 공개, ⑩ 육성회비 내역 공개, ⑪ 교장, 교감, 교사 채용 추천 건, ⑫ 학교비 예산, 결산 공개, ⑬ 직원회의 활성화, ⑭ 재단 퇴진' 등을 담은 합의문에 학교 측과 평교사협의회가 서명했습니다. 드디어 우리는 23일 만에 농성을 풀고 복직했습니다.

당시 인천에는 1989년 1월 발족한 경인교사협의회가 있었는데, 성헌고 사건에 대한 전폭적인 지원은 '인천지역 교사협의회(인천교협)'에서 담당했습니다. 인천시내 사학투쟁이 계속 번지자 그해 4

월 4일 인천교협이 독립했습니다. 인천교협은 초등, 공립, 사립으로 구성되었는데, 제가 사립교협 부회장을 맡았습니다. 성헌고 평교 사협의회는 「월례회보」를 통해 조직을 다지고 내실을 기하면서 사학투쟁의 외연을 확대해 갔습니다. 성헌고 투쟁의 승리는 인천교협의 조직적 지원과 학부모들의 공동투쟁, 농성 교사들에 대한 학생들의 신뢰, 지역시민단체들의 지속적 지지 방문에 힘입었다고 생각합니다.

강 대단한 성과입니다. 거대담론을 기반으로 하는 정치투쟁에 비해 단위학교 투쟁은 매일매일 보며 부딪히는 관계 속에서 일상적 불이익으로 귀결되는 경우가 허다하여 성공적으로 이끌기가 쉽지 않아요. 성헌고 사례는 교육운동의 교과서를 보는 느낌입니다. 지도자의 흔들리지 않는 비타협적 자세, 동료 교사들의 상호지지와 신뢰, 학교문제에 대한 교육 3주체의 확고한 방향, 학교 밖 교육관계자들과의 연대, 교육청의 책임 있는 조정 등 모든 면에서 모범적인 학교 갈등 해결 과정을 잘 밟았네요.

현재 우리나라 고등학교의 사립고 비율은 약 45%지만 당시는 50%가 넘었습니다. 사학이 우리나라 공교육에 기여한 바가 크지만, 해방 후 우후죽순으로 설립한 사학의 경우 교육 비리로 얼룩진 경우가 많습니다. 성헌고의 비리는 많은 사학의 일반문제라고도 볼 수 있습니다. 그런 점에서 사학비리에 맞서 성공적 해결을 유도한 것은 우리나라 교육개혁의 방향을 잡는 데 중요한 시사점을 줍니다. 그런데 새내기교사가 이런 일을 해내는 데 대한 선배 교사들의 의구심은 없었나요? 처음부터 일사불란하게 대처하기가 쉽지 않았을 것 같은데요.

도 성헌고는 제가 부임했을 때 3회 입학생이 들어온 신설학교로, 초창기에는 몇 학급 안 되는 작은 학교여서 교사도 많지 않았어요. 그러다 일반인문계 고등학교로 전환이 예고되면서 제 또래 젊은 교사들이 저와 같은 시기에 많이 들어가게 되었습니다. 선생님들은 대부분 학생운동 경험은 없었지만, 교육에 대한 열정은 누구보다 높았습니다. 우리는 아이들 걱정에 학교 문제로 만나서 이야기하며 조직을 만들고 함께 싸우면서 우의가 단단해진 겁니다.

성헌고 투쟁에서 제기한 14개 항목은 사학에서 많이 발생하는 문제였어요. 성헌고 투쟁으로 사립학교 교사 비율이 공립 수준으로 상향되었고, 교사들의 숙직업무가 없어지고 전담 숙직제도 개선의 계기가 만들어졌어요. 특정 사학의 투쟁 성과가 인천지역 전체의 교육 개선으로 이어졌습니다.

강 성헌고 사건은 사학비리에 맞선 교육민주화운동으로, 한국 교육

개혁에 크게 기여한 성공적 사례로 볼 수 있겠네요. 성헌고 사건이 마무리되고 복직하신 때가 1989년 3월이지요? 그해 5월 '전국교직원노동조합'이 결성됩니다. 저는 서울에서 교육운동 이론화 작업을 지원했기 때문에 지역 상황은 잘 몰랐습니다. 1986년 '교육민주화선언' 이후, 전교조 설립의 타당성을 밝히는 교육학자 48명의 '교육위기에 대한 교육학자들 선언'이 1989년 5월 25일 발표되었고, 다른 한편으로 대안적 교육연구 조직이 필요하다는 판단에서 유상덕, 심성보 선생님 등과 함께 이규환 교수님을 소장으로 추대하여 '한국교육연구소'를 만들었지요.

도 성헌고 복직 후 학교에서의 일상은 빠르게 안착되어 갔습니다. 그러나 14개 항목의 이행을 독려하고 착근시키는 과정에서, 평교사협의회는 임의기구일 뿐, 학교 당국의 공식 협의 대상이 되지 못했습니다. 우리는 법적으로 인정받는 조직의 필요성을 절감했기에 전교조 결성에 찬성했어요. 저는 대학 때 야학을 해본 적도 없고 운동권 출신도 아니었기 때문에 전교조 문제를 참교육 관점에서, 올바른 아이들 교육의 관점에서만 생각했습니다. 교사로서 학교 교육 문제를 제기할 때, 법적으로 뒷받침된 단체가 있어야만 학교민주화를 실현할 수 있겠다는 생각뿐이었습니다. 저희 학교의 다른 선생님들도 그런 생각에서 전교조에 참여했습니다.

강 하지만 '교사는 노동자다'라는 선언은 학교 안팎으로 큰 파문을 일으켰고, '전교조에 가입한다는 것은 다시 해임'이라는 것을 알았을 텐데요. 학내사건으로 파면되어 해직의 고통과 두려움을 아시기에 다시 파면될 수도 있다는 생각은 끔찍했을 텐데도 결국 전교조 사건으로 또 파면되어 해직 생활로 접어드십니다.

1989년 5월 28일 전교조 발기대회가 무사히 치러졌음에도 정부에서는 이를 교사들의 '정치적 중립성 의무를 어긴 불법적 집단행동'으로 간주했습니다. 저도 그날의 감격스런 장면을 잊을 수 없습니다. 이규환 교수님은 발기대회 축사를 통해 전교조 설립으로 표명된 참교육운동이 이 나라의 진정한 민주화를 이끌어갈 거라는 당위성을 설파하셨습니다. 지부 활동에 대해서는 전 잘 몰랐는데, 선생님께서 주도적으로 발간한 『인천교육노동운동사』를 보니 전교조 인천지부 창립과 후속 활동에 도 선생님께서 적극적으로 관여하셨네요.

도 전교조 인천지부는 그해 6월 10일 인천대 강당에서 800여 명이 모여 결성식을 갖고 출범을 선포했습니다. 당시 정부는 전교조 결성 추진을 반정부활동으로 간주하고 친북 의식화 교육집단으로 매도하며 탄압하기 시작했습니다. 특히 학생들이 의식화되지 않게 해야 한다는 점을 강조했기 때문에 육성회를 축으로 한 학부모집단의 공격도 만만치 않았습니다. 학교 단위로 전교조 교사들이 구속되고, 7월 1일 전교조 가입 교사 전원을 파면·해임한다는 정부 방침이 발표되었습니다. 인천에서 신맹순 지부장을 비롯해 이경호 교사가 구속되자, 저는 전국 해직교사들과 함께 이에 항의하는 단식 농성을 시작했습니다. 결국 1989년 8월 1일자로 저도 직권면직되었고, 학생들은 수업을 거부하며 우리의 해직에 항의했습니다.

해직 후 전교조 인천지부에 조직부장으로 상근하면서 일반 노동자들과의 연대투쟁에도 나갔습니다. 전에는 상상도 못한 일들이 자연스러워지더라고요. 이때부터 시작된 4년 6개월 동안의 해직 생활은 교사가 아닌 일반 시민 실업자로서 고통과 희망의 양면을 맛본 시간이었습니다. 전교조로부터 모든 해직교사가 10만 원의 후원금을 받았습니다. 시민과 교사들이 내는 후원금을 모아서 공평하게 다 나눠준 거죠. 하지만 그것만으로는 생활할 수 없었기에 우리는 돈을 벌기 위해 뭐든 해야 했습니다. 굴비도 팔고 그 밖에 여러 물건도 팔았어요. 학교 앞에서 유인물을 돌리다가 '꺼지라'는 야유를 받기도 했지만, 참교육 가치를 실현하기 위해 묵묵히 버티며, 다른 노조와 연대하며 투쟁을 이어갔습니다.

그러다 김영삼 정부 들어 해직 교사들에게 복직의 길이 열리게 되었습니다. 저는 수석부지부장으로 원상복직추진위원장을 맡아 협상에 나섰으나, 정부가 이를 수용하지 않았습니다. 결국, 학교별 신규교사 임용 형식으로 해직교사들을 특별채용한다는 정부 원칙에 따라, 일단 교육현장으로 들어가 교육 현안을 해결한다는 전교조의 뜻을 받들어 인천지부 40명은 모두 복직 신청을 했습니다.

저는 1994년 3월 '신규 특별채용' 형식으로 관교중학교에 부임했습니다. 1985년 교직에 첫발을 들여놓았는데, 10년 만에 다시 신규교사로 특별채용되었습니다. 이때 학교로 다시 들어가면서 몇 가지 결심했습니다. '촌지는 절대로 받지 않는다. 아이들을 편애하지 않는다. 최소한 아이들에게 해를 끼치는 선생은 되지 않는다.' 였습니다.

강 제가 박사학위를 마치고 한신대학 교수로 임용된 것이 1988년 9월입니다. 시기적으로 전교협에서 전교조로의 성격 전환에 대한 이론적 논의가 활발하게 이루어졌는데, 그중 하나가 교육운동의 '상대적 자율성'에 관한 논쟁이었죠. 알튀세 이론에 의하면 교육은 경제적 모순에 조응하는 이데올로기 상부구조로서 경제적 불평등을 재생산할 뿐입니다. 하지만 '상부구조의 상대적 자율성이 경제적 불평등의 모순을 드러내어 사회변혁을 이끌기도 한다'는 플란차스의 상대적으로 자율적인 교육운동론이 다른 한편에서 논의되던 시기였습니다. 1970~80년대는 교육의 경제결정론을 넘어선 교육운동의 상대적 자율성 이론이 필요한 시점이었습니다. 사회민주화를 선도할 변혁적 교육운동이 중요하다는 비판적 관점은,

한국의 전교조 운동이 교사노조 운동을 넘어선 사회변혁운동으로서의 정치적 성격을 띤다고 해석할 수 있게 한 겁니다.

당시는 사회변혁을 지향하는 비판적 사회과학 논의에 목말라하던 시기였어요. 제가 대학원에 진학해서 한 역할이 교육의 사회과학적 논의를 번역해서 소개하는 일이었습니다. 그래서 석사과정을 마치자마자 서구의 비판적 교육이론을 번역해서 소개했죠. 그때 한국의 교육을 서구적 관점이 아닌 제3세계적 관점에서 봐야 한다는 표현을 썼어요. 박사학위를 받고 바로 한신대 교수가 됐는데, 1988년이 한국 교육운동의 역사에서 결정적 시기였기 때문에 저도 많은 시간을 전교조 관련 행사에 참여하며 지냈죠. 제 연구실엔 참기름, 꿀, 심지어 화문석 등 해직자 후원을 위한 다양한 물건들이 있었어요. 열심히 팔았어요. 함께 해야 하는 의미 있는 일이었기에 열심히 팔았죠.

그런 열정이 넘치는 세계 이면에서 당시 운동권의 사투(사상투쟁), 소위 NL과 PD 간 갈등이 엄청 심했습니다. 이론투쟁은 필요했지만, 그 이상의 내적 분규를 만들어 온갖 분탕질이 생겨났습니다. 이는 전교조뿐만이 아니었죠. 인천 운동권도 엄청 심했죠. 노동운동계는 말할 것도 없고. 전교조 인천지부도 마찬가지였을 거라고 생각합니다만.

도 인천에서도 그런 모습이 있긴 했지만, 저는 학생들만 생각하며 교육을 살려야 한다는 일념에서 나머지 복잡한 것은 신경 쓰지 않았습니다. 특히 해직 기간에는 다들 복직 투쟁에 몰두했기에 전교조 인천지부는 한목소리로 참교육 실천만을 강조했어요. 전교조 사건으로 해직된 교사 1,407명 중 인천은 41명으로 규모가 작았지만, 이들이 지역사회에 미친 영향은 상당히 컸습니다. 특히 41명 중 사립학교 교사가 27명으로 66%였습니다. 인천지역 사학 문제가 그만큼 심각했기에 사학 교사들이 교육민주화운동을 선도했다고 볼 수 있지요. 이 부분은 인천교육 문제에서 주목할 부분입니다.

그리고 다른 하나로, 인천의 지역 어른들께서 교육운동계가 사투로 분열되는 것을 막아주는 역할을 했다고 봅니다. 시민사회 어른들이 기본적으로 전교조에 대한 애정도 많았고 전교조 교사들을 믿어주었기 때문에 저희가 올곧게 나아갈 힘을 얻을 수 있었습니다. 교육이 잘 발전하기를 바라는 지역시민들과 특히 학부모님들의 협력과 지원은 잊을 수 없습니다.

인천교육의 제도적 변혁을 위한 초석이 되려고

강 사실 전교조가 합법화될 때까지는 전교조 내의 이념적 갈등이 그리 공개적이진 않았습니다. 노동운동계가 시끄러웠죠. 전교조가 민주노총에 큰 목소리를 내기 시작하면서 계파 갈등이 표면화했다고 생각해요. 도 선생님은 4년 6개월 만에 복직된 소감을 일기에 이렇게 적으셨네요.

"4년 5개월 전 학교에서 내쫓김을 당하고 처음에는 실감 나지 않았다. 어쩌다 등·하교 시간에 마주치는 아이들의 모습이나 사무실 건너편 초등학교에서 들리는 아이들 소리, 체육대회 등의 마이크 소리가 내 처지를 깨닫게 하곤 했다. 이렇게 시작된 해직 생활이 어느덧 5년 가까이 흘러 큰 녀석이 초등학교에 입학하게 되었다. 나도 교단에 다시 서게 되었다. 물론 많은 날을 잠 못 이루고 가슴앓이도 심했다. 모두가 원하는 내용과 방식이 아니었기에 고통은 떠나질 않았다. 그러나 교단에 서기로 했고 복직 절차에 응했다. 이번 선택은 10년 전 처음 교단에 설 때와 달리, 보다 적극적인 선택이었다. 선생이야말로 평생 해볼 만한 소중하고 의미 있는 일이라는 생각으로."

도 비록 비합법적 기구였지만 전교조가 1989년 윤영규 초대 위원장에서부터 2, 3대를 거치면서 조직도 커지고 사회적 영향력도 커졌지요. 특히 정해숙 위원장 때 복직이 결정되는데, 유연하면서도 신축성 있게 정부와 타협점을 잘 잡으셨다고 생각합니다. 당시 교육운동계에는 교사 주도의 전교조뿐만 아니라 학생들도 두발자유화로 시작된 청소년인권운동을 시작했고, 학부모들도 교육 3주체로서 촌지 거부 운동과 체벌 반대 운동을 열심히 했습니다. 1980년대 한국의 촌지와 체벌은 심각한 문제였지요. 인천은 워낙 시민운동의 기반이 견고했기 때문에 그러한 실천교육적 논의를 비교적 쉽게 수용한 것 같아요.

1980년대에 이르러 확장된 중등 평준화 정책에 따라 학교교육은 능력별 선별교육이 아닌 혼합 교육을 실행해야 했는데, 이를 위해서는 교육시스템과 교사들의 태도가 평등지향적으로 바뀌어야 했지요. 하지만 보수 정부는 그런 노력을 거의 하지 않았습니다. 평준화 이름으로 그냥 아이들만 섞어놨지 다양한 꿈을 지닌 아이들을 어떻게 잘 통합해서 교육할까는 크게 고민하지 않았죠. 1986년 "행복은 성적순이 아니잖아요"라는 유서를 남기고 우리 곁을 떠난 혜윤 양 사건은 '교육민주화선언'의 도화선이 되었습니다. '10대가 아프다'로 시작한 참교육은 살인적인 경쟁교육이 아닌 차별 없이 사랑으로 모든 아이 품어주기 교육으로 구체화되어 갔지요. 우리는 이렇게 상처받은 아이들을 보듬으며 함께 성장하는 참교육만 생각하고 학교로 들어갔습니다.

강 도 선생님은 공립 관교중학교에 신규채용 형식으로 복직합니다. 4년 6개월 만에 돌아간 학교 분위기는 그런 참교육을 실천할 만하

던가요?

도 관교중학교는 교육청 배정으로 부임하게 되었으며 저도 잘 몰랐던 학교예요. 그 학교엔 전교조 교사는 없었던 것 같아요. 더구나 중학교는 처음이라 무척 낯설게 느껴졌습니다. 학교에 가자마자 수업시수를 정하는데 이것부터가 어렵더라고요. 교원 부족으로 어느 한 사람은 한두 시간을 더 많이 수업해야 하는데 서로 눈치보느라 결정을 못하더라고요. 이것은 교사 개인의 문제가 아닌 구조적 문제라, 이후 법정교원 수 확보를 위해 전교조 차원에서 꾸준히 요구했습니다.

해직기간 동안 전교조 사무실에서 모둠활동과 토론수업 이야기를 많이 했기 때문에 저도 그런 방식으로 수업을 시작했죠. 그런데 내가 가르친 반의 성적이 안 좋은 겁니다. 그래서 다른 선생님들하고 결을 맞춰 진도빼기를 하니까 좀 나아졌어요. 많이 고민했죠. 그럼에도 적극적 토론 수업의 한 주제로 교복 문제를 토의하는데, 아이들 의견이 제 생각과 너무나 다른 겁니다. 해직기간이 있었다고는 하지만, 아이들을 너무 모른 채, 아이들을 제가 옳다고 생각한 방향으로만 이끌고 가려고 한 거죠. 현장에서 참교육의 의미와 내용을 정말 많이 생각하게 되었습니다.

또 하나 새롭게 주목한 것은 공립과 사립의 차이였습니다. 사립은 개인 기업하고 비슷해요. 문제를 제기하면 우리에게 '절이 싫으면 중이 떠나야지'라는 식으로 얘기한단 말입니다. 그러면 우리는 '절이 마음에 안 들면 중이 절을 고쳐야지'라며 싸웠어요. 그런데 공립은 3~4년마다 순환보직이라 학교를 개혁한다는 생각이 단위 사학 개혁하고는 차원이 달라요.

강 성헌고에 1985년부터 1989년까지 계셨으니, 사립이긴 하지만 공립 학교의 순환보직 주기와 거의 비슷한 기간 근무하신 거네요. 공립은 관교중학교에서 3년 근무하고 인천여자공업고등학교(인천여공고)로 1997년에 전근하시지요. 일반인문계고에서 중학교, 그리고 여자공고로 옮겨가시면서 교과나 학교 적응도 쉽지 않았겠습니다. 당시 직업계 학교의 실습 문제가 학생 인권 차원에서 심각했어요. 실습 중 사고도 있었고 교내 체벌도 인문계에 비해 훨씬 심했죠. 그래서 인천여공고를 특별히 부임지로 정하셨나요?

도 그렇지 않습니다. 3년 차에 이임 신청을 했더니 발령 내준 곳이 인천여공고예요. 이 학교는 전국 최초의 여자공고인데, 지금은 인천 뷰티예술고등학교로 바뀌었어요. 직업계 학교는 원래 취업 위주 교육을 해야 하는데 실상은 대학 가는 통로로 이용되기도 했습니다. 그래도 실제적인 직업교육의 의미는 컸어요.

거기서 1997년에서 2006년까지 통합 10년을 근무했어요. 인천여공고 소속 교사로서 4년 반은 학교에서 근무했고, 5년 반은 전교조 인천지부에서 파견근무 했습니다. 처음 1년 반은 전교조 상근 인천지부 사무국(처)장으로, 2003년부터 4년간은 지부장으로 근무했습니다. 이 시기에 저는 직업교육 문제를 직시하게 되었습니다. 실습과 취업 문제, 직업계고 학생들의 대학진학 문제, 그리고 지식기반사회의 직업교육 방향 등 직업계고 교육의 중요성을 깨닫는 시기였습니다.

강 1997년 12월 대선에서 김대중 후보가 대통령에 당선됩니다. 김대중 대통령은 1999년 전교조 합법화의 길을 엽니다. 이때 이해찬 씨가 교육부 장관이었는데, 전교조 합법화에 이론(異論)이 없었죠. 저는 당시 대통령 교육자문위원회인 '새교육공동체' 위원이어서 찬반논쟁 상황을 눈으로 봤어요. 전교조 합법화에 대한 일부 우려 의견에도 불구하고 대통령과 교육부 장관의 의지가 워낙 확고하니까 결국 다 따라왔죠. 이로써 전교조 내에 상근전임자를 둘 수 있게 되었습니다. 도 선생님은 당시 인천지부장의 요청에 따라 전교조 인천지부 초대 전임 사무처장을 맡게 됩니다.

도 1999년 7월 전교조 합법화 이후 조합원 수가 급증했고 참교육을 위한 기반 마련이 화급했기에 누군가는 이 일을 해야 했어요. 그동안 주변 분들의 많은 도움을 받았기 때문에 전교조 지부의 요청을 피할 수 없었습니다. 저는 지부장님과 함께 조직 정비에 최선을 다했습니다. 전교조 합법화 전에는 직함이 사무국장이다가 합법화 이후엔 사무처장으로 바뀌었습니다. 그래서 1년 6개월 동안 사무국(처)장으로서 조직 기반을 다지다가 2001년에 학교로 돌아갔습니다.

학교로 돌아가서는 당시 정부가 추진하던 전자도서관 사업의 일환으로 지원되던 '학교도서관 살리기' 모임을 적극적으로 펼쳤습니다. 대단히 활성화되었죠. 지난번 어떤 모임에서 인천여공고 졸업생이 인사하면서 재미있었던 도서관 활동 이야기를 하더라고요. 학교도서관 살리기는 지금도 중요한 사업입니다.

강 그런데 학교로 복직한 지 1년도 채 안 되어 2002년 전교조 인천지부장 선거에 출마하십니다. 인천지부 최초 경선으로 순탄하게 11대 지부장 선거에 당선되셨고, 2004년 12대 지부장으로 연임되십니다. 2007년 2월까지 전교조 지부장을 하셨는데, 이 시기가 전교조로서는 아주 어려운 시기였습니다. 당시 노무현 정부의 이른바 신자유주의적 교육개혁 정책과 전교조의 참교육 원칙이 대립하면서 민주 정부와 전교조가 갈등하게 됩니다. 이것은 이전의 보수 정권과 대립하며 갈등했던 것과는 차원이 다른 문제였지요.

도 당시 정부와는 서로 협력해서 민주적 교육개혁을 잘할 수 있으리라 생각했습니다. 법적·제도적 개선뿐만 아니라 내실 있는 학교 안 교육개혁도 이룰 수 있으리라 기대했습니다. 하지만 전교조 입장에서는 정부가 추진하던 각종 신자유주의적 교육 방향에 동의할 수 없어 마찰이 불가피했습니다.

저는 경선을 통해 11대 지부를 맡게 되면서 '인천교육을 내실 있게 만드는 일'에 매진했습니다. 당시 정부가 강행한 나이스(NEIS) 시스템 도입은 학생들의 민감한 개인정보를 한곳에 모아 효율적으로 관리하겠다는 것인데, 정보유출 문제로 시민사회와 학계에서도 반대했습니다. 전교조는 온 힘을 다해 반대 투쟁을 벌였지요. 교육시장 개방도 큰 논란이었습니다. 우루과이 라운드(UR) 이후 지적 자산 개방에 이어 교육 개방이 공교육의 근간을 흔들 것으로 우려되었기에, 특히 인천의 경우 경제자유구역 내 학교의 교육 환경은 타지역 학생들의 평등 교육권을 근본적으로 흔들 소지가 있는 문제라, 학부모단체와 연대하여 투쟁했습니다.

이런 활동과 더불어 '학교급식 환경 개선과 조례 제정을 위한 인천시민 모임'을 만들어 시민연대를 통해 교육 문제를 해결하는 성과를 올리기도 했습니다. 시민 발의로 제정된 「급식 지원 조례」는 시민이 성공시킨 우수사례로 소개되고 있습니다.

그리고 연이어 12대 지부장 선거에 경쟁 후보가 없어 단독출마해 당선되었습니다. 이때 정부가 교원평가제를 추진하면서 그동안 우호적 관계이던 학부모단체와 전교조 간 갈등이 일어나기 시작했어요. 하지만, 인천지부는 정부안의 문제점을 계속 알리면서 근무평가제 폐지, 교장선출보직제, 학교 종합평가제 도입 등 학교 경쟁력을 높일 수 있는 대안을 제시하면서 오히려 교육 주체들 간 상호이해의 폭을 넓혀 가는 계기를 만들었습니다. 12대 지부장 때 이루어진 일 중 가장 인상적인 것은, '인천교육 환경개선을 위한 특별법 제정 범시민대책위원회'를 구성한 뒤 35만 명의 시민 서명을 통해 인천교육의 낙후성을 공론화한 점입니다.

강 그 시기에 저는 참교육학부모회 자문위원을 했는데, 이전까지 우호적 관계였던 참학과 전교조 관계도 교원평가를 둘러싸고 심각한 균열이 가지요. 제가 『참교육학부모회 20년사』 집필위원장을 맡아 정리하는데, 그때 이야기를 많이 하더라고요. 지금까지도 그 불신은 해소된 것 같지 않습니다. 지부장 임기 만료 후 2007년 부개고등학교로 부임하셨고, 2012년 동인천고로 옮겨서 4년간 평교사로 근무하셨습니다. 전교조 지부장 출신 교사가 평교사로 함께 있는 학교장께서 곤혹스러울 수도 있었을 텐데 어땠나요? 특히 부개고등학교에서 2009년 '인천참교육장학재단'을 만드셨는데 특별한 계기가 있었나요?

도 아주 조심했죠. 교장선생님께서는 불편하셨을 것 같아요. '투쟁은 큰 단위에서, 학교 안에서는 협력', 이런 원칙으로 학교 구성원들과 협력하니 갈등할 일이 크게 없더라고요. 순탄하게 잘 지냈어요.

오랜만에 학교로 돌아오니 그동안 돌보지 못했던 경제적으로 어려운 아이들이 눈에 들어와 마음이 무거웠습니다. 그런데 2006년 교통사고로 갑자기 세상을 뜨신 인천지부 인천교사신문 편집국장 김형선 선생 남편께서 형편이 어려운 학생들을 위해 써달라고 200만 원을 기탁하셨습니다. 이 기탁금을 종잣돈 삼아 장학재단을 만들자고 뜻있는 교사들과 의견을 모아 2년 정도 준비작업을 한 후, 2009년 전교조 창립 20주년을 맞아 장학회 설립을 선포하고 제가 추진위원장을 맡아 모금 활동에 나섰습니다. 다행히 많은 분이 뜻을 같이해서 두 달 만에 9천만 원이 모아졌고, 이후 '인천참교육장학재단'(꿈드림장학재단으로 명칭 변경)을 결성하여 지금까지 잘 운영하고 있습니다. 정말 감사한 일입니다.

그러다 2012년 전보 발령을 신청해 동인천고등학교로 옮겼습니다. 당시 저의 주된 관심사는, 지역 간 학교 간 차이를 해소할 구체적 방안을 찾는 것이었습니다. 그래서 2013년 인천교육포럼 '민들레'를 창립해 지역에 교육담론을 확산하기로 했습니다. 이것은 전교조 지부 사람들뿐만 아니라 시민운동을 하는 사람들, 그리고 학부모들도 참여하는 일반 시민교육포럼 성격이었습니다. 여기서는 교육 얘기만 한 것이 아니고 사회 전반적인 이슈를 대중적인 차원에서 논의하는, 일종의 교육담론 사랑방 같은 것이지요.

강 2016년, 도 선생님은 평교사에서 학교관리자로 변신하십니다. 인천형 혁신학교인 행복배움학교 동암중학교 공모교장으로서, 참교육을 실천할 수 있는 학교 운영을 구체화합니다. 좋은 교사, 좋은 교직원노조 지부장, 좋은 학교장, 이 셋을 다 잘하기가 쉽지 않을 것 같은데, 어떻게 하셨나요? 그동안 진보교육 진영에서는 기존 교장 자격 제도에 따른 학교장 임용 문제를 계속 제기해 왔지요. 사실 영국식 학교운영위원회를 도입해 놓기만 했지, 단위학교의 자율성이 없어 학교혁신을 이루기가 어려웠어요. 그래서 교장 자격을 개방하여 공모교장제가 제안되었습니다. 도 선생님은 단위학교 자율성의 필요에 대해 지부장 시절부터 많은 제안을 하셨지요.

도 제가 일복도 많지만, 일을 보면 참지 못합니다. 안 본 척할 수는 없잖아요. 제대로 학교를 운영해 보고 싶었습니다. '행복배움학교'답게 외관을 바꾸고, 교육과정은 학교공동체와 함께 바꿔 갔죠. 가장 먼저 교장실부터 바꿨습니다. 교장은 '최고의 지위에 있으면서 남이 함부로 들어올 수 없게 벽을 치고 사는 사람'이 아니라, 학교공동체의 의견을 잘 들어 그들이 원하는 학교를 함께 만들어 갈 수 있도록 안내하는 사람이라고 생각했습니다. '누구나 교장실을 자유롭게 드나들게 하자', '와서 온갖 이야기를 하게 하자', 그리고 '창조적 방안을 나누고 함께 구상하고 만들어 가자.' 이 세 가지가 교장으로서 저의 기본 신념이었습니다.

둘째, 교사들과의 상부상조 협의체인 교무회의를 의결기구화했습니다. 이것은 중요하지만 내실을 갖추기는 어려운 것이었습니다. 하지만 해야 했습니다. 교과별 자율성에 기초하여 매주 '수요 교사 모임'을 통해 조정하면서 결재 시스템과 의사결정구조를 단순화하고 학교 구성원들의 자율권을 계속 넓혀갔습니다. 동암 교직원 프리톡을 통해 소통이 확대되었고, 다들 자신들의 교육활동에 자신감을 갖게 되었습니다.

셋째, 학부모와 '신나는 학교공동체'를 만들어 갔습니다. 입학식과 졸업식을 함께 구상하고 학생들이 저마다 주인공이 되어 학교에서 자신의 재능을 발휘하게 했습니다. 모일 공간이 없는 학부모들이 그들만의 공간인 학부모회실에 와서 역량을 발휘하며 학교도 살리고 자신들도 살리게 하자는 학교공동체 운동을 성공적으로 이루어냈습니다.

넷째, 학생들을 마땅히 존중해야 할 인격체로, 교복 입은 시민으로 대하는 문화를 조성해 가기 시작했습니다. 학생들을 어른들에게 순종해야하는 어린애로 취급해서는 안됩니다. 참신한 생각을 지닌 청소년 시민이죠. 프리톡으로 모든 말을 자유롭게 합니다. 그러니 학생들은 "학교가 좋다.", "왜?", "건의하면 금방 이루어지니까." 이런 긍정의 경험들이 모여 건강한 민주시민으로 성장합니다. 이런 젊은이들의 역량은 주도적으로 참여하는 과정에서 십분 발휘됩니다.

이렇듯 교사, 학부모, 학생들이 다 함께 참여하고 학교 일을 기획하는 참획공동체가 바로 동암중이었습니다. 그러다 보니 '마을교육공동체'가 저절로 실현되었습니다. 동암 학부모들이 없는 마을공동체는 더 이상 상상할 수 없었습니다. 학교 일에만 열심히 참여하는 것이 아니라 마을 일에도 주도적으로 참여하셨습니다. 이분들께 너무나 고맙지요. 제가 한 게 아니라 이분들이 다 한 것입니다. 동암중의 수업은 재미있고 혁신적이었습니다. 이를 위해 함께 공부하고 현장답사도 다녔습니다. 그러면서 함께 성장하고 행복해지기 시작했습니다. 이것이 진짜 교육이 아닐까요? 동암중 사례는 인천의 일반 학교 모델로도 발전할 수 있다고 생각합니다.

강 도선생님은 2018년 인천광역시 교육감 선거에서 당선되십니다. 그 선거 때는 진보교육감 당선 비율이 엄청 높았지요. 17개 선거구에서 13명이 진보교육감이었고, 문재인 정권도 그런 진보 교육을 지향하던 정책을 시행했으니, 어찌 보면 그때가 우리나라 교육개혁

의 근간을 세울 수 있는 절호의 기회였다고 생각합니다. 인천교육
의 핵심 문제 해결을 위한 정책적 대안과 실행, 특히 코로나 국면에
서 인천은 중앙정부와 어떻게 협력하며 대응했나요? 2021년 코로
나 대처를 위한 '교육회복지원위원회'에서 저와 처음 만났죠?

도 그렇죠. 거기서 제가 사회정서학습(Social Emotional Learning, SEL)에
대해 더 알고 싶다고 말씀드렸고 그 후 바로 만났죠. 코로나 정국
은 누구도 예상하지 못한 불행이지만 그 결과 AI 시대를 준비해야
하는 미래교육으로 접근을 한 발 앞당길 수 있었습니다. 면대면 접
촉이 안 되던 상황에서 교육을 포기할 수 없으니 이를 어떻게 할
것인가, 학력 저하 문제는 온라인 수업을 통해 개별화된 수업 지원
형태로 어찌해 볼 수 있지만 사회적 관계맺기가 어려운 상황에서
사회정서적 발달을 어떻게 지원할 것인가, 이런 문제를 고민할 때
'교육회복지원위원회'에서 강 교수님을 만나 사회정서학습 이야기
를 들은 거죠. 저는 바로 이것을 정책으로 발전시켜 인천 어린이 어
느 누구도 소외되지 않고 책임 있는 세계시민으로 성장할 수 있는
토대를 갖추고자 했습니다. 윤석열 정부에서도 사회정서학습을 정
책화했습니다만, 이것은 강 교수님이 말하는 나-너-사회-세계가
잘 연결된 사회정서학습이 아니라 이전의 위 클래스 사업인 심리
정서 활동의 연장으로 보입니다. 저희는 인천형 사회정서학습을 지

속적으로 추진하고 있습니다.

강 2022년 선거 때는 정치적 판세가 확 달라지죠. 교육자치 판도도 진보교육감이 가까스로 앞섰지만, 대부분 지자체 시의회 구성에서 보수 여당이 다수니까 진보교육감들은 교육개혁에 큰 어려움을 겪게 됩니다. '혁신교육', '민주시민', '평화교육'이란 용어가 사라집니다. 그런 가운데 인천에서 재선되셨습니다.

도 사실 교육감의 역할은 교육혁신의 안정적 기반을 마련하는 것이기에 시간이 필요합니다. 그런 점에서 4년으로는 짧죠. '지방교육자치에 관한 법률'에 따라 세 번까지 연임을 허용한 것은, 잘하는 사람은 계속해서 교육정책을 안정시키라는 의미이고 못하는 사람은 선거로 그 성과를 냉정하게 심판한다는 의미입니다. 다행히 제가 했던 교육혁신 과업을 인천시민들이 체감했고 그 성과도 만족스럽게 여긴 것 같습니다. 그런 점에서 저의 2기는 1기 때 시도했던 교육혁신 과업의 연장이고 그 위에 좀 더 철학적이고 미래지향적인 정책들을 추가로 실행하고 있습니다. 세계의 변화를 반영해야 하고, 한반도 상황을 불안이 아닌 희망의 관점에서 인식하고 준비해 왔습니다. 특히 AI 관련 문제는 피할래야 피할 수 없는 당면과제이자 교육사회적 환경이기에 인간 존엄성을 훼손하지 않는 범위에서 적극

반영해야 할 겁니다.

이 모든 혁신과제를 교사들끼리만 논의하고 준비하는 게 아니라 각계 전문가들을 모시고 경청하고 시민들도 참여하여 모두가 알고 참여하며 함께 개혁해 가는, 그런 교육이 필요합니다. 제가 1993년에 제안했던 '인천의 얼'을 살리며 느끼는 교육을 인천교육에 착근시키는 것이 저의 계속되는 과제입니다.

강 요즘은 전 인구의 60~70%가 아파트에서 거주합니다. 최근에는 아파트 재건축 방향을 숲환경 아파트로 조성하고 있어요. 인천은 특히 바다가 있어 언제고 자연에 가까이 갈 수 있습니다. 저희 세대의 경우엔 도 선생님이나 저나 어렸을 때 살던 시골 전원의 향수가 오늘의 나를 잡아주는 근원적 힘입니다. 인천광역시의 자연환경을 손상하지 말고 아이들에게 잘 보전해주어 비록 그곳이 자기 앞마당은 아니지만 체험을 통해 삶의 근원적 냄새를 맡으며 살게 해야 하지 않을까요?

존 듀이의 말대로 학교는 '인간 환경이 순화된 민주공동체'여야 할 것 같아요. 여기서 같이 놀며, 책을 읽고, 걷고 뛰며 인간의 궁극적 질문을 하면서 생각하게 하는 것이 필요하겠지요. 이런 구상으로 선생님께서 추진하는 정책이 '읽걷쓰'라고 보입니다. 그 상상력을 구체화하는 주체가 '아이 플라토(I-Plato)'고요.

도 저도 지금은 아파트에서 살고 있지만, 아무리 바빠도 매일 맨발로 소래습지 뚝방길을 걸으며 바다 내음을 맡고 있어요. 자연친화적 학교환경은 아이들의 심신발달을 위해 아주 중요합니다. 단위학교에서뿐만 아니라 각종 학교 밖 활동을 통해 자연친화적 삶이 단절되지 않도록 노력해야죠. 인천의 천혜의 자연을 모두가 잘 보존하며 누리고 배우며 살게 해야죠.

학교는 가정에서 벗어나 현실 사회에 급속히 눈뜨는 시기에 부딪히는 첫 사회적 공간이 아닐까요? 남을 배려해야 하고, 공부도 해야 하고, 경쟁도 해야 하고, 사회적 책임도 다하면서 자기를 끊임없이 성장시키는 동력을 창출해 내야 하는 곳이 학교죠. 교육은 나-너-사회-세계로 이어지는 삶을 살도록 준비시키는 과정인데, 현재의 입시교육은 그렇게 연결시켜 교육하기가 어렵습니다. 그래서 상호 이어진 관계를 읽고, 걸으며 성찰하고, 글로 표현하는 '읽걷쓰'를 통하여 포괄적으로 사유하는 능력을 갖춘 아이 철학자로 우리 학생들을 성장시키자는 것이 '아이 플라토 학교(I-Plato School)'입니다. 그래서 '모든 인천 학생은 아이 플라토다. 플라톤의 일반명사화된 플라토, 즉 '철학하는 사람'입니다. 학교에서 '나(I)는 인천(Incheon)사람이자 국제적인 (International) 세계시민'으로 사고하며 성장할 수 있도록 교육할 때, 학교 구성원 모두는 생각을 포괄적으로 연결시켜 정리할 수 있는 철학적 사유가 가능해질 것입니다. 인천의 학교를 '철학적 공동의 집'으로 만들어 '아이 플라토'로 교육하자는 것이 읽걷쓰의 이상이기도 합니다. 인천사람-세계시민인 나(I)는 생각한다, 고로 철학하기가 인천 학교에서는 아주 중요하다는 거죠.

지난 2월 인천 아이들이 미국 나사(NASA)에 다녀왔습니다. 그 기간에 원격으로 책임자와 인터뷰했는데, 인상적이었던 점은 달에 다녀온 우주인 12명 중 10명이 보이스카웃 출신이라는 겁니다. "우주에 가는데 혼자 할 수 있는 게 하나도 없다, 누군가와 협업해야 한다. 각각 다른 역할을 해야 하고 그 과정에서 서로 소통하고 공감하고 협력할 수 있는 사람이 우주과학자로서 가장 필요한 자질이다. 모든 게 이어져 있다는 생각이, 협력적 단체 활동이 학교교육에서 가장 중요하다." 이런 얘기였습니다. 나사에는 공부 잘하는 엘리트 과학자들만 있는 줄 알았더니 아니더라고요. 정말 신선한 충격이었습니다. 모든 것이 이어져 있고 서로 협력해야 한다는 생각이 우러나도록 조성된 교육 환경을 모든 인천 학교에 만들려고 노력하는 것이 저의 변함없는 꿈입니다.

인간은
타고난 철학자인가?

교육의 본질을 향한 접근

강 아르멘 아바네시안은 『미래의 형이상학』에서 "인간은 타고난 철학자다"라며 철학함을 인간의 생득적 특성으로 봅니다. 철학이란 논리적 사고를 의미하는 것이고, 논리적 사고는 이치를 따져 분석하고 이해해서 방향을 잡는 것입니다. 학교교육이란 아동기에서 청소년기, 성인기에 이르기까지 그런 사고능력, 즉 철학을 자발적으로 하게 하는 토대를 쌓는 과정이어야 하는데, 사실 우리가 다닌 학교나 오늘날의 학교도 그런 자발적 사고하기를 충분히 허용하는 것 같진 않습니다.

그러다 보니 학교 다닐 때 배운 '인간은 생각하는 존재(Homo Sapiens)'라는 명명은 만물의 영장으로서 비인간 동물과의 차별성을 드러내는 수준의 인간적 특성으로만 외운 것이지, 그것의 본래 의미가 담고있는 바를 알려고도 하지 않았지요. 개인의 올바른 발달이 목적인 학교에서 생각하기를 독려하는 것은 옛날이나 지금이나 반드시 강조되어야 하나, 대부분 입시 위주 교육에서는 생각을 끌어내기보다 암기를 더 강조하다 보니 아이들의 철학하기가 잘 이루어지지 않고 있습니다. 단순화시키는 거죠. 생각하는 것에 익숙하지 않게 만들고, 정답 고르기에 익숙하게 아이들을 길들이고 있단 말입니다. 그래서 도 선생님의 『생각을 바꾸면 교육이 보인다』(2014)에서 '교육이란 본질적으로 무엇인가'에 대한 교육철학을 제대로 세우고 이를 위해 경쟁적·선별적 학력 개념을 아이들 중심의 다양한 역량개발 개념으로 바꾸자고 하셨습니다.

도 '교육이란 본질적으로 무엇인가'에 대해 다시금 고민하는 것은, 급격한 변화를 맞이하고 있는 지금 시대에 꼭 필요한 교육계 전체의 과제이기 때문입니다. 대한민국 입시 현실에 투영된 비인격화, 사회·경제적 배경으로 결정되는 교육기회와 질의 차별화 그리고 개인적으로 부딪혔던 사학 문제 등을 경험하면서, 이런 것을 근본적으로 개선하거나 개혁하지 않고는 교육이 교육다워질 수 없다고 보았습니다. 입시제도가 불가피하지만, 마치 조선시대 과거에 급제한 사람처럼, 소위 명문대학이라 불리는 대학에 입학한 사람들만을 미화하고 장려하는 사회환경을 보면, 아이들에게 너무 미안하지요. 입시 위주 교육은 아이들이 자신의 능력을 주도적으로 발휘하게 할 수 없고 또 아이들의 미래를 위해 밝은 전망을 보여주지 않는데도 교육환경의 변화가 쉽지 않아 정말 고민입니다. 더구나 이것이 동시대의 문제로 끝날 사안이 아닌 것 같아 더욱 걱정입니다.

우리 사회의 발전은 경제적으로나 사회·문화적으로도 상당한 수준에 도달해 있습니다. 그럼에도 제가 학교 다닐 때는 물론 지금도 돈이 없어서 제대로 교육받지 못하여 발달기회를 잃는 사례가 종종 있거든요. 경제적 양극화로 인해 풍요와 결핍 속에서 자란 아이들이 금수저, 은수저, 흙수저 등으로 서로 비아냥거리고 사회적 약자를 외면하는 분위기가 있긴 하지만, 우리가 이룬 민주사회에서는 모든 아이에게 공평한 기회가 주어지고 그 기회의 실현 과정도 공정해야지요. 그래야만 정의로운 통합이 가능하지 않을까요? 이것이 그동안 우리가 지키려고 애써온 사회윤리이자 원칙이라고 생각합니다.

학교는 모든 사람을 위한 공공 자산이지 개인을 위한 사유자산이 아닙니다. 제가 교직 초기에 4년 반 동안 근무한 사립고등학교는 학교운영에서 많은 문제점을 보여주었습니다. 그런 학교운영의 비교육적 문제점을 해결하는 과정이 왜곡된 학교교육을 바로잡으며 균형 잡힌 공교육의 발전으로 이어졌다고 봅니다. 이런 계기를 통해 저는 교육에서 '생각하며 행동하기'를 멈추어서는 안 된다고 확신합니다. 교사도, 아이들도 마찬가지입니다. 학교공동체란 우리 모두의 사고력을 신장시켜 자신도 성장하고 사회도 발전하는 교육적 상호작용의 장입니다.

우리는 늘 생각하며 지냅니다. 뭘 먹을까? 무엇을 입고 나갈까? 무슨 책을 읽을까? 어떤 학교를 갈까? 내 꿈은 뭐지? 나는 어떻게 살아야 하나? 우리 사회는 왜 이래? 등등 엄청나게 많은 것에 관해 스스로 묻고 답하며 살고 있습니다. 아이들이 어릴 때는 '왜?'를 달고 삽니다. 어른이 지칠 때까지 아이들은 호기심을 갖고 끊임없이 묻습니다. 아이들의 온전한 성장을 위해서는 아이들의 이런 폭발적인 질문에 정성껏 답해주며 호기심을 키워주어야 합니다. 그런 가운데 아이들은 어린이집이나 유치원에도 가고, 초등에서 중등으로 그리고 중등에서 일부는 직장으로, 일부는 고등교육기관으로 진학하게 됩니다.

아이들이 성장한다는 것은 더 크고 새로운 사회로 나아가는 시간이 가까워졌다는 것입니다. 그러면 호기심도, 알고 싶은 것도 더 많아져야 하는데, 어찌 된 일인지 갈수록 말수도 적어지고 질문도 적어지고 사고의 폭도 좁아지는 것 같아요. 아이들의 성장 과정에서 12년의 기본교육은 인지적·정서적·행동적 발달을 위해 아주 중요합니다. 철학적 사유의 기본 틀도 이 시기에 갖춰야 하지요. 그런데 국가가 의무교육으로 정한 기본교육이 입시교육의 틀에 얽매이다 보니, 아이들이 깊게 사고하는 기회가 제한되는 거죠.

제가 교육현장에서 말하는 철학이란, 고리타분하고 난해한 형이상학적 개념을 말하는 게 아닙니다. 일상에서 "나는 누구인가, 내가 무엇을 잘하는가, 뭐가 하고 싶은가, 그것을 위해선 어떻게 해야 하는가, 친구들과 어떻게 잘 지낼 수 있을까" 등을 스스로 생각하며 해결해 가는 자문자답의 과정입니다. 일종의 '나의 길 찾기'죠. 아이들마다 찾아가는 길은 다릅니다. 자기 결이 있지요. 자기 결을 살릴 수 있게 도와주는 것이 학교교육의 목표이자 철학함에 가장 중요한 원칙이고 기준입니다.

아이들은 신체적 조건도, 흥미도, 능력도 다 다릅니다. 학교는 이렇게 다양한 아이들의 고민을 듣고 격려해 주면서도 공동체 안에서 그런 이질적인 것들이 상호 조화를 이룰 수 있도록 조정하는 사회적 기관입니다. 그런데 우리가 한 기준으로만 줄을 세워 경쟁하게 하는 교육을 하면 아이들마다 지닌 성장의 잠재성을 다 놓칠 수밖에 없습니다. 아이들은 물론 기성세대의 안위를 위해서도 다양성의 가치를 적극 수용하는 사고로 전환해야 합니다.

지금 세계는 자국의 경제적 이익만을 우선시하는 경향으로 지구촌 공존이 어려워 보입니다. 미래세대들이 안심하고 잘 살 수 있도록 어느 때보다 다양성의 가치가 필요한 때입니다. 저는 서로의 다양성을 존중하며 상호공존하는 힘이 세상을 바로 읽고, 경험하며,

더 나은 세상을 위해 행동하는 과정에서 나온다고 생각합니다. 학교는 이런 다양성의 기반 위에서 생각하는 힘, 철학하는 힘을 기르는 곳입니다. 그래서 아이들이 스스로 자신을 발견할 때까지 기다려줘야 합니다. 그러려면 지나친 경쟁 중심, 평가지상주의적 교육 환경을 바꿔야지요. 제도 변화가 쉽지는 않겠지만, 지금 우리 상황에서 할 수 있는 노력은 해야 합니다.

강 철학 있는 학교를 만들기 위해 우리가 할 수 있는 일은 무엇일까요? 저는 우리 사회가 공동체적 상식이 무너지고 있다는 주장에 일부 수긍하지만, 그래도 모두가 더불어 살아가야 한다는 상식, 즉 사회적 도덕률을 지키며 살려는 사람들이 더 많다고 확신합니다. 개인의 자유와 자율성이 사회적 도덕률과 배치된다고는 생각하지 않아요. 양자택일할 사안은 아니지요. 교육을 통한 개인의 자기실현과 사회적 공동체성 함양이 조화롭게 이루어지게 하는 것이 교육의 궁극적 목표가 아닐까요?

그런 점에서 다양성은 자유와 공동체성의 조화 속에서 지켜져야 하고, 자아실현과 사회화라는 보편적 교육목표가 사회정의라는 구조적 지지대 위에서 실현될 수 있어야겠지요. 저는 이런 교육목표를 학교가 나름대로 잘 지켜주고 있다고 생각합니다. 학교 밖에서 과도하게 진행되는 사교육이 공교육 질서를 훼손하고 있다고는 하지만, 교육의 중심을 잡아주는 것은 역시 공교육이지요.

도 저는 인천에서 학창시절을 보냈고 교직생활도 했습니다. 그 과정에서 낙후된 인천교육의 문제점을 보며 답답함을 느꼈고, 이를 계기로 교육운동을 시작하게 되었습니다. 다행히 교육운동에 참여하는 많은 교사, 학부모, 시민들도 인천교육을 변화시키자는 것에 합의했고, 저는 그렇게 합의한 교육을 구체화하는 역할을 하고 있습니다. 인천교육이 뭔가가 다르다면 그것은 인천교육공동체가 만든 결과라고 생각합니다. 자신만의 경험을 바탕으로 한 상상력으로 뭔가를 색다르고 낯설게 만드는 것은 사람만이 할 수 있는 일이지요. 나답게 생각하고 표현하는 것, 이것이 학교의 울타리를 넘게되면 사회를 발전시키는 힘이 될 것입니다.

지금은 최첨단 지식사회입니다. AI를 활용하여 사고하고 창의적 지식을 생산하는 것이 일상화되었습니다. 이런 시대에 더욱 필요한 것은 아이들이 AI 기계문명에 끌려가지 않고, 인간다움을 갖추고 생각하는 힘, 곧 삶의 힘을 기르는 것이지요. 즉, 인간성을 갖춘 돌파력으로 삶의, 배움의 주도권을 갖도록 돕는 것이 필요합니다. 아이들은 세상에 대해 질문하고 상상하며 더 오래, 더 깊이, 더 멀리 생각하며 바라봐야 합니다. 그렇게 길게 세상과 대면하는 힘을 아이들에게 길러줘야 합니다. 아이들을 어린이·청소년 철학자로 만들려면, 간단한 것부터 복잡한 문제까지 함께 생각하고 궁리해서 문제를 해결하는 적극적 시민으로 자라게 하려면, 우리는 학교교육에 무엇을 어떻게 불어넣어야 할까를 궁리해야 합니다.

학교에서 철학하기가 일상화하면 아이들이 집에 가서도 철학하기를 계속합니다. 부모들이 갈등하면 때로 아이들이 훌륭한 갈등 중재자 역할을 합니다. 대화로 갈등을 평화롭게 해결하는 능력이 시민교육에서 강조하는 핵심역량입니다. 철학하기는 교육정책으로도 세울 필요가 있지만, 학생들의 일상으로 자리잡아야 결실을 볼 수 있습니다. 학교 단위별로도 정책을 세워 교사들의 수업이나 다양한 학교활동으로 장려되어야 합니다.

학교에서 철학하기

강 교육청 단위나 학교 단위에서 이런 정책을 세울 수 있나요? 학부모들이 그런 철학하기를 통해 아이들이 교과 외 질문을 많이 하고 사회 문제에도 관심을 가지면 '성적 떨어진다'며 불평하지 않을까요?

도 물론 그러실 수 있습니다. 하지만 이런 문화가 뿌리내리면 학부모들도 고맙다고 하실 것 같아요. 우리 아이를 잘 길러줘서 고맙다고요. 그분들도 입시 중심 교육에 불안했는데 학교가 원칙을 잡고 아이들의 균형 잡힌 성장을 도와주니 흐뭇해하실 것 같아요. 긴 호흡으로 대처해야 합니다.

저는 교육할 때 읽기와 쓰기를 매우 중요하게 생각합니다. 읽기·쓰기가 자기 생각의 발전과 사회적 소통으로 이어져야 아이들도 자발성과 적극성을 보일 수 있기 때문이죠. 가령 국어 교과의 경우, 교과서에 맞춰 진도를 나가다 보면 읽기와 쓰기라는 말만 들어도 재미없고 지겹게 느껴지죠. 제대로 읽기도 전에 받아쓰고 베껴내야 하는 쓰기 숙제가 있어요. 그러다 보니 읽고 쓰기가 생각해서 정리하는 자기표현이 아니라 '자기 삶과 어떠한 관련이 있는지 고민 없이 단순히 베껴야 하는 것'이죠. 그건 고역입니다.

독후감 쓰는 것도 마찬가지입니다. 자신이 좋아서 골라 읽은 책은 좋은 대화의 소재가 되고 자기 생각을 발전시키는 쓰기의 주제로 발전합니다. 하지만 남이 읽으라고 정해준 책은 자기 관심사와 상관없는 책일 경우가 비일비재하죠. 본래 국어과는 궁극적으로 아이들의 생각을 발전시키는 종합적 문해활동입니다. 어휘나 문법도 자기 생각을 일목요연하게 표현하는 도구이자 기법입니다. 아이들이 자기 글을 다듬어가는 과정에 재미를 느끼면 국문법도 재미있어 하지요. 시 쓰는 것도, 소설 쓰는 것도 자기 이야기를 소재로 하면 때로 얼굴이 붉어지기도 하고 시시한 것 같기도 하지만, 무척 신나 합니다. 이런 과정에서는 대부분의 아이들이 진지해지지요. 게임할 때의 즐거움과는 전혀 다른 종류의 즐거움을 느낄 수 있습니다. 생각하지 않으면, 고민하지 않으면 단 한 줄도 쓸 수 없는 게 글입니다. 좋아하는 사람에게 쓰는 편지도 마찬가지 아닌가요? 상대와의 관계를 진지하게 생각해 봐야 편지 쓸 내용이 있지요. 이럴 때 아이들은 모두 철학하는 사람이 됩니다. 또 다른 사람과의 갈등 상황에서 관계를 개선하고 싶을 때, 자기 생각을 짧은 글로라도 써서 전달하면 그 진솔한 자세 때문에 서로의 오해가 풀리기도 합니다. 이런 것이 생활 속에서 체감하는 철학하기 효과가 아닐까요?

교육에서 자발적 사고하기가 정말 중요합니다. 이런 과정을 계속 경험하면 아이들, 선생님들, 학부모님들의 표정이 달라지고 삶의 태도가 바뀝니다. 자신감이 생겨요. 자신을 의미 있는 존재로 인식하게 되며, 결국 '의미 있는 존재로 성장하기'가 됩니다. 이를 위해 교육청은 다양한 방식으로 수업 혁신을 지원해야 합니다. 그래야만 수업 속에서 교사가 아이들의 마음을 움직이며 생각할 여지를 만들어 줄 수 있죠.

강 30년 전 일본 영어교사 모임인 EGL(English As Global Language)에 참석한 적이 있습니다. 이분들은 영어로 평화와 전쟁의 주제를 다루거나 독재체제에 반대하는 전 세계 민주인사들과 연대하는 공동행동을 영어과 수업을 통해 시도한다고 하더라고요. 이분들은 영어 수업 시간에 당시 글로벌 문제였던 걸프전쟁에 관한 찬반 의견 기사를 읽고 토론하고, 자위대 파병에 대해서도 일본 평화헌법 9조와 연결시켜 왜 일본이 걸프전쟁에 개입하면 안 되는지에 대해 토론하면서, 학생들이 영어로 짧게라도 자기 생각을 쓰게 한다고 합니다. 이같이 새로운 영어교육 수업을 시도하는 교사들은 소수였지만 제게 큰 인상을 주었어요.

사실 우리 시대 영어교육은 주로 읽고 쓰며 암기하는 방식이었잖아요. 무조건 외워서 시험봤기 때문에 중고등학교에서 6년 동안 영어를 열심히 하고도 정작 영어로 말해야 할 때 입이 안 떨어지죠. 영어교재도 미국의 생활상을 반영한 내용이어서 매우 이질적이었고요.

다행히 저는 추첨으로 들어간 사립 미션 중학교의 첫 영어 선생님이 선교사 경험이 있던 분이어서 발음기호에 맞춰 소리 내서 읽고 쓰기를 엄청 강조하셨습니다. 중1 첫 시험부터 영작 문제가 나왔어요. 영어로 말하지 못하고 쓰지 못하면 아무 의미가 없다고 말씀하신 기억이 납니다. 저는 유학 경험이 없는데도 교수로서 국제활동을 할 수 있는 기본역량을 중학교에서 잘 길러줬다고 생각해요.

그런데 철학하는 교육은 한 선생님의 의욕만으로는 실행하기 어렵겠지요. 학교 전체가 한 방향으로 움직일 때 효과가 크게 나타날 것입니다. 벨파스트에서 만난 '생각하는 학교 네트워크(Thinking School Network)' 자문위원인 로나 가디너 선생님은 학생들의 비판적이고 창의적인 사고력을 발달시키기 위해서는 '전 학교적 접근(whole-school approach)'이 요구된다고 말합니다. 학교구성원 모두가 학교 리더십, 수업혁신, 학교운영, 학교문화활동 등을 통해 삶의 힘을 기르는 철학하기 교육과 일치시키는 노력을 해야 한다는 의미지요.

도 인천은 대표적으로 결대로 자람학교가 그런 원칙과 철학을 지키며 교육하고 있죠. 결대로 자람학교는 '생각하는 학교', '신나는 학교'이고 존재의 의미를 만들어내는, 학교구성원 모두가 참여해서 기획하는 학교공동체입니다. 그 시초는 행복배움학교인데, 저도 교장으로 근무했습니다.

학교혁신은 학교장 혼자 할 수 없습니다. 교사들이 집단지성의 힘으로 수업혁신을 이루어내야 하고, 학생들도 주도적으로 교육 활동에 참여하며, 학부모들도 보호자로서 기꺼이 학교와 협력할 자세를 보여야 합니다. 학교 행정직원들도 적극적으로 지원해야 합니

다. 그런 맥락에서 교장은 이들과 열린 자세로 모든 활동을 적극 포
용하는 행정을 펼쳐야 합니다. 학교구성원 모두가 참여해서 기획
하는, 참획 주체로서 학교를 신나게 운영하다 보면 학교구성원 모
두가 보람과 만족을 느끼게 됩니다.

철학하는 학교는 담당 교사 한 사람의 과업이 아닙니다. 철학하
는 학교에서는 구성원들의 삶을 응축하고 공동체의 철학을 공유
하며, 미래의 힘을 기르는 철학하기 교육이 생활화되어야 합니다.
모든 교과에 철학적 사유하기가 교육방법과 교육내용으로 통합되
어 있어야 합니다. 그게 바로 읽걷쓰 교육원리입니다. 기본교과뿐
만 아니라 다양한 재량활동이나 선택교과에도, 그 외 학급운영이
나 학교 안팎의 동아리 활동에도 이런 방향이 반영되어야 합니다.
철학하기는 '공부 안 하고 생각만 하게 하는 활동'이 아닙니다. 모
든 교과나 학교활동에서 철학하기가 반영되어 학습에 통합되는
거죠.

교육에서 감성적 발달이 사유와 무관한 것은 아닌데 이원론적
관점에 의해 감정과 이성이 따로따로로 인식되고 있어요. 감성교과
인 미술도 미술관에서 같이 작품을 감상하면서 그 느낌을 그림으
로 표현하며 이야기를 나누면 자연스럽게 철학하기가 되는 거죠.
특정 소재가 정해진 그림 그리기나, 관심 없는 화가 이야기 또는 미
술사 외우기 등은 아이들의 미학적 사유하기 능력을 제한할 뿐입
니다. 사실 음악은 얼마나 중요합니까? 1970~80년대 거리의 음악
을 통해 우리가 얼마나 시대정신을 체화했습니까? 대중예술은 그
시대 집단적 사유의 구체적 표상이지요. 철학하기의 가장 좋은 소

재입니다. 예술은 당대의 시대상을 반영합니다. 하지만 예술에 내재한 철학을 고려하지 않고 교육하게 되면, 그 예술교과는 생각하는 교과가 아니라고 보게 됩니다.

몸을 움직이는 체육도 종합적 인간발달에 매우 중요한 사유교과입니다. 저는 체육을 좋아해서 운동이 생각 없이 하는 것이 아님을 잘 알지요. 좋아하는 운동 찾기를 주제로 집단토론이 이루어지면, 이것은 아주 바람직한 사고하기 학습이 됩니다. 경기할 때는 공을 어디로 보내는 것이 좋을까를 두고 직관적으로 생각해서 빨리 행동해야 합니다. 운동에서 팀워크가 얼마나 중요합니까? 체육은 공동체성에 대해 깊이 사고하는, 정말 의미 있는 철학하기 활동으로 발전할 수 있습니다.

수학과 과학교과는 체계적이고 논리적인 자연세계에 대한 이해를 높일 수 있는 창의적인 철학교과입니다. 과학교과의 경우, 구체적 탐구과정 없이, 실험도 하지 않고, 이해하기 어려운 용어 위주로 설명하고 암기하게 되면, 일부 공부 잘하는 아이들만을 위한 교과처럼 보이게 되죠. 그렇게 되면 사유하는 생활과학으로서의 입지가 좁아질 수 밖에 없죠. 철학하는 과학교과로 재구성해야 아이들도 살고 불확실한 우리 미래도 헤쳐나갈 수 있습니다. 게임이나 우주과학 등이 소위 머리가 좋다고 불리는 사람들의 영역만은 아닙니다. 특정 부문에 집중된 호기심을 풀기 위한 우연적인 학습이 이 분야의 새 지평을 열게 할 수도 있습니다. 인문학적 사유능력을 갖춘 수학자와 과학자가 특히 AI 시대에 가장 필요한 인재 중의 하나라고 생각합니다.

사회현상을 이해하는 사회교과는 철학하기와 직결되는 교과지요. 역사와 사회는 공동체적 사유 없이는 이해할 수 없는 주제가 상당합니다. 그래서 깊이 들어가면 갈수록 아주 재미있지요. 내 앞에서 움직이는 살아있는 주제고 내 삶과 관련 있는 주제니까요. 그런데 이런 연관성을 고려하지 않고 추상화된 사회 주제로 수업하고 그 내용과 결과를 암기하게 되면, 사회교과에서조차 '나란 누구인가', '내가 사는 공동체란 무엇인가'에 대한 고민이 부족해지고, 국가와 세계조차도 나와 무관한 것으로 분리됩니다.

저는 학교에서 가르치는 모든 교과가 철학하기와 관련된다고 확신합니다. 도덕, 윤리 과목에서만 철학 교육을 하는 것이 아닙니다. 국가교육과정을 원래 목적대로 제대로 운영하면, 모든 교과가 다양하게 철학하기의 확대된 교육활동으로 이어질 수 있습니다. 이렇게 모아진 창의적 방식이 널리 확산할 수 있도록, 지나치게 입시교육으로 흘러가지 않도록, 교육청은 중심을 잡고 제도적 지원을 해야 합니다.

강 지금과 같은 학교교육이 인류 역사에서 태동한 것이 그리 오래되지 않아요. 중세까지만 해도 귀족들만 개인교사를 집에 두고 자기 자녀만 교육했어요. 귀족 자녀들이 한 학교에서 짜여진 시간표에 따라 집단적으로 교육받게 된 것은 17세기 이후 일부 서구사회에서였죠. 그러한 학교교육이 일반 자녀에게까지 확대된 것은 산업혁명을 전후한, 근대국가 성립 이후입니다. 그런 점에서 근대적 학교교육은, 역사가 300년도 채 안 되는 민권운동과 노동계급운동의 성과로, 특히 노동계급 자녀들을 열악한 공장노동에서 해방시켜 모든 아동에게 자기발달의 기회를 주기 위한 것이었습니다. 그런데 오늘날 학교교육은 모든 아동을 신체적으로뿐만 아니라 정신적으로도 억압하고 있습니다.

우리나라의 교육 발전도 유사한 경향을 보입니다. 서구와는 다른 길이었지만, 조선왕조까지만 해도 가난한 백성의 자제는 교육받지 못했습니다. 특히 식민지하에서 학교교육을 받는 것은 상위층 자제들만 가능했습니다. 그래서 '월사금 인하' 구호가 일제강점기 노동쟁의나 소작쟁의에서 빠진 적이 없습니다. 이렇게 억눌렸던 교육열은 해방 후 비약적으로 폭발하여 대부분의 국민학교가 2부제나 3부제였고, 학생 수도 학급당 80~90명을 넘기도 했을 정도였으니까요.

지금은 대한민국 교육이 양적으로는 세계 어느 국가에도 뒤지지 않고 질적으로도 OECD의 국제학업성취도평가(PISA) 등급으로는 최우수 반열에 있습니다. 이런 한국교육에 대해 오바마 미국 대통령은 '한국교육을 배우자'고 칭송했지만, 일부 미래학자는 '아이들을 잡는 나쁜 교육'이라며 비판하고 있습니다. 세계의 모든 어린이는 자국 의무교육의 영향을 받고 있습니다. 그런데 우리나라 국가의무교육이 아이들을 자유롭고 올곧게 성장시키기보다는 줄 세우기 교육으로 발달을 왜곡시킨다고 비판받고 있습니다. 아이들을 위해 이런 줄 세우기 교육에서 벗어나 철학하는 교육으로 전환하는 것이 무엇보다 시급한 시대적 과제가 아닐까요?

도 철학하는 학교로의 전환이 쉽지는 않죠. 더구나 글로벌화라는 동시대적 조류가 때때로 한 국가 안에서의 교육혁신 노력을 무색하게 만드는 경우가 있습니다. 국경이 허물어진 오늘날 교육 고객은 자기 입맛에 맞는 교육상품을 찾아 전 세계를 돌아다닙니다. 그러면서 자국민을 위해 원론적으로 운영하는 국적-기반의 국민교육을 후진적이라고 비난하기도 합니다. 일부 교육학자들도 선진외국은 잘하는데 우리는 왜 못하냐고 비판하면서, 이런저런 서구의 교육틀을 적용해 보라고 자문합니다. 그래서 우리나라 교육은 온갖 서구 이론의 실험실 같다는 말들이 오가기도 합니다.

긍정적으로 생각해보면, 외국 교육프로그램 도입이 우리 교육 발전을 위해 좋은 측면으로 작용할 수도 있습니다. 하지만 이 과정이 문화적 이식이란 느낌을 주어서는 안 되지요. 외국의 교육이 다 좋은 것만은 아니지 않습니까? 우리 교육의 기준과 원칙을 잘 세우고, 수용할 것은 수용하고 버릴 것은 과감히 버려서 우리 교육 현실에 맞는 창의적 교육모형을 발전시켜 나가야 한다고 생각합니다.

무엇보다 교육청 차원에서는 국가정책을 따르면서 지역 여건에 맞춰 독자적으로 발전시킬 수 있는 부분은 더 구체적으로 적극 개발해야 합니다. 교육청 정책이 학교기반의 지방교육 발전 차원에서 아주 중요합니다. 교육현장의 내실을 굳건히 하기 위해서는 교육청의 역할이 정말 중요합니다. 교육지자체별로 특성 있는 교육정책을 발전시킬 수 있기 때문에, 학교에서 철학하기를 중심에 둔다는 정책은 중앙정부보다 교육지자체 차원에서 적극적으로 독려할 수 있다고 봅니다.

인천의 특성인 남북 접경지역에 위치한 지정학적 환경, 이주민 유입이 많은 상황, 공항과 항만이 있는 산업구조적 특성, 해양도시적 특성 등을 교육정책에 관련시켜 철학하기 소재로 발전시킬 수 있습니다. 그러나 학교교육에서는 철학하기뿐만 아니라 입시교육도 체계적으로 해야 합니다. 다만, 아이들을 한 방향으로만 몰고 가는 교육환경과 입시교육 내용 등은 변화가 필요하지요. 학교에서는 아이들이 두 마리 토끼를 다 잡을 수 있도록 포괄적 역량을 길러줘야 합니다. 아무리 입시가 중요하다 해도, 우리는 삶의 힘을 길러주는 철학하기 교육을 포기할 수 없습니다.

학교는 탐구공동체적 특성을 저버려서는 안 됩니다. 해결이 필요한 문제가 있으면 대안을 끊임없이 탐구해야 합니다. 탐구공동체로서 학교의 잠재력에 미래가 달려 있어요. 그래서 새로운 사유하기와 그 실행에 대한 갈망이 있지요. 누구나 현 상황에서 탈피하는 것은 어렵습니다. 그런 의미에서 인생은 희망과 좌절의 혼합이지요. 학생, 교사, 학부모 모두 자신의 상황에서 희망과 좌절을 맛보면서도 한발 한발 나아가려고 열심히 노력하고 있습니다.

학교교육은 자신의 결대로 자라려는 아이들을 품을 수 있어야 합니다. 그리고 그 아이들에게 가능한 희망의 불을 켤 수 있도록 뒷받침해줘야 합니다. 학교에서 작은 성공을 맛본 아이는 자라면서 더 큰 사회에서 자기가 성취한 성공을 함께 나누려고 하지 않을까요? 저는 이것이 교육의 성과라고 생각합니다. 입시교육만으로는 어렵지요. 삶의 근력을 키우는 사고하기, 즉 철학하기가 교육에 중요한 요소로 자리잡아야만 가능하다고 확신합니다. 교사들도 마찬가지죠. 다들 소진되어 있다고 합니다. 그럼에도 현장의 많은 교사가 학생들의 성장을 보면서 또 제대로 사고하려고 분투하는 학생들을 보면서, 학생들과 함께 성장의 기쁨을 느끼며 교육공동체의 변화를 만들어내리라고 저는 확신합니다.

강 선생님이 일관되게 주장하시는 부분이, 아이들을 포함한 학교구성원 모두를 행복하게 하는 학교에서 자기 생각의 주체로 발달시키는 교육입니다. 여기서 자기주도적 교육이라는 표현을 사용하시는데, 이는 자기 언어로 자기 말을 하며 생각하고 행동하게 하는 교육을 뜻하는 거죠. 파울로 프레이리(Paulo Freire)는 자기 언어를 빼앗긴 피식민지 국민의 자기언어 회복, 즉 피억압자의 관점에서 세계를 '읽고 생각하며 말하는' 철학하기를 중요한 역사적 과제로 보았습니다. 그것 없이는 의식의 식민화로부터 해방된 게 아니라고 보는 거죠.

그렇다면, 오늘날 아이들이 자기 생각을 갖고 자기 언어로 자기 말을 하고 있다고 할 수 있을까요? 언어심리학에서는 모국어로 말한다 해서 다 자기 말을 한다고 하지는 않습니다. 그것도 중요하지만, 더 중요한 것은 '자기 생각이 묻어나는 자기 말'을 하게 하는 것이죠. 이렇게 볼 때 교육은 학습자로 하여금 학습한 것을 자기화하여 자기 언어로 표현하는 능력을 길러주는 것이겠죠. 자기 언어로 표현한다는 것은 곧 사유한다는 것이고 철학하기일 겁니다. 이것은 '읽걷쓰'의 목표이자 내용이고 과정이라고 생각합니다.

도 생각하며 움직이는 사람이 깨어 있는 사람입니다. 그런 사람은 자기 말을 하게 됩니다. 그래서 생각하며 자기 말을 할 수 있도록 읽기와 쓰기 그리고 신체적 활동을 하면서 공동체 소통이 가능한 '읽걷쓰'를 일상화하자는 겁니다. 아이들을 단순 대상화하여 일방적으로 전달하는 교육이 아니라 아이들 하나하나가 살아있는 인간이며 생각하는 존재라고 인식하여 아이들 하나하나의 결대로 삶의 힘을 기르는 교육이 무엇보다 필요합니다. 삶의 힘을 기르는 교육이란 살아가는 데 필요한 지식, 기능, 태도 등 제반 역량을 기르는 교육으로, 학교교육의 목표이자 교육방법이고 교육내용이라고도 볼 수 있습니다. 학교에서 '삶의 힘을 기르는 교육'이란 학습목표를 설정하여, 더불어 함께 살아가는 교육내용을 구성하고, '관찰·질문·탐구·행동'으로 이끄는 읽걷쓰 교수법을 전 교과에서 구현한다면, 철학하기는 학교문화로 자연스럽게 자리 잡을 수 있게 됩니다.

변화를 말하면서 많은 곳에서 수업 혁신을 시도하는데, 본질적으로 전체 교육을 포괄하는 큰 그림이 없으면 수업 혁신은 교사용 수업 프로그램의 일부에 불과합니다. 수업 혁신에는 아이들뿐만 아니라 교사들의 학교생활 양식의 변화도 필요합니다. 그런데, 이것을 아우르는 교육철학이 제대로 서있지 않으면 무엇이 수업 혁신인지 방향을 잡을 수 없어요. 수업 혁신은 교사가 일방적으로 진행해서는 성공하기 어렵고, 학생과 학부모가 함께 하는 방식이어야 합니다. 학교공동체 모두의 철학하기를 통한 사회적 합의가 필요한 겁니다.

다행히 우리 사회에서는 민주적 학교문화를 추구하며 생각하고 움직이는 교사들이 주도적으로 다양한 수업 혁신을 발전시켜 왔어요. 현장에서 올라온 혁신교육이 대표적인 성과입니다. 그런데 무엇보다 개별 학교평가에서 수업 혁신의 성과 부분이 잘 반영되지 않았어요. 그래서 지속가능한 수업 혁신의 선순환 구조를 만들기 위해서는 교사 자율성도 강화하고, 교육 성과에 대한 평가 요소를 명확히 해야 합니다.

마찬가지로 철학하기가 반영된 수업 혁신 활동에 대한 평가 시스템이 뒷받침되지 못하면 교육현장에 뿌리내리기 어렵습니다. 삶의 힘을 기르는 철학하기 교육이 현장에 착근하기 위해서는, 교육목표를 구체화하고 교육성과 측정에 대한 합의가 이루어져야만 그 준거 위에서 일관성 있게 추진됩니다. 물론 성과에 대한 평가가 객관적인 양적 지표만을 의미하는 것은 아닙니다. 한 예로 인터내셔널 바칼로레아(IB) 목표 도달, 즉 성과 지표를 보면 아주 포괄적이면서도 구체적이고 양적·질적 평가를 포괄하고 있어요.

하지만 '해외 수업혁신 모형의 평가지표가 구체적이라 교육현장에 적용하기가 용이하다'라는 명분을 들어, 우리 교육현장과 비교연구 없이 무조건 수입하는 시대착오적 오류가 반복되어서는 안 됩니다. 그래서 철학하기 교육의 수업 혁신 목표도 성과를 평가할 측정도구를 우리 현장에 맞게 구체화할 필요가 있습니다. 이제는 교육목표가 아무리 좋아도 성과가 객관적으로 평가되지 않으면 지속가능하지 않습니다.

강 불확실성이 큰 미래사회에서 아이들이 자기 삶을 주도적으로 헤쳐나갈 종합적 역량을 학교교육이 길러주려면, 삶의 힘을 기르는 철학하기 교육으로의 수업 혁신이 필요하지요. 철학하는 인간으로서 아이들을 존중하고 교육하면, 그 성과가 미래교육의 핵심역량인 자기주도성 개발로 이어질 것 같습니다. 사회적 혼란이 극심했던 북아일랜드의 가난한 가톨릭 거주지역의 한 학교가 철학하기를 통해 아이들을 적극적 시민으로 동참시킨 실화를 영화화한 것이 〈Young Plato 꼬마 철학자〉입니다. 폭력과 분쟁, 절망으로 희망을 잃은 아이들이 낙관주의적 교장선생님과 철학하기를 통해 소소한 자기 문제에 정면으로 대면하면서 미래를 열어간다는 교육적 성과는 큰 울림을 줍니다. 이렇게 모든 아이를 철학하도록, 생각에 몰입하도록, 철학적 대화로 동행하면서 교육하는 것이 아이 플라토 구상이죠? 아이 플라토의 핵심은 '애기애타(愛己愛他)'고요.

전 세계가 코로나 19를 겪고 AI 환경이 인간사회를 압도하는 오늘날, 많은 미래학자가 질문하기를 통한 사유역량 강화를 강조합니다. 타고난 철학자로서 아이들을 존중하는 학교문화를 만들면 철학하기가 자연스러워질 것 같아요. 이를 통해 자기가 좋아하고 잘할 수 있는 소질을 찾아 자기 직업으로 발전시키고, 우리 사회의 극심한 대립과 혐오를 비판적으로 성찰하며 문제해결 방안을 찾는 공감과 공존역량을 기르고, 이전엔 가난했지만 이제는 발전한 국가의 세계시민으로서 지구화의 난제를 이해하고, '공유하는 미래'를 생각하고, 자기사랑을 이웃사랑으로 승화하는 아이 플라토가 우리 아이들이면 좋겠습니다.

진짜 교육의 전면적 시도, '읽걷쓰'

도 교육이라는 게 족집게 과외처럼 가르친다고 다 잘 되는 것이 아니지요. 그런 방식이 아무리 단기적 성과를 낸다 하더라도 공교육 기관은 아이들의 역량을 소모하는 교육방식을 취해서는 안 됩니다. 그럼에도 이런 교육에 대한 현실적 요구가 있기에 그 부분을 외면할 수만은 없습니다만, 그 이상으로 중요한 것이 삶의 힘을 기르는 교육이기 때문에 이를 위해 진짜 공부를 엄청 시키자는 겁니다. 변별력 있는 공부를 아이들 하나하나의 결에 맞게 발전시켜 진짜 하고 싶은 것을 찾아 스스로 나아가게 하는 공부, 그것이 진짜 공부 아닐까요? 이런 방향이 교육민주화에서 주창해온 참교육의 틀이 아닐까요?

이러한 진짜 교육의 틀을 전면적으로 시도해 보려는 것이 2023년부터 시작한 '읽걷쓰'입니다. 이것은 어느 사회에서나 강조하는 독서 교육, 글쓰기 교육이 아니라 철학하기로 통합하여 교육환경을 근본적으로 개선하자는 교육입니다. 요즘 여기저기서 걷기 모임이 많이 생겼습니다. 많은 분들도 동의하실 거라고 보는데, 함께 걷다 보면 수다만 떠는 게 아니라 여러 생각이 서로 오가지요. 여기에 읽기가 더해지면 대화의 소재가 생기고, 걸으면서 대화한 내용을 철학하기로 정리하게 되고, 이후 자기 글로 쓰면 생각을 훨씬 잘 다듬어 표현할 수 있게 되죠. 그러면 자신감이 생기고 자기 특성을 잘 찾아가게 됩니다. 그런 과정에서 자기가 하고 싶은 것이 발견되고, 그러면 거기에 몰두하게 될 겁니다.

사실 코로나를 거치면서 놀랍게도 소통의 새로운 패러다임이 만들어졌어요. 가상세계에서, 비록 비대면이지만, 일 대 일로 소통하다 보니 서로를 더 잘 이해할 수 있는 면이 분명히 있더라고요. 그럼에도 비대면 소통 방식은 뭔가 답답했어요. 직접 대면하며 소통하는 관계가 무척 그리워졌지요. 때때로 '학교가 왜 필요할까?' 생각했던 학생들도 친구들과 선생님이 있는 학교가 절실해졌죠.

코로나 기간에 발생한 이런 비대면 소통의 답답함 때문에 함께 읽고, 걷고, 쓰면서 공감하고 이해하는 세계가 크게 넓어진 겁니다. 그런 면에서 '읽걷쓰'는 인간은 철학자로 태어났다는 전제를 구체화할 교육의 철학이자 방법이자 내용이 됩니다. 이를 통해 앎과 삶이 통합되는 통전적 교육으로 구체화됩니다. 물론 이것은 하늘에서 뚝 떨어진 어떤 틀이 아닙니다. 어느 순간 불현듯 나타나 이걸 해보라고 한 사람은 어디에도 없었습니다. 읽걷쓰는 많은 교육자와 시민이 함께 토론하고 합의하여 만들어진 틀로, 교육현장에서 실천에 실천으로 이어져 지금은 이론적으로 어느 정도 정교하게 다듬어진 인천형 교육원리로 발전될 수 있을 듯합니다. 하지만 현장에서 수용성이 떨어지면 한두 번 해보다가 실효성이 없어 폐기되는 프로그램이 될 수도 있습니다.

지금까지는 희망적입니다. 특히 선생님들 손에 들어가서 창의적인 역량이 반영된 수업 혁신으로 변모하고 있습니다. 그렇게 해서 나온 수업 혁신 모델들은 다시 초기 이론에 새 살을 붙이는 과정으로 이어집니다. 이렇게 '읽걷쓰'에 이론과 실천이 결합되어 발전하는 공진화 과정이 인천형 교육혁신 모델로 자리잡혀 갈 때, 그 성과가 한국의 교육원리가 되어 세계와 만나게 될 수도 있을 겁니다. 이렇게 서로 학습하며 '읽걷쓰'를 여러 방식으로 다양한 단위에서 실천하면 아이들도, 교사들도, 학부모들도 그런 학습 방법으로 체화된 학교교육을 당연한 것으로, 정례화된 틀로 수용하게 될 겁니다.

그러면 학교에서는 입시교육 안 하냐고 항의하지 않게 되죠. 이렇게 되면 입시교육으로도 애기애타형 아이 플라토를 기를 수 있습니다. "나도 소중하고 너도 소중하다고 생각해. 내 생각은 너랑 달라, 우리 함께 생각해 볼까?" 이런 문화가 일반적인 인천 학교의 생활문화로 자리 잡을 거라고 확신합니다. 그때부터는 이것저것 질문을 많이 하는 아이들이 늘어날 겁니다. 말 없던 아이들이 스스로 학습의 행위주체자가 되는 거잖아요. 달라진 아이들을 어떻게 이전 방식으로 교육하겠어요? 학습 분위기가 학생 중심의 자기주도적 교육으로 바뀌면, 수업 혁신은 자연스럽게 동반될 수밖에 없지요.

여기서 교사가 다양한 수업혁신을 할 수 있도록 교육청은 최선을 다해 지원해야죠. 학부모들은 교사를 믿고 변화를 적극 지지해야죠. 아이 플라토가 학생용이 아니라 교사용, 학부모용, 시민용으로 발화하면서 온 사회가 적극적 시민으로 참획하게 되면, 다양한 의견이 펼쳐지는 가운데 사회적 공존이 가능한 진짜 민주주의가 학교 안은 물론 학교 밖에서까지 가능해지는 거죠. 이게 삶의 힘을 기르는 철학하기 교육의 성과라고 생각합니다.

강 교육이 사회변화를 가능하게 한다는 것은 한 사람 한 사람을 변혁적 인간으로 교육하여 그들이 사회를 바꾸게 하는 것이기 때문에, 비판적으로 사회와 자신을 성찰하는 철학하기가 아주 중요합니다. 그래서 요한 갈퉁(Johan Galtung)은 평화교육을 평화로운 세계를 이루기 위한 가장 평화적인 수단이라고 했습니다. 대부분 혁명가는 언제 아이를 교육해서 사회를 바꾸냐, 그런 낭만적이고 비현실적인 이야기는 하지 말라고 하지만, 사회변혁의 토대는 역시 정의로운 인간화 교육으로의 변혁이겠지요.

도 그래서 수업 혁신이 매우 중요합니다. 다행히 그 중요성이 폭넓게 잘 인식되고 있어요. 제가 교직에 입문한 지 40년이 지났는데, 그동안 생각도 못 했던 다양한 수업 혁신 프로그램이 많아졌더라고요. 이제는 그런 수업이 많이 보편화되었어요. 지금은 선생님들이 결심하고 준비만 하면 뭐든 할 수 있어요. 선생님 한분 한분이 다들 능력이 대단합니다.

　코로나 때 그런 교사들이 정말 빛났습니다. 학교가 봉쇄되고 아이들이 집 밖에도 못 나가고, 학교에 올 수도 없는 위기 상황에서 수업을 해야 하는데 다들 어찌할 바를 몰랐죠. 그땐 대면이 안 되니까 비대면으로, 이후 점차 대면과 비대면을 섞어 블렌디드 수업을 해야 했어요. 다들 우왕좌왕 할 수밖에 없었죠. 그래서 제가 "코로나 상황에 맞는 새로운 수업을 하는 선생님들의 수업 혁신 사례를 공유하자"고 제안했죠. 교육청 홈페이지에 3,000~4,000편의 수업 혁신 사례가 올라왔어요. 엄청났죠. 수많은 선생님들이 수업 혁신 사례를 활용하여 자기 수업 모델로 만들어 가셨습니다. 그러한 수업 혁신 공유가 인천 학교문화를 근본적으로 바꿔놓았습니다.

이어서 "사용자 경험(UX, User eXperience) 기반의 수업 혁신 사례"를 연구해서 '아이들의 학습 결손이 어느 지점에서 발생하는가' 같은 구체적 문제를 다루었습니다. 당시 병원이나 공기관 같은 데서는 사용자 경험 기반의 정책을 많이 시도하는데, 학교를 사용자 경험 기반으로 분석하여 학습자의 요구를 구체적으로 연구한 건 그때가 처음이라고 하더라고요. 그런 점에서 모든 교육정책은 학습자의 필요에 대한 구체적 연구를 통해 그 결과가 교육현장으로 적용되는 실천 전략이 필요합니다. 이런 형태의 사례 공유는 수업 혁신의 원천으로 아주 중요합니다.

인천형 수업 혁신의 하나로 매주 읽걷쓰 사례 발표를 하고 있어요. 학생, 교직원, 시민들의 실천사례들이 매우 놀라웠습니다. 가장 인상적인 사례는 특수교육 대상 학생들과 1년 동안 40km 이상을 걸은 겁니다. 학부모님들과 아이들이 읽걷쓰의 일환으로 인근 동네를 걸으면서 서로 소통하며 모두 행복해 했다고 합니다. 읽걷쓰를 하며 자신감이 붙은 거죠. 누구나 공평하게 참여하는 읽걷쓰 실천 사례들이 점점 쌓이면서, 아이들이 주도적으로 학습을 이끄는 학교문화가 잘 안착하고 있다고 생각합니다.

강 수업 혁신은 OECD도 강조하는 미래교육의 방향입니다. 학습자의 욕구를 정확히 진단해서 교육정책화하는 것은 철학하기 교육에서도 반드시 살펴봐야 할 대목인 듯합니다. 철학하기에 대한 학습자의 욕구가 있어야만 자기와 관련된 삶의 힘을 기르는 학습으로 이어지겠죠. 여기서 학습의 즐거움을 느끼는 아이들이 수업 혁신의 성과라고 봅니다. 이때 '누구는 못할 것 같다'는 선입견은 모든 혁신의 방해물이지요. 특히 이주의 시대를 살아가는 오늘의 교육에서는요.

도 우리 시대에 요구되는 새로운 관점을 어떻게 교육할 것인가는 결국 지역성을 얼마나 잘 반영하면서 아이들을 글로벌 시민으로 성장시킬 것인가라는 교육 과제로 이어질 겁니다. 최근 인천에는 이주배경 아동·청소년 비율이 무척 높아졌습니다. 한국어의 어려움이 있을 수밖에 없는 이주배경 아동·청소년들은 한국말 표현이 어려우니까 자꾸 위축되곤 하죠. 물론 우리나라 이주배경 가정 자녀들 중에 많은 아동·청소년이 중도입국자이거나 한국 사람과 결혼한 이주민들의 자녀이기에 한국말이 전혀 낯선 외국어는 아닙니다. 여하튼 가장 중요한 점은 특정 인종, 특정 배경의 아이들에게 편견을 갖지 않도록 교육해야 한다는 것입니다.

인천에서는 반편견 교육을 포함하여 세계시민교육의 틀 안에서 차별 없는 다문화교육을 하고 있습니다. 여기서 다름과 틀림을 정확히 구분할 수 있게 하는 인식 개선이 중요하다고 생각합니다. 같은 민족이라도 얼굴도, 외모도, 목소리도, 생각하는 것도, 표현하는 것도 다 다르죠. 이를 국경을 넘어서까지 적용하면, 우리는 지구상에 사는 똑같은 사람이지만 언어가 다르고 문화가 다르고 역사가 다른 것뿐이라는 점을 인식하게 하는 겁니다. 우리나라에서도 큰 강과 산을 경계로 언어가 다르고, 정서가 다르고, 역사가 다르고,

토대가 다르고, 먹는 것이 다른 것처럼, 다른 나라 사람과 우리 나라 사람이 여러 면에서 다를 뿐이지 다 같이 한 인간으로 존중되어야 한다는 점은 공통적인 세계시민의 윤리입니다.

세계시민교육에서 우리 모두는 '함께 살아야 할 존재'라는 세계시민으로서 철학하기를 통해 다양성에 대한 가치를 아이들이 배울 수 있다고 봅니다. 그래서 다양한 문화를 스스로 습득할 기회를 많이 만들어 주는 것이 우선되어야 합니다. 그 속에서 각각의 언어가 배움의 차별로 작용해서는 안 되지요. 언어는 도구입니다. 도구이면서 그 안에 역사와 문화와 사고 체계가 다 들어 있기에 언어를 통한 소통은 아주 종합적인 거죠. 지금은 AI가 쉽게 번역도 해주고 통역도 해주기 때문에 모르는 사람과 소통하기가 과거보다 훨씬 쉽죠. 소통이 확대된 점에서 좋아졌긴 하지만 언어는 단순 소통 이상이죠. 그래서 언어간, 문화간, 역사간 소통이 가능한 읽걷쓰가 다문화 환경에서도 특히 중요하다고 믿어요. 우리가 기술로 극복할 수 있는 부분은 도구를 잘 활용하게 하면 되지만, 그걸 넘어서 다른 문화나 역사적 이해에 대한 것들은 직접 맞닥뜨리며 배울 수 있게 해야 합니다. 그것이 국제교류의 핵심이에요.

국제교류 프로그램을 진행할 때 생기는 언어 장벽을 어떻게 극복할 것이냐는 프리스쿨을 만들어 시도해보고 있습니다. 이주배경 아동·청소년들은 다문화 밀집 지역 학교에서 3개월 동안 한국어교육을 집중적으로 받고 어느 정도 자신을 갖게 되면 자기 학교로 돌아가서 지역의 다른 친구들과 통합교육을 받게 됩니다. 따로 또 같이 공부하는 것이 프리스쿨입니다. 그런데 이 부분에 대해 일부 지역주민들이 역차별이라고 말씀하시기도 합니다. '선주민 학생들이 혜택을 덜 받는것 아니냐?'는 생각 때문에 그러신 것 같아요.

이런 환경에서는 통합을 위한 지역사회 시민들의 다문화이해교육이 무엇보다 필요합니다. 다문화적 환경은 이질적인 문화가 단번에 합쳐지고 습득되는, 그렇게 순탄한 과정이 아닙니다. 지역공동체에서 같이 부딪히며 교류하는 과정에서 가능합니다. 그 과정에서 서로 이해하며 함께 성장합니다. 다문화교육을 통해 선주민 머릿속에 이질적인 문화를 주입하면 이해되는, 그런 문제가 아닙니다. 그래서 다문화교육은 학교교육에서뿐만 아니라 지역사회교육에서도 효과적으로 이루어져야 합니다. 특히 거주지에서 자연스럽게 선주민과 이주배경 주민들 간의 상호교류가 이루어져야 하는데, 학교 밖으로만 나오면 서로 어울리지 않으니 다문화교육의 효과가 잘 안 나는 거죠. 학교교육만으로는 절대 다문화교육이 성공할 수 없습니다. 지역이 함께 협력해야 합니다. 그래야 상호 발전하고 성장하는 사회로 나아갈 수 있지요.

누구든 자기애 없이는 남을 사랑할 수 없습니다. 이주배경 주민들에 대한 배려와 사랑은 곧 나에 대한 사랑의 외적 표현입니다. 사회적 윤리의 근간인 애기애타(愛己愛他)를 실천해 학교에서뿐만 아니라 지역에서도 삶의 힘이 자라는 교육으로 나아간다는 철학을 생활화해야 합니다.

교학상장(教學相長):
교사도 학생도 다 강학인가?

강 교육에서는 앞선 자와 뒤선 자가 따로 없다는 의미에서 '교학상장
(敎學相長)'은 상당한 울림이 있는 고사성어입니다. 위아래 없이 서로
존중하며 잘 이끌어 주는 상호지지의 교육을 의미하는 것인데, 우
리에게 좀 낯설게 느껴지는 것은 서열 중심의 인습적인 잔재 때문
이 아닐까요. 제 학창 시절엔 학년이든, 성별이든, 형제든, 지위든,
묘하게 위아래가 있었어요. 집에서나 학교에서 늘 윗사람을 공경
하고 그분께 공손해야 한다는 것이 모두가 지켜야 할 도덕률이었
습니다. 선생의 그림자도 밟아서는 안 된다는 말이 있을 정도로
선생님은 존경하면서도 뭔가 두렵고 가까이 가기 어려운 어른이었
습니다. '선생(先生)'이란 말이 앞서 태어난 사람을 뜻하지요. 선배라
는 말도 그렇고, 우리는 앞서 있거나 특정 지위에 있는 인물에 상
당한 의미를 부여하는 것 같습니다.

도 어른을 공경하는 것과 어른이 아이들을 함부로 대해도 된다는 것
은 같은 뜻이 아니죠. 선생님을 존경해야 하는 것이 학생을 막 대
해도 된다는 것은 아니잖아요. 아이들에게 존경할 만한 행동과 자
세를 보여주어야 자연스럽게 그 어른을 공경하는 풍토가 생겨날
텐데, 그런 노력 없이 아이들을 훈육이라는 잣대로 강제하는 것은
바람직한 교육환경이 아닙니다.

　우리 사회에는 유교사상을 삼강오륜(三綱五倫)으로만 좁혀서 권
위주의적이고 위계적인 강자의 철학으로 이해하는 경향이 일부 있
습니다. 언뜻 보면 군위신강(君爲臣綱), 부위자강(父爲子綱), 부위부
강(夫爲婦綱), 부자유친(父子有親), 군신유의(君臣有義), 부부유별(夫婦

有別), 장유유서(長幼有序), 붕우유신(朋友有信) 등의 의미가 충효와 가부장적 남성우위문화를 대변하는 듯하지만, 책임 있고 가까운 위아래 관계일수록 의(義)나 친(親), 신(信)을 강조하는 점은 간과하기도 합니다.

이런 맥락에서 교학상장의 뿌리도 동양 유교권 철학에서 나온 것으로 그 맥락을 종합적으로 이해해야 합니다. 서구 사상이 과도하게 우리나라 학교교육을 규정하게 되면서, 서구식 교육의 영향을 받은 일부 학자들이 오리엔탈리즘적 사고로 유교 사상을 다소 부정적으로 인식한 것 같아요. 지금부터라도 동서양 철학을 균형 있게 포괄하는 자세로 우리의 학문적 기반을 단단히 다져 주셨으면 합니다. 저는 고사성어를 좋아해서 자주 사용합니다. 뭔가를 고민하며 풀어보려고 하면 꼭 그런 의미를 지닌 고사성어가 있더라고요. 오늘날 우리가 고민하는 문제가 과거에도 유사하게 있었고 이에 대처하는 방식도 우리 공동체가 고민하는 방식과 비슷했던 것 같아요. 그래서 깜짝 놀라곤 합니다.

강학으로 거듭나다

강 코로나 19는 저에게도 교육학적 단상을 근본적으로 고민하게 하는 계기였습니다. 코로나 직전에도 교육공학계를 중심으로 4차산업과 미래교육을 강조하며 가상공간에서의 소통을 중요한 교육전략으로 제시했음에도 우리 교육계는 주저했어요. 전 세계적으로 이런 방향이 불가피하고 우리 사회도 결국 그런 방향으로 가리라고 예상은 했지만, 여전히 이에 비판적이었죠. 그러다 코로나가 터졌습니다. 이제 비대면 소통은 선택이 아니라 절체절명의 생존 수단이 되었습니다. 제가 있던 대학에서도 난리가 났죠. 특히 인터넷 수업을 비교육적이라고 부정하던 교수님들은 어찌할 바를 몰랐습니다. 줌을 거의 활용하지 않던 교육자들, 구글 클래스에 거의 안 들어왔던 교수님들도 이젠 다른 도리가 없게 되었습니다. 하지만 비대면 교수법을 고민하지 않은 채 인터넷에서도 교실에서 대면 수업하듯 하니 인강(인터넷 강의)에 익숙한 젊은 학생들은 그런 수업이 재미가 없죠. 강의 평가가 낮게 나오니 정년이 보장된 교수님들조차도 엄청 당황해하시죠.

이같이 학생과 대면이 안 되는 상황에서 어떻게 관계를 잇고 모두를 살릴 것인가를 고민했어야 하는 혼란스런 국면에서 저는 교육부 '교육회복지원위원회' 위원으로 위촉되었습니다. 유네스코 관련 활동을 하고 있었기에 매일같이 유네스코 사이트(https://www.unesco.org)에 들어가 오늘은 얼마나 많은 학교가 문을 열고 닫았나를 보여주는 그래프를 확인하면서 국제기구가 제시하는 코로나 극복 방향에 주목하고 있었습니다. 유네스코를 비롯한 국제기구들은 코로나 19로 인한 사회적 봉쇄 국면에서 관계 회복을 위한 사회정서학습(SEL: Social-Emotional Learning)을 강조하고 있었습니다. 아쉽게도 우리 사회는 학교봉쇄로 인한 학력 결손만 주목할 뿐, 관계의 단절로 인한 사회정서적 역량 저하는 깊이 고민하지 않는 것 같았습니다.

그래서 코로나 이후 교육회복 방향에 관한 제 생각을 정리해

『교육회복과 적극적 시민교육』을 발간했습니다. 예측 불가능한 극단적인 혼란 상황에서 어떻게 마음근력을 키우는 회복탄력성 신장 교육으로 나아갈 수 있을까, 그런 교육은 없는가를 고민하면서, 코로나 이전의 일방적 교육개념을 교학상장의 쌍방적 교육개념으로 전환하자는 주장을 담았습니다. 이렇게 되면 교사와 학생은 서로 가르치며 배우는 관계에서 학생으로부터 배우는 교사가 되고, 학생도 교사에게 뭔가를 가르치며 영향을 미치는 존재가 되어, 상호성장하는 상생적 관계로 나아가게 되겠죠. 그러면서 교사는 이런 상호성장의 기쁨을 학생과 함께 누리게 됩니다.

이런 변혁적 교육 행위주체자가 강학(講學)입니다. 1980년대 노동야학으로 사회민주화운동에 참여하던 대학생과 노동자들이 서로를 강학이라 부르며 동반성장을 경험했습니다. 이렇게 교학상장을 실천하려는 강학으로서 교사가 미래를 이끌 교사상입니다. 극단적 혐오와 거짓 정보에 휘둘리던 코로나 상황 이후 강학에 의한 이런 쌍방적 자기학습이 적극적 시민교육으로 이어져 우리 사회를 상호 지지하며 발전하고 성장하게 만들 수 있다고 전망했습니다. 그런 문제의식에 대해 교육청 직원들께 강의해 달라고 도 선생님이 요청하셔서 처음으로 인천교육청을 방문했는데, 본관 앞 정원에서 깜짝 놀랐죠. 정원에 놓인 커다란 바위에 '教學相長'이 새겨져 있지 않겠어요? '인천교육청은 다르네' 하는 강한 끌림을 느꼈습니다.

도 그건 인천교육청 초대 교육감 김천홍 선생께서 '인천의 얼'을 강조하는 교육성어로 채택하셨어요. 1988년 7월 1일 교육청 개청 7주년을 기념해서 인천 서예계의 대표 격인 청람 전도전 님이 쓰신 글을 새긴 것입니다. 제가 2018년 교육감으로 업무를 시작할 때, 중국 고전 『예기(禮記)』에 나오는 고사성어 '교학상장(教學相長)'이 오늘날 인천교육뿐만 아니라 한국교육이 나아가야 할 변혁적 교육을 반영한다고 보았기에, 그것을 따르면 인천교육이 제대로 나아갈 수 있다고 생각했습니다.

사실 누구도 완벽한 사람은 없지요. 가르치고 배우면서 더불어 성장한다는 것은 상식입니다. 하지만 일부 교육전문가들은 자기 전문성을 지나치게 확신하기에 배우러 온 사람의 말뿐만 아니라 다른 전문가의 이야기도 듣지 않으려는 경향이 있지요. 자기 생각만 맞고 다른 사람의 의견은 다 틀렸다고 생각하는 것 자체가 스스로를 좁은 울타리에 가두는 것입니다. 교육계뿐만 아니라 우리 사회에도 꼭 필요한 교훈이어서, 일단 인천교육부터 교학상장 정신을 실천하고자 했습니다.

강 구체적으로 인천의 교육현장에서 교학상장을 실천한다 함은 어떤 의미인가요?

도 제가 교사로 재직했을 때 '가르친다'라는 것은 학생들을 '공부시킨다'는 것으로 이해했고, 이게 대단히 중요하다고 생각했어요. 중요한 거니까 일방적으로 수업을 했죠. 그것이 얼마나 재미없고 학생들의 생각과 무관하게 이루어졌는지 그때는 잘 몰랐어요. 제 담당 교과인 국어 시간엔 시험에 나오는 거 위주로 문제 풀이하고, 밑

줄 긋게 하면서, 일방적으로 교과서 내용을 전달만 했지요. 가끔 책을 안 가지고 수업에 들어가면 학생들은 그 선생님을 더 멋있다고 보는 것 같았어요. 사실 수업 내용이 계속 반복한 거라 웬만한 교사들은 교과서를 안 봐도 다 알잖아요. 성실한 교사라면 여러 가지 자료도 찾아 보여주고, 실험도 하고, 자기 생각을 담은 글쓰기도 하고, 다양한 방식으로 수업 혁신을 해야 했지요. 미안하죠, 지금 돌아보면.

그런데 간혹 학생들이 참여하는 토론수업을 하면 학생들은 머뭇머뭇하면서도 곧잘 발표를 합니다. 제가 전혀 생각지 못한 걸 많이 발표한단 말이에요. 기특하죠. 그리고 자부심을 갖게 되죠. 분명한 것은, 학생이라고 생각이 어리지도, 말이 어눌하지도 않다는 겁니다. 나이가 어릴 뿐, 우리 같은 어른 눈으로는 볼 수 없는 것들을 그들은 보고 있었어요. 한명 한명의 학생 모두가 독립적인 인격적 존재입니다. 그러니까 내가 보지 못하고 알지 못하는 것을 그 학생이 보여주고 알게 해주었기에 그 학생이 내 스승인 거죠. 물론 교사가 학생들의 배움에 가장 중요한 역할을 하죠. 그래서 학교에서 체계적으로 배워야 하는 것이지요. 교사도 학생들을 더 잘 가르치기 위해 더 배워야 합니다. 학생들의 반응을 보고 생각을 들으면서 자신이 미처 깨닫지 못했던 것도 새로이 알게 되면서 같이 발전하고 성장하는 겁니다.

강 교육자와 학습자 간의 상생적 상호발전을 위한 교학상장은 미래의 불확실성에 대비하는 가장 적극적인 교육이라고 베티 리어든

(Betty Reardon) 교수는 『포괄적 평화교육』에서 말하고 있습니다. 다른 사람이 배우도록 도와주면서 자신도 배우는 것을 주된 교육 활동으로 삼는 실천가/이론가인 강학(edu-learner)은, 유능하고 책임 있는 교사라면 다 이같이 되려고 노력할 것입니다.

리어든 교수에 따르면, 교사에게 교학상장은 합목적적이고 가치 지향적인 과정 중심의 변혁적 수업 혁신입니다. 여기서 중요한 점이 교사를 보는 관점의 변화입니다. 교사는 평생학습자로서 내면적 경험과 외부 현실의 관계를 의식하며 이를 새로운 학습에 반영하고 통합해야 하는 교사 행위주체자(teacher agent)지요. 끊임없이 공부하여 변화를 매개하는 평생학습자로서의 교사, 이것이 교학상장하는 교사입니다.

도 며칠 전 '세계로 배움학교' 발대식에 참여했습니다. 450여 명의 학생이 모여서 자신들이 만든 발표자료로 자기 프로젝트를 설명하는데, 한 편의 잘 만든 활동 뉴스를 보는 듯했습니다. 아나운서가 중심에 앉아 말하듯이 잘 진행하더라고요. 자막도 넣어 이야기가 흘러가는 느낌도 주면서요. 요즘 아이들은 디지털 활용이 생활화되어서 생각만 모이면 힘을 합쳐 창의적으로 모형을 아주 잘 만듭니다. 이렇게 학생과 교사가 서로 가르치고 배워가면서 조율해 가면 서로가 만족하는 작품이 더 잘 만들어집니다. 우리가 생각지도 못한, 아주 새로운 모형이 가능해집니다.

교육이란 이렇듯 서로가 즐겁게 관련 자료를 읽고 이해하여 주도적으로 온전하게 자기들 것으로 창안해내는 과정적 활동입니다.

리어든 교수가 말했듯이 변혁적 교육을 위해서는 무엇보다 교사와 학습자에 대한 인식이 바뀌어야 합니다. 학습자가 어리더라도 그들의 경험과 지식을 교학상장에서는 적극 활용해야 합니다. 학교는 아이들이 살아가는 세계의 축소판입니다. 이때 평생학습자로서 교사가 이런 학교문화의 변화 주체로서 존중되어야 하고, 똑같이 존중받는 아이들과 함께 학습하면 서로 배움과 성장의 기쁨을 맛보게 됩니다.

인천교육 현장에서 이런 사례는 상당히 많이 찾아볼 수 있습니다. 사실 미래를 정확하게 예측하기란 쉽지 않죠. 매우 불확실합니다. 글로벌 환경은 말로만 지구촌이지 실은 모든 면에서 자국중심주의가 팽배해 있어요. 경제적으로 풍요로워졌다고 하지만 이런 풍요로움이 언제까지 가능할지 누구도 예측하기 어렵습니다. 그런 가운데 양극화는 더 심화되어 가지요. 기후를 보세요. 예측 불가능합니다. 이렇게 혼란스러운 글로벌 세계에 아이들이 살고 있어요. 이런 복잡한 문제에 대면하기 위한 교육이 단답형의 일방적 교육이어서는 안 되지요. 이런 변화에 대처할 수 있는 진짜 실력을 쌓을 수 있도록 진짜 공부를 자발적으로 하게 해야 합니다.

AI 시대 한국이 문화강국이라는 것이 무슨 의미일까요? 앞으로 채용시장은 어떻게 변할까요? 좋은 대학만 나오면 모두 좋은 데 취직할 수 있을까요? 의대, 법대만 나오면 안정되고 행복하게 살 수 있나요? 이것이 내가 꿈꾸던 삶이었을까요? 이런 문제를 하나하나 짚어가며 스스로 질문하고 답하게 해야 합니다. 교사들도 새로운 차원에서 아이들 이야기를 듣고 배워서 새롭고 융통성 있게 가르칠 수 있도록 준비해야 합니다. 이것은 정글과 같은 세계에서 다 같이 살기 위한 재미있는 모험적 과제입니다. 그것을 우리 교육이 의미 있는 도전이라고 믿고 준비시켜 주어야 합니다.

강 분명한 것은 미래 사회가 우리가 경험한 세계와는 전혀 다르다는 것이죠. 속도도 빠르고, 이질적이고, 모든 게 엉켜있고, 모두가 굳이 정답만을 찾으려 하지 않습니다. 학교에서는 시험 잘 본 일등이 의미 있었지만, 사회에서는 학교에서 누렸던 과거 일등이 반드시 세속적 성공으로 이어지지 않지요. 그러면 억울해합니다. 내가 이러려고 공부했나?

우리가 원하는 선생님은 무조건 일류대 출신의 공부 잘했던 학벌 후광을 지닌 교육자가 아니라 아이들을 인정하고 지지해주는, 진정성 있고 따뜻한 어른입니다. 이런 어른은 아이들에게서도 배우려고 합니다. 늘 자신이 부족한 부분을 채워 아이들에게 잘 전해주려고 노력하죠.

도 그것이 세상이 원하는 미래교육의 방향입니다. '나 학교 다닐 때(나 때) 1등 했어', '반장 했어', '금메달 땄어', '인기 있었어' 등은 계속 노력하지 않는 한 오늘날의 나와 직접 연관이 없습니다. 국제사회에서 미래학자들이 말하듯이, 아이들에게 필요한 미래 역량은 창의성, 문제해결력, 비판적 사고력, 소통 공감, 협업 능력, 인성·시민성 등입니다. 이런 역량을 키우려면 자기 말로 자기 생각을 표현하고 행동하는 것이 중요합니다. 아이들을 위해 교육이 근본적으로 달라져야 하고, 그 사고의 중심에 교학상장이 있습니다.

지난 3년간 코로나 19로 약해진 문해력, 대인관계성, 사회정서적 역량, 신체건강 등의 문제를 해결하고, AI 시대 디지털 기계문명에 대응하는 나다움, 인간다움 기반의 역량을 신장하기 위해서는 인간성을 갖춘 돌파력이 요구됩니다. 이를 위해 모두가 변하자고 외치고 있습니다. 이것을 저 혼자 외치며 나아가면 '불조심' 구호 같은 것으로 끝납니다. 하지만 우리 모두 같이 생각하며 서로 배우고 가르쳐주는 구도를 만들어 가면, 이것은 인천시민이 만들어 낸 인천교육의 훌륭한 변혁 모형이 되고 실제로 인천교육을 변화시킬 겁니다.

말이라는 게 높은 사람이 써서 붙인다고 해서 통하는 것이 아니지 않습니까? 우리가 '공공질서를 잘 지킵시다'라고 써놓으면 잘 안 지켜지는데 교실에서 아이들과 선생님이 왜 공공질서를 지키는 것이 필요한지 함께 토의하고 문제점을 깨달아 그렇게 하기로 합의하면 신기하게도 학교구성원 모두가 아주 잘 지킵니다. 이유는 하나입니다. 자기가 선언했기 때문이죠. 참여했기 때문이죠. 결정하는 자리에 같이 있었기 때문이죠. 이런 의미로 '참획(參劃)'이 교학상장에서 아주 중요합니다. 그래서 아이들을 학교의 모든 의사결정과정에 참여시켜 기획하고 움직이도록 추동해야 합니다. 그러면 아이들의 창의력이 샘솟듯이 펼쳐집니다. 이런 과정에서 교사도 크게 발전하게 됩니다. 창의적 수업 혁신의 원천이 바로 교학상장입니다. 이게 진정한 교육 아닌가요?

강 사실 AI 시대에 그러한 교육변혁이 절실합니다. AI 시대에 제대로 대처할 수 없으면 우리는 AI가 지시하는 대로 따라야 합니다. 사실 정보량만 보면 개인이 AI를 능가할 수 없지요. 자기주도적 교육이 잘 안 되면 사람은 AI로부터 축적된 지식을 일방적으로 주입받기만 하는 수동적 관계로 전락하게 됩니다. 그래서 AI를 창의적으로 활용할 수 있는 교육이, 토론이 있어야 합니다.

아이들이 정말 걱정입니다. 다들 대화는 하지 않고 핸드폰만 들여다보고 있어요. 카페에서 젊은 남녀가 테이블에 앉아서도 대화보다는 핸드폰만 해요. 편지를 써도, 이메일을 보낼 때도 자기가 생각하기보다는 AI가 편집해 주는 대로 다시 읽어보지도 않고, 체크하지도 않고 그대로 전달한다고 합니다. 그런 글은 미끈하기는 한데 내용에 혼이 없어요. 사실 확인을 해 보면 틀린 부분도 많고요. 어떻게 해야 사람이 AI에게 완전히 조종되지 않는 세상을 준비할 수 있을까요? 정말 걱정입니다.

도 가르치고 배우며 서로 성장한다는 교학상장은 AI 시대에 꼭 필요한 교육개념입니다. 올해 여름 뉴욕대학교에 가서 클레이 셔키(Clay Shirky) AI 전문가를 만나 디지털시대 교육현안에 대해 이야기를 나눴습니다. 요약하면 이렇습니다.

"지금은 AI가 말만 하면 뭐든지 알아서 정보처리 해주기 때문에 학습자가 나태해질 수 있습니다. 예전에는 모르는 자료를 찾기 위해 열심히 도서관에도 가고 정보를 아는 사람을 찾아가서 배웠습니다. 그러나 지금은 굳이 그럴 필요 없이, 컴퓨터만 켜면 AI가 다 찾아 깔끔하게 편집해 줍니다. 물론 이것이 잘못된 지식이나 신념을 바탕으로 작성될 수도 있어 엄청난 오해를 일으킬 여지는 충분히 있습니다. 또 대학에서 교수가 AI로부터 얻은 지식의 유용에 대해 학생을 어떻게 평가할 것인가 라는 점에서 곤란해질 수도 있습니다. 이때 교수는 학생과 토론하면서 학생과 교수가 AI로부터 얻은 지식을 어떻게 자기화할 것인가에 대해, 그리고 AI가 주는 정보를 창의적으로 발전시킬 것인가에 대해 AI 윤리교육을 해야 합니다. 교수와 학생이 동등한 자격으로 서로 가르치며 배우는 교육환경 조성이 AI 시대 교육환경에서는 필수적입니다."

이렇게 볼 때 셔키 교수가 말하는 AI 시대 교육이 곧 교학상장 아닐까요? 이 시대 교육은 학생들과 토론을 통해 합의하고 서로가 배움을 만들어 가야지, 과거처럼 일방적으로 지시하거나 규정하면 안 되죠. 물론 대학생은 어린이가 아니니까 그런 시도를 해보겠지만, 초중등교육에서는 어떻게 할까요? 저는 초중등 아이들도 결코 생각 없는 어린애가 아니라고 생각합니다. 특히 디지털 분야에서는 어른보다 훨씬 영리하고 관련 지식도 풍부해요.

대학 때 친구 하숙집에 놀러 가면, 주인아주머니가 '학생선생'이라고 부르시던 기억이 참 좋았어요. 그렇게 불리면 하숙집에서 말썽을 못 피우죠. 그러니까 학생들이 나이가 어리다, 생각이 어리다고 여기며 무시하면 안 됩니다. 우리가 '삶의 힘이 자라는 인천교육'이라고 표현하는 것도 학생들을 대상화시키지 않고, 수동적인 대상으로 바라보지 않고, 능동적인 존재로 본다는 것을 표현하는 것입니다. 아이들이 내재적 역량을 온전히 키워 스스로 성장가능한 학생시민으로서 교육공동체 안에서 참획하는 행위주체자로 성장하면, 우리 학교는 교학상장의 장으로 발화하죠. 이것이 학교문화를 더욱 활력 있고 생동감 있게 만드는 동력입니다. 그래서 초대 교육감께서 발의한 교학상장이 인천교육청의 교육철학을 반영하는 주요 고사성어로 계속 기능하는 겁니다.

교학상장의 외연

강 저에게 교학상장의 의미는 교사와 학생 간 상호학습만을 말하는 것은 아닙니다. 다양한 인생의 변곡점에서 우리는 긍정적 에너지를 얻기도 하고 좌절하기도 합니다. 학생들도 특정 환경에서 의기소침해지기도 하고 때론 이에 도전의식으로 무장하기도 할 겁니다. 도 선생님은 교직에 입문한 지 얼마 안 되어 학교 당국으로부터 체제 밖으로 쫓겨나고 그 후엔 기존 교육체제에 저항하는 비판적 교사로 인식되었지요.

저는 기성체제로부터의 유리가 도 선생님의 사고를 더욱 창조적이고 비판적으로 만들었다고 생각합니다. 반(反)교육, 즉 저항 교육이 대안적 가치를 더욱 긍정적 교육으로 변모시키는 역할을 한다고 앙리 지루(Henry Giroux) 교수는 강조합니다. 물론 함께 토론하고 연대한 동료들이 있어서 가능했다고 생각합니다만, 아이들이나 교사들에게도 이런 반교육의 가치를 어떻게 정당화할 수 있을까요?

도 우리는 모두 체제 안에 있지요. 특정 체제에 반대하든 찬성하든 마찬가지입니다. 그 체제에는 다양한 입장이 존재합니다. 당시 교육 현실이 저를 학교교육 체제 밖으로 내몰았지만, 여전히 저는 한 발은 체제 안에, 다른 발은 체제 밖으로 내몰린 것뿐입니다. 덕분에 올바르며 정의롭고, 바람직하고 의미 있는 교육에 대해 진지하게 생각할 시간을 얻은 거죠. 그런 일이 생기기 전에는 제가 체제에 저항한다든가, 해직당한다든가 하는 생각은 해보지 않았습니다.

이런 제가 교육민주화를 위해 싸웠다는 점도 시대가 낳은 산물이라고 생각합니다. 당시 저는 많은 분을 만났습니다. 이들이 다 저의 스승이십니다. 제자, 동료교사, 학부모, 시민, 심지어 저를 박해했던 분들 모두 저를 올바로 자각시킨 스승입니다. 그분들로부터 많은 가르침을 받았습니다. 그래서 많이 성장했습니다. 오늘의 저는 그런 분들의 합작품입니다.

이 과정에서 저는 제가 배움에 흥미가 많다는 것을 새삼 깨달았습니다. 그래서 끈질기게 사고하고 질문하기 시작했습니다. 교육문제 외에 다른 사회문제나 문화활동에도 관심을 갖고 공부하고, 그런 분들과도 인연을 맺기 시작했습니다. 그러면서 좁았던 인맥이 점점 넓어져 교육계에서 지역으로까지 확대되었습니다. 저도 그분들에게 적극적으로 다가갔고, 그분들도 저를 동료로, 동지로 받아들여 주었습니다.

어려울 때 친구나 동료는 정말 중요합니다. 지역의 많은 분이 경제적으로도 도와주셨지만 많은 가르침도 주셨습니다. '학사습행(學思習行)', 배우면서 사유하고 익힌 것은 행동한다는 것이 당시는 교육자로서의 자리를 지키는 것이었습니다. 제게 올바른 배움을 준 곳이 다름 아닌 저를 체제 밖으로 내몰았던 학교였다는 것이 역설적이지만, 덕분에 많은 것을 생각하게 해준 고마운 곳이기도 하죠. 그런 어려움이 저로 하여금 올바른 사고를 할 수 있게 해주었습니다. 이후 전교조 인천지부 형성 과정에서 새로운 산파의 역할을 기꺼이 받아들였고, 인천광역시의 교육감직을 수행하는 교육행정가의 역할까지 행동 범위가 넓어졌습니다. 이것이 제가 온몸으로 경험한 인천교육공동체에서의 교학상장입니다.

강 교육도, 교육 운동도 본래 교학상장의 기반 위에서 선순환하는 거죠. 변화와 성장의 기쁨을 다 함께 누리게 하는 것이 학교교육의 순기능이기에 반드시 교학상장의 원리가 적용되도록 노력해야겠지요. 학교에는 잘 적응하며 성과를 잘 내는 아이들도 있지만 아주 힘들어하며 헤매는 아이들도 많아요. 그래서 학교폭력으로 이어지기도 하고, 등교 거부로 나타나기도 하는데, 이런 어려움을 겪는 아이들이나 학교구성원들에게 의미하는 교학상장은 어떤 모습일까요? 교실 안 교학상장이 지역교육공동체 교학상장 없이 단독으로만 실행되기 어렵다고 생각합니다.

도 원론적으로 서로 가르치면서 배워 함께 성장한다는 것이 맞는 말이죠. 가정에서도 마찬가지고, 학교도, 회사도, 모든 공동체가 그렇게 되어야죠. 그러려면 상호 존중해야 하는데 그게 어렵습니다. 교학상장을 몰라서가 아닙니다. 지역의 사회적 문화가 상호 허용적이지 않으면, 학교에서 교학상장의 실현은 무척 요원하죠. 그래서 교학상장이 가능하도록 공감과 공존의 평화문화를 만들어 가는 시민적 노력이 필요합니다. 적극적 시민교육은 그래서 교학상장의 전제지요.

여러 선생님께서 아이들의 주요 문제로 가정문제를 꼽습니다. 문제 학생이 있으면 그 가정에도 문제가 있을 확률이 높다고 합니다. 하지만 문제 일으키는 학생을 반면교사 삼아 이야기를 들어보면 그럴만한 이유가 다 있습니다. 그리고 그중 많은 부분이 사회적 문제 때문이기도 합니다. 그래서 모든 구성원이 자유롭게 안심하고 말할 수 있는 분위기를 만드는 것이 중요합니다. 자기 말을 할 수 있게 하고, 경청하고, 서로 깨닫고, 공감하고, 문제해결에 함께 매달리고, 그렇게 해서 결국 문제를 해결해 내면, 모두가 자신감을 갖고 공존의 기쁨을 누리지 않겠어요?

인천에서 이런 분위기를 만들어 가자는 것이 읽걷쓰의 취지이기도 합니다. 간혹 아이들은 어느 한 사람의 관심으로 자기를 새롭게 발견하기도 합니다. 자신감도 그래요. 대부분 사람들은 남들 앞에 서는 것을 어려워 합니다. 심지어 연예인들도 그렇다고 합니다. 읽걷쓰 활동의 결과로, 아이들이 쓴 자기 이야기를 가지고 무대에 설 때, 처음엔 너무나 두려워합니다. 그 자체가 세상과 마주하는 대단한 일이기에 용기가 필요하지요. 무대에 설 만큼 준비가 안 돼 있다고 느낄 수도 있고, 이제 와서 안 설 수도 없고. 도전이죠. 이 과정에서 어떤 아이는 한 단계 성장을 이룰 수도 있고 또 어떤 아이는 그러지 못할 수도 있겠지만, 바로 그 간극이 성장의 틈으로 남겠죠.

이런 고난의 성장 과정에서 아이들은 자기 성장에 필요한 사회적 지지가 계속 필요한 겁니다. 이것을 어른들이 애정을 갖고 지켜봐 주고 아이들이 좌절하지 않게 계속 관심을 갖고 격려해 주어야 합니다. 못 한다고 좌절하는 아이들 가슴에 불을 지펴주는 교사의 역할이 필요합니다. 어린 왕자가 뭇 별 중에서 자기 별을 찾아 헤매듯이, 아이들 모두가 자기 언어를 찾을 수 있도록 어른들의 제한된 경험 속에 아이들을 가두지 말고 그 틀을 벗어나 자유롭게 표현하라고, 결코 창피한 게 아니라며 허용하는 분위기를 만들어줘야 합니다. 창피하다고 느낀 순간 아이들은 입을 다물어 버리거든요. 우리가 '실패를 용인해야 한다'고 얘기하는 것만으로도 아이들은 '괜찮구나' 하며 안도하지요.

저만 해도 처음엔 계속 말 안 하고 가만히 듣고만 있다가 어느 순간부터 얘기하기 시작하니까 다른 사람들이 듣더라고요. 내 말을 듣는 사람들을 보고 나서는 저도 자신감이 생겨 그 후부터는 내 말에도 힘이 붙기 시작하는 게 느껴졌어요. 저도 '내 말을 하는 게 제일 중요하구나' 하는 것을 아는 데 무척 오래 걸렸어요. 사실 내 이야기가 다른 사람들 마음에 안 들거나 내 말에 다른 의견이 있으면 그 순간부터가 더 재미있는 것 아니겠어요? 그때가 대화나 토론으로 이어질 기회인 거죠.

이렇게 얘기를 나누면 되는데, 그럼에도, '내가 얘기했는데 아무도 관심 없고 무시당하면 어떡하지?' 하는 우려 때문에 아이들이 입을 열지 않죠. 그러니 모두가 적극적으로 반응하는 분위기를 만들어야죠. '괜히 가만히 있으면 될 걸 말해갖고 망했다', '가만히 있으면 중간이나 가지', '야, 그걸 말이라고 해?' 등의 반응이 보이면 그다음부터는 누구도 입을 안 열지요. 그래서 학교구성원들 간에 서로 허용하고 인정하는 분위기를 조성하는 것이 아주 중요합니다. 읽걷쓰가 어느 정도 자리 잡아 일상화되면 학교공동체가 이렇게 허용적인 분위기로 바뀌리라 기대합니다. 이런 분위기에서 스스로 표현을 정제시킨 자기 언어를 찾으면, 아이들도 적극적 말하기에 자신감이 붙을 겁니다. 그것이 지역사회를 활성화할 동력으로 작용하리라 확신합니다.

강 학교뿐만 아니라 지역사회에서도 모두를 강학으로 여기고 상호학습하는 것이 평생학습사회로 나아가는 지름길입니다. 인천교육청이 '학교는 지역으로, 지역은 학교로' 자원을 공유하고 상생하여 지역과 학교가 동반성장한다는 교육원리의 핵심도 교학상장이지요.

도 학교와 지역사회가 공생구조로 동반성장하는 것은 아주 중요합니다. 선생님들이, 학생들이, 학부모들이 지역사회 시민으로서 일하고, 배우고, 숨 쉬는 지역사회 공간이 건강해야 학교도 건강해 집니다. 아이들을 건강하고 바르게 교육하려면 학교와 지역사회가 함께 노력해야 합니다. 학교교육은 지역사회의 핵심적인 공적 기구로, 국가가 책임지는 아이들의 미래를 위한 바탕이자 척도가 됩니다. 학교의 건강성은 지역사회의 시민의식과 비례합니다. 지역 어른들이 아이들을 책임 있게 돌보고 지원하기 위해선 아이들로부터도 배울 것이 있다는 점을 겸손하게 받아들여야 합니다. 그래야 아이들도 감시가 아니라 존중받고 있다는 자긍심 위에서 자신의 결을 찾아갈 수 있습니다. 이런 상호신뢰의 기반에서 지역사회가 얼마든지 발전할 수 있는 동력을 기르는 거죠.

인천의 한 중학생이 지역 오피스텔에서 화재가 났을 때 이웃들을 적극적으로 대피시켜 시민들의 생명을 구한 일이 있습니다. 초등학생들이 부산 국제어린이·청소년영화제에 참가하여 수상도 했어요. 평범한 아이들이 변화를 일으킨 거죠. 이런 성과가 지역사회의 지원과 믿음 속에서 나왔기에 학교와 지역사회의 동반성장에 저는 무엇보다 많은 기대를 합니다.

이어령 교수가 『젊음의 탄생』에서 한 말이 큰 감동을 줍니다. 100명의 아이들을 한 방향으로 뛰게 하면 1등은 한 명밖에 나오지 않지만, 그 아이들을 각자 뛰고 싶은 방향으로 뛰게 하면 모두가 1등이 될 수 있다는 거죠. 그렇게 아이들이 스스로 좋아하고 잘하는 것을 찾아 자기 위치에서 미래를 만들어가도록 상부상조 교육하는 것이 교학상장입니다.

질문 3

학생도
시민인가?

제대로 교육할 수 있는 권리, 제대로 학습받을 권리

강 교학상장을 구현하려면 학교에서 가르치고 배우는 양자가 서로 기본적 권리를 지닌 온전한 인격체로 존중해야 할 겁니다. 비록 어리지만, 학생도 어른들과 똑같이 기본적 자유와 권리를 지닌 아동·청소년시민으로 인정하며 학교공동체에서 생활하도록 해야겠지요. 국제사회에서는 아동권리(child rights)가 '세계인권선언'이 선포되기 전인 1922년부터 주장되었습니다. 아동의 발달과 행복에 필수적인 기본 조건을 중심으로 제안된 아동권리가 1989년 유엔총회에서 당시 미국과 소말리아를 제외한 모든 회원국의 비준을 받아 '아동권리에 관한 국제협약(International Convention of the Rights of a Child, 이하 '아동·청소년권리협약'이라 칭함)'으로 선포되었습니다. 1991년 '남북한 UN 동시 가입'이라는 정치·외교적 진전을 이룬 상태에서 당시 노태우 정부가 유엔 회원국으로서 승인한 첫 번째 국제협약이 '아동·청소년권리협약'입니다.

'아동권리에 관한 국제협약'에서는 아동을 만18세 이하로 정의하기 때문에, 우리나라 시민사회에서는 이를 '아동·청소년권리협약'으로 부르기로 합니다. '청소년기본법'에서 청소년을 9~24세로 정의하기 때문에 아동권리협약 내용이 9~18세 연령층 청소년에게는 적용되지요. 이로써 '세계인권선언'에 명시한 인간으로서의 기본적 자유와 존엄성을 우리 아동·청소년들도 다 누린다고 국가가 공인한 것입니다. 국제규약은 국내법과 같은 효력을 지니므로 이에 따라 인권기반의 접근이 아동·청소년 관련 정책에서 권장되어야 했지만 유감스럽게도 이런 변화는 오랜 시간이 필요했습니다.

그럼에도 대한민국 정부의 협약 비준은 상당한 파장을 일으켜, 1990년대 들어 그동안 사회적으로 억눌렸던 학생·청소년 권리에 대한 요구가 폭발적으로 일었습니다. 모든 인권운동의 초기는 침해당하는 당사자들의 1차 투쟁이 가장 중요합니다. 학생·청소년 당사자주의 원칙 위에 두발 자유화, 교복 폐지, 노동인권, 문화적 표현의 자유 및 선거권 확보, 집회 및 결사의 자유 등 정치적·시민적 권리와 경제적·사회적 권리에 대한 요구가 일면서 이를 쟁취하기 위한 사회적 노력이 이어졌습니다.

그 결과 그동안 다양한 학생·청소년 인권정책이 발의되었고, 이제는 상당 부분 제도권으로 수렴되었습니다. 특히 2010년 이후 교육지자체 차원에서 진보적 교육감 주도로 「학생인권조례」 제정이 시작되었죠. 짧은 시간에 놀라운 발전이 이루어졌습니다.

도 아동 관련 단체에서는 아동·청소년이라는 용어를 쓴 것 같고, 교육계에서는 자연스럽게 학생·청소년 권리 혹은 인권이라고 명기했던 것 같아요. 교육 현장에서 보·혁 갈등을 낳기도 했지만, 학생인권조례는 2010년 경기도, 2011년 광주, 2012년 서울, 2013년 전라북도, 2020년 충남, 2021년 제주 이렇게 6개 광역교육자치단체에서 제정했습니다. 제가 2018년 교육감으로 당선된 때는 학교구성원 간 권리 충돌이 표면화했고 교사-학생, 교사-학부모, 학생-학생 간 대립이 심화하기도 했습니다. 그래서 건강한 학교공동체를 살리기 위해선 보다 포괄적인 접근이 필요하다는 지역사회 교육공동체의 판단하에, 학교구성원 주체들이 다 참여하여 만든 「학교구성원 인권증진 조례」를 2024년 2월 선포하였습니다.

저도 교사 시절 학생들이 학교에서 얼마나 억압적 상황에 놓였던지 잘 알고 있었기에 교사로서 학생인권조례를 적극적으로 지지하고 정책화하고자 노력했습니다. 그간 두발 자유화를 비롯하여 표현의 자유, 학생회나 자유 게시판 등을 통한 학교 내 의사결정과정 참여 등의 학생인권 과제는 완전하지는 못하지만 상당히 개선되었다고 볼 수 있어요.

학교공동체에서 약자인 학생들의 권리를 보장하기 위해 사회적 약자 중심의 인권을 부각하여 만든 것이 학생인권조례입니다. 그런데 이런 부분들이 학교구성원 간 이해 혹은 권리 충돌로 비치는 일이 학교현장에서 자주 발생하여 오늘날 학교인권교육의 새로운 차원으로 비화되고 있습니다. 무엇보다 학생의 교육과 학교생활을 담당하는 교사의 인권과 역할의 중요성도 간과해서는 안 되지요.

행복한 교사만이 행복하게 학생을 지도할 수 있습니다. 교사 자신의 인권이, 안전이 보장되지 않으면 학생을 존중하며 교육할 수 없지요. 어떤 독일 교사 이야기에 의하면, 집에서 화가 난 상태로 학교에 오면 자기도 모르게 아이들한테 짜증 내고 간혹 때리기도 했답니다. "종로에서 뺨 맞고 한강 가서 눈 흘긴다"라는 우리 속담이 있는데요, 사실 교사도 사람인지라 학교 내외에서 사람들로부터 어려운 요구를 받거나 심한 스트레스를 받으면, 해소할 길이 없어 끙끙거리며 참다가 결국 만만한 학생에게 화풀이하는 분도 있었죠. 하지만 이건 다 옛날이야기입니다. 지금은 절대 그럴 수 없습니다.

그래서 학교구성원 모두에게 자기조율할 공간과 시간이 필요한 겁니다. 법적으로, 사회심리적으로 서로의 권리가 충돌하지 않도록 조정할 여지를 두어야 하는 겁니다. 사람이 나빠서, 성질이 괴팍해서라고 문제를 돌리면 안 됩니다. 그런데 이런 자기 조율 없이 "이게 내 권리요'", "내 인권이요" 하고 학생과 교사가 서로 자기주장만 내세우면, 이들 각자의 주장이 모두 정당할 수는 있지만 가끔은 충돌하죠. 더구나 학부모까지 자기 자녀 이야기만 듣고 쫓아와서 "변호사한테 다 이야기했어요", "기자한테 다 고발할 거예요"라고 하면, 교육적인 문제 해결의 여지가 없게 됩니다. 아이들을 위해 무엇이 최선인지를 늘 생각하며 교육적 해결 방안을 생각해야 합니다.

물론 권위주의 정부 시절에는 학교문화도 상당히 위계적이고 인권탄압적이었습니다. 이때는 교사도 학생도 인권보장 차원에서 취약했습니다. 이제는 교사도 '시민으로서' 제대로 교육할 수 있는 기본적 권리가 보장되어야 하고, 학생도 '시민으로서' 공동체 안에서 제대로 학습받을 기본적 권리가 보장되어야 합니다. 그런 가운데 서로가 가르치고 배우는 시민으로서 상호 존중하며 학교공동체 안에서 사회적 책임을 다하도록 기대하는 거죠. 학부모도 마찬가지고요.

여기까지 온 것도 권위주의 시대에 학생, 교사 그리고 학부모가 학교교육의 3주체로서 교육민주화운동을 해온 성과입니다. 그 성과를 학교공동체에서 더 발전시켜 가야 합니다. 어렵게 쟁취한 이런 권리가 학교공동체를 와해시키는 분파적·이기주의적 원인으로 작용하게 해서는 안 됩니다.

전에는 인권이라는 말은 쓸 수도 없었잖아요? 인권이 국가의 주권에 도전하는 시민적 권리로 비쳤기에, 학교에서 학생만 부각해서 학생인권이라고 하는 것 자체가 학교권력의 하나인 교권에 도전하는 민주적 권리로 보일 수 있었죠. 하지만 우리 사회의 민주시민 의식도 신장되어 서구형 보편적 인권이라는 개념도 학교구성원 모두가 자기보호 장치로 사용할 수 있는 시대이니, 모든 교육주체가 상호존중적 인권개념을 교육공동체 안에서 발전시켜야 합니다.

강 역사적으로 행위주체자들 간의 권리 충돌은 어떤 조직체에서도 불가피합니다. 그런 갈등과 권리의 충돌이 이 사회를 이만큼 발전시켜 온 거죠.

세계인권선언 공포 50주년을 기념하여 1998년 12월 10일, 김대중 정부는 '아동권리협약'의 정신에 의거하여 권리기반의 '새 청소년헌장'을 선포했습니다. 문화체육관광부가 주도는 했지만, 청소년 인권침해와 관련해 볼 때 많은 문제는 학교였죠. 당시는 체벌도 심했고, 촌지도 있었고, 학생 참여권도 제한되고, 표현의 자유도 제약이 심했습니다. 당시 학생들 사이에서는 "학생이라는 죄로, 학교라는 교도소에서, 교실이라는 감옥에 갇혀, 출석부라는 죄수 명단에 올라, 교복이라는 죄수복을 입고, 공부라는 벌을 받고, 졸업이라는 석방을 기다린다."라고 표현된 획일적, 통제적 학교교육의 구조적 문제가 강하게 공감되며 널리 회자되었습니다.

교육기본법 제12조(학습자) 3항에 따르면, "학생은 학습자로서의 윤리의식을 확립하고, 학교의 규칙을 지켜야 하며, 교원의 교육·연구 활동을 방해하거나 학내 질서를 문란하게 해서는 안 된다."라고 규정되어 있습니다. 김대중 정부의 초대 이해찬 교육부 장관이 이런 수직적 학교문화를 평화와 인권존중의 문화로 바꾸기 위해 '학생인권선언'을 구상하면서 준비위원회를 만들었습니다. 교육학 교수, 교사단체, 학부모단체, 시민단체 대표들이 참여했지만 학생 대표는 없었습니다.

그런데 "교사들이 훈육 목적으로 학생들 몇 대 때리는 게 왜 인권침해냐", 심지어 학부모단체도 "아이들은 초등학교까지는 때려서라도 버릇을 잡아야 하기 때문에 체벌 금지조항을 넣으면 안 된다", "애들이 뭘 안다고 선거냐" 등등 그야말로 야단법석이었습니다. 도덕교육을 전공한 교수님은 훈육 없는 학교는 제 역할을 할 수 없다고까지 했습니다. 체벌권은 바람직한 교육과 훈육을 위해 교사와 보호자에게 허용되어야 한다는 게 중론이었죠. 반면 청소년인권단체 쪽에서는 "성차별 조항 안 넣으면 안 된다", "대체복무 조항 안 넣으면 안 된다" 등, 협약에서 제시한 기본권리와 교육원리는 논의하지도 않고 사회적 약자 관점에서만 차별 조항 삽입을 주장하니 한 치도 나아갈 수 없었습니다. 이렇게 양쪽이 극단으로 치달으니까 조정은 불가능했습니다. 결국 수 차례 공청회만 하고 선언은커녕 양쪽에서 비난만 받고 끝났습니다.

그 시기가 UNDHRE(유엔인권교육진흥 10년, 1995~2004) 기간이기도 해서 교육부도 유네스코도 학교인권교육 진흥 방안에 대해 많은 논의를 했습니다. 하지만 이야기도 하기 전에 인권 침해 관련 범주와 내용에 대한 갈등만 심화하여, 결국 세계인권선언에서 예시한 인권을 어떻게 교육할지를 중심으로 한 인권교육 페다고지에 대해서는 거의 논의도 못한 채 2001년 국가인권위원회가 설립되면서 그쪽으로 인권교육 업무를 이관하게 되었습니다. 인권교육이 '국가인권위원회법' 26조(인권교육과 홍보)에 따라 인권위 주도로 진행되다 보니 학교인권교육보다는 사회적 취약층 인권침해 예방교육의 성격이 강해질 수밖에 없었습니다.

이후 학교인권교육 강화가 중요한 유엔 정책으로 설정되어 인권위도 많이 노력했지만, 교육전문가보다는 시민사회 활동가들이 많이 참여하는 인권위 구조상, 학교체제의 사회적 약자로서의 학생 인권이 거듭 강조될 뿐, 어떻게 인권교육을 통해 인권 문화를 증진할 것인가에 대한 포괄적 논의는 제대로 하지 못했습니다. 여기서 교사는 억압적 학교 분위기에서 학생 인권을 침해할 소지가 있는 가해그룹으로 분류되니까 자연스럽게 학교인권교육이 학생인권 침해예방 차원에서 강조되었고, 그러다 보니 교사 인권인 교권과 대립되는 우를 범하게 된 거죠.

도 목소리 큰 사람이 주도하는 상황이 되면 갈등을 중재하는 사람은 늘 양쪽에서 욕을 먹게 되어 합리적 의사결정을 할 수 없습니다. 그래서 어제 모두가 합의하여 만들어 놓고는 오늘 와서 '이 부분은 교권 침해의 소지가 있으니 안 된다' 하고, 또 다른 한쪽이 '이건 우리 인권이다. 절대 양보 못 한다'고 되받아치면서 대립하면, 더 이상의 진척은 어렵지요.

그렇게 합의가 안 되면 관련 기관에서는 손을 놓게 되고, 일정 시간이 지나면 폐기되는 절차를 밟게 됩니다. 그래서 놓친 게 한두 개가 아니죠. 시기적으로 꼭 필요한데도 말이죠. 학교공동체 안에서 사람이면 누구나 갖는 보편적 권리가 학생에게만 있는 건 아니죠. 사실 교사들도 권위주의 교육환경에서 엄청난 인권침해를 받은 대상입니다. 그래서 교육민주화운동을 한 거고요. 교사를 학생 인권을 탄압하는 가해 집단으로 일괄 매도하며 접근하면 안 되죠. 학부모들도 마찬가지입니다. 자기 자녀가 차별받고 체벌받아도 학교에 말도 할 수 없는 분위기였지요. 문제는 학교문화를 어떻게 상호 인권존중의 평화문화로 바꿔 학교교육의 3주체로서 서로의 인권을 존중하며 협치공동체로 학교를 바꿔놓느냐 하는 것이죠.

이를 위해서는 학교의 존재 이유인 학생을 개인적 존엄성을 지닌 주체이자 온전한 시민으로 대접하고 다 함께 민주적 교육공동체를 만들어 가야 하는 겁니다. 선생님들도, 학부모도 다 인간으로서 인권이 있습니다. 모든 사람이 공통적으로 지닌 기본권리가 인권이라는 점을 인정하고 학교공동체를 민주적으로 운영할 수 있는 지혜를 모아가는 게 중요합니다. 무엇보다 학생인권과 교권이 대립하는 것처럼 일각에서 자꾸 자극적으로 표현하기도 하는데, 아이들을 위해 삼가야 합니다. 서로 존중하고 배려하며 협력하는 학교문화를 만들 때 민주적 교육공동체가 바로 섭니다.

인천에서 2024년 2월 공포한 「학교구성원 인권증진 조례」는 그런 논의 속에서 모두의 합의로 탄생한 겁니다. 정말 쉽지는 않았지만, 다양한 집단들의 서로 다른 주장을 조율하는 과정에서 상호이해와 신뢰가 형성되었다고 할까요. 그 과정에서 저는 학교교육의 현 상황을 충분히 설명했습니다. 온갖 복잡하고 어려운 과정을 헤치고 마침내 의회에서 통과됐는데도, 또 일부 조항을 반대하는 집단이 생기더라고요. 정말 인내가 필요했습니다. 이럴 경우 반대하는 쪽과의 진정성 있는 대화가 중요합니다. 다행히 잘 타협점을 찾아 더 이상 분란은 없었습니다.

물론 「학교구성원 인권증진 조례」 자체가 완벽하지 않아요. 부족한 부분도 있어요. 특히 인권교육 부분은 방향을 잘 잡고 더 구체화시켜야 합니다. 더 바람직한 방향으로 고칠 수 있는 환경이 만들어지면, 부족한 점을 보강하고 뺄 부분은 삭제하여 보다 포괄적이면서도 구체적이며 학교구성원 모두를 위한 인권증진 조례로 잘 다듬어지리라 기대합니다. 지역에서는 중앙정부가, 특히 유네스코 같은 국제기구가 그런 노력을 하고 있다는 것을 체감하기가 어려워요. UNDHRE라는 것을 알았으면 우리라도 그런 틀에 따라 해봤겠죠. 인권교육기관 간 상호소통의 중요성이 분명해지네요.

모두를 위한 인권 기반 시민교육

강 여전히 학교교육은 입시의 영향력이 매우 크지만, 지금은 학생회 활동이 장려되고, 학생들의 사상과 표현의 자유도 많이 증진되었습니다. 한국 사회에서 교사는 좋은 직업으로 여겨집니다. 정규직 교사는 임금 수준이 높고 정년이 보장되는 안정적인 일자리입니다. 기간제 교사나 학교의 비교사 노동자들의 처우 문제는 해결해야 할 또 다른 문제입니다만. 그런데 교사 양성 교육과정이 주로 담당 교과 전문성 강화를 목적으로 구성되다 보니, 교사들이 가르치는 것보다 학생·청소년을 대하는 것과 특히 보호자인 학부모 대면을 아주 어려워합니다.

다른 한편 사회적으로 소자녀화가 빠르게 진행되어 가정에서 한두 자녀에게만 애정과 관심이 집중되다 보니, '내 아이'의 인권이 너무나 중요하다고 생각되는 거죠. 이 소중한 '내 아이'가 학교에서 차별받지 않는지 집착하는 학부모들이 생겼습니다. 이분들도 경제성장의 수혜 세대로 알게 모르게 자기중심적인 사고를 하게 되면서, 간혹 교사들에게 심리적 폭력에 가까운 행동을 보이는 분들이 계십니다.

이 같은 교사-학부모 간 충돌이 자기 자녀를 위한 학습권 방어라는 학부모 주장과 내 학생에 대한 정당한 교육권 방어라는 교사의 주장이 대치하는 양상으로 나타나곤 합니다. 더구나 신자유주의적 교육개혁 아래 교사의 평가권을 학생에게 주는 시장논리로 정부가 학부모 편에서 교사를 제어하려 했던 상호불신의 역사도 있었기 때문에, 사실 교사와 학부모의 협치가 쉽지는 않죠. 더구나 우리나라 학부모회는 기성회, 육성회로 대표되듯이 변화보다는 안주를 위한 학교 당국의 견고한 지지그룹이었죠. 그럼에도 혁신학교나 많은 대안학교에서 보여주듯이, 교사와 학부모가 조화롭게 협력하며 아이들을 위한 아름다운 교육공동체로 학교를 조성해 온 성공적 사례도 아주 많아요.

이런 모범적 상호협력 사례를 공교육으로 확산하는 것이 중요합니다. 사실 학교교육의 목적은 학생의 기본적 자유, 권리와 책임을 바탕으로 적극적 시민으로서의 자질과 역량을 갖추게 하여 사회에 공헌하도록 교육하는 일입니다. 이것이 학교인권교육의 핵심입니다. 도 선생님 말씀대로 학교구성원 모두가 교육공동체 안에서 협력해서 합의한 결정대로 교육하는 것이 인권교육이고, 지역사회 시민교육이라는 점에서 둘의 목표는 하나죠.

그런데 시민교육의 갈래가 벌어졌어요. 민주시민교육과 세계시민교육으로의 분화가 생깁니다. 2001년 11월, 민주화운동을 기념하고 그 정신을 계승하기 위한 사업을 추진하고자 발족한 '민주화운동기념사업회'에서 민주화운동을 계승하기 위한 교육을 민주시민교육이라고 정의했어요. 그리고 민주사회에서는 선거가 정치적 참여의 바로미터로 중요하게 되니까 중앙선관위에서도 참정권 기반의 민주시민교육을 강조하게 됩니다.

이런 상황에서 민주시민교육을 법제화하자는 움직임에 자유민주주의를 수호하기 위한 민주시민교육을 지향하는 자유총연맹과 바르게 살기 위한 교육 그리고 학교현장 기반의 민주시민교육을 주장하는 사회과교사협의회가 결합하게 되면서 민주시민교육의 방향성이 흔들리게 됩니다. 여기에 월드비전이나 코이카 등 국제구호/국제개발협력 단체가 지구촌에서 더불어 함께 살아가기 위한 세계시민성을 강조하고, 2015년 '인천세계교육선언' 이후 박근혜 정부가 세계시민교육을 강조하다 보니, 학교현장에서는 민주시민교육과 세계시민교육이 나뉘게 됩니다.

유네스코에서는 일반적인 시민교육의 목표를 지향합니다. '평화, 인권, 민주주의를 위한 교육'을 통해 적극적 시민역량을 기른다고 포괄적으로 규정하고 있습니다. 학교에서 안정적으로, 지속적으로 행해야 하는 교육은 학교구성원 모두의 시민역량을 강화하여 평화, 인권, 민주주의를 발전시키는 것인데, 우리나라 교육현장에서는 주관 기관이나 담당 교과에 따라 민주시민교육, 세계시민교육, 인권교육 등으로 분화되어 있습니다.

도 지금은 시민이란 표현이 당연하지만, 과거에는 시민은 안 되고 국민이어야 했어요. 개인보다는 민족공동체를 강조하는 한국적 민주주의에서는 분단 상황에서 인권은 공동체를 해치는 개인주의 사상으로 간주되곤 했지요. 민족 공영을 위한 사회적 의무와 책임을 다하는 한국적 민주시민을 기르는 데 저해된다고 판단한 것 같습니다. 그런데 사회가 바뀌면서 민주시민교육이 진보교육의 방향을 밝히는 교육의제가 되지요. 한편 이전의 국제교육은 강대국 중심의 발전교육이었는데, 지금은 지구촌공동체에서 함께 사는 세계시민이 강조되면서 세계시민교육이 국제교류와 세계시민 연대를 강조하는 용어로 떠오릅니다.

아무튼 교육현장에서 인권교육과 시민교육은 관심 사안별로 너무 분화되어 접근하는 것 같습니다. 지자체 입장에서는 지역사회 참여를 독려하기 위한 지역시민교육이고, 학교에서는 교육공동체에 기여할 역량을 기르는 참여적 학생시민교육인 거죠. 민주시민교육과 세계시민교육이 따로여야 할 이유가 없습니다. 학생들이 묻죠. 민주시민과 세계시민이 다른 거냐고요. 더구나 인권교육과 민주시민교육은 '인성교육진흥법'에 따라 학교교육에서는 단독 주제로 다루기 불편한 적도 있었습니다. 인성교육이 그런 가치지향적 개념을 다 포괄한다고 하지만, 인성교육의 목표가 예(禮), 효(孝), 정직, 책임, 존중, 배려, 소통, 협동 등의 마음가짐이나 사람됨과 관련되는 도덕적 가치와 덕목을 교육목적으로 삼기 때문에, 용어를 둘러싼 보혁갈등은 불가피했죠. 문재인 정부 때 인성교육진흥법을 민주시민교육진흥법으로 개정하려고 했지만 실행하지 못한 채, 교육부 조직체계만 인성교육과에서 민주시민교육과로 바꾸다 보니 지자체도 교육부 편제에 맞춰 거의 다 민주시민교육과로 조직을 개편했습니다.

어떤 의미에서든 교육행정은 정치적 공방에서 자유로울 수 없겠지요. 교육이 원론적으로는 정치적으로 중립이라고, 백년지대계라고 하지만, 현실정치의 굴레에서 벗어나기가 쉽지 않습니다. 국가교육과정에서 정한 시민교육이나 인권교육 같은 범교과 주제는 시대 흐름을 타게 되죠. 이것을 굳이 교육의 정치적 한계라고 할 필요는 없다고 봅니다. 그것을 바꿀 힘도 교육의 정치적 영향력이니까요. 다 양면성이 있지요. 그래서 인권교육이 중요하다, 시민교육이 중요하다고 생각한다면 과감히 그것을 학교현장에서 실행할 수 있는 공간을 만들어내는 것이 중요합니다. 지혜롭게요.

현재 인천교육청 조직도상 민주시민교육과는 없습니다. 그렇다고 시민교육과 인권교육을 안 하는 건 아닙니다. 세계시민교육과에서 민주시민교육 요소를 반영하고 있습니다. 남북한 해상 접경지역인 인천 강화군 교동도에 있는 난정평화교육원에서는 인권교육과 학생시민교육을 통합해서 평화교육을 잘하고 있습니다. 저희는 시대적 흐름상 세계시민교육이 더 적절하다고 판단하여 세계시민교육과로 개편하여 다문화교육, 평화교육, 세계시민교육 등을 포괄하여 실행하고 있습니다. 학생인권교육도 마찬가지로 활발하게 실행하고 있어요.

이제는 우리 스스로, 자율적으로, 인천의 지역적 특성이나 역사적 유산 등을 살려 학생들이 지구촌 시민으로서 다른 권역의 친구들과 평화와 공존의 세계시민적 가치를 습득해서 사회적으로 기여할 수 있도록 교육하는 것이 학생시민교육의 목표라고 생각합니다. 여기서 학생시민이 갖춰야 할 시민성의 본질을 찾는 게 무엇보다 중요합니다.

강 일반적으로 'citizenship'은 시민권, 시민성, 시민정신, 시민의식 등으로 번역됩니다. 시민권은 출생, 혈통 또는 귀화 등을 통해 얻을 수 있는 국적과 유사한 용어로, 특정 국가공동체의 구성원 자격을 말합니다. 시민권 유무에 따라 시민은 공동체가 부과하는 시민으로서의 권리와 의무를 갖게 됩니다. 권리는 헌법과 세계인권선언에서 규정한 보편적 인권의 틀을 공동체가 정한 정치적·사회적·문화적 권리이고, 전형적인 시민의 4대 의무는 국방, 납세, 교육, 근로의 의무입니다. 과거 민주시민교육에서는 보편적 권리가 아닌 제한된 권리를, 무엇보다 국민의 4대 의무를 중시했습니다. 인권옹호자들은 오늘날 글로벌 위기 상황에서 환경보전 의무를 포함해야 한다고 주장하기도 합니다.

그런데 이렇게 국가와 국민적 범주로 시민을 한정하면 시민권은 이주배경이나 다른 사회적 배경을 지닌 특정인을 배제하는 법적 기준으로 사용되곤 합니다. 반면 시민성 및 시민정신은 시민이 공동체에서 인간적 존엄성과 개인적 자유를 존중받는 '인권'의 제도화된 특성을 의미합니다. 그런 점에서 시민성 혹은 시민정신은 시민권 소유 여부를 넘어서 공동체가 나아가야 할 공통의 책임, 규범과 가치를 포괄하는 것으로, 그 기반은 모든 인간이 누려야 하는 인간으로서의 존엄과 기본적 자유를 총칭하는 보편적 인권입니다. 모두가 공유하는 시민정신을 통해 '지구촌 시민'으로서, '학교 학생시민'으로서, 마을 주민 혹은 이웃인 '지역시민'으로서, 가정공동체의 일원으로서, 내가 속한 중층적 공간에 동시에 참여하고 관계하는 일이 나와 우리 모두를 건강하게 하는 상호연결된 과업임을 알게 되는 거죠.

캐트린 린치(Kathleen Lynch) 교수는 이 시대 시민은, 특히 이주의 시대 시민은 '상호의존적, 혼종적 시민'이어야 한다고 주장합니다. 한 가정의 자녀이면서 인천 시민이고, 대한민국 시민이고, 아시아 시민이고 세계시민인 학생은 이런 중층적 공동체의 상호관련성을 이해하면서 자기 인권을 관계적 맥락에서 살펴볼 수 있도록 성장하도록 해야 합니다. 학교공동체 안의 교사도, 학부모도 마찬가지입니다. 이것이 인권기반의 학교공동체 시민교육의 방향이지요.

도 자기가 존중받으려면 상대방을 존중할 줄 알아야 한다는 상호존중이 인권기반의 시민교육에서는 대단히 중요합니다. 본래 학교공동체란 '존재 대 존재의 만남이 이루어지는 곳'이기 때문에 학생도 선생님을, 선생님도 학생을 인격적 존재로서 존중해야지요. 존엄성을 지닌 인간으로서 일 대 일 만남이 학교에서 이루어지는 것입니다. 그런데 선생님이라고 해서, 먼저 알고 먼저 행동하는 어른이라고 해서 어린 학생들을 선생님 마음대로 해도 되는 건 아닙니다. 교사의 권위와는 별개의 문제입니다. 아이들도 자기를 가르쳐주는 선생님에 대한 존경과 예의 그리고 고마움 등을 느낄 줄 알아야죠. 그래야 학생시민이지요.

특히 학부모는 자녀를 국가기관에 위탁해서 교육시키는 보호자이기 때문에 위탁 범위나 내용에 대해 경계를 확실히 하고 역할을 정해야 오늘날 같은 혼란이 없다고 봅니다. 초등학교 학부모들이 교사에게 시간 맞춰 자녀들 약 먹이기를 요구하는 경우, 학력이 더 높은 학부모가 교사에게 교육내용을 문제 삼는 경우, 자녀의 동태를 CCTV로 보면서 차별적 대우에 항의하는 경우 등이 있어요. 아이가 거칠게 항의하며 수업을 방해해서 자칫 뭐라고 혼내면 학부모가 아동학대로 교사를 고발하기도 하지요. 시대가 변하면서 이제는 전처럼 교사를 어려워하지 않아요.

이런 현실에서 많은 교사가 심리적으로 위축될 수밖에 없죠. 교사가 학교에서 무엇을 해야 하는 사람인지에 대한 새로운 차원의 합의가 필요합니다. 서로 인정하고 존중하고 지지해주는 상호의존적 관계가 학교공동체 구성원 간에 무엇보다 중요합니다. 이 점을 잘 구분해서 교육해야 해요. 학교공동체에서 서로의 역할을 인정해야 아이들 교육이 제대로 되죠. 시민교육은 공동체에서의 상호

존중 교육이기 때문에 학교공동체 전체의 시민교육이 상호 인권존중을 기반으로 이루어져야 합니다. 자기 아이를 위하는 방식이 선생님 혹은 학교를 공격해서 이기려고만 하는 거라면, 상호협의가 아니라 힘으로 문제를 해결하려는 거죠. 그렇게 되면 자기 아이도 학교에서 안정적으로 지낼 수 없습니다. 그런 비타협적 학부모의 자녀도 결국 잘못된 문제해결 방식의 피해자가 됩니다.

물론 학교가, 교사가 잘못했을 수도 있어요. 이런 경우 순리적으로 해결할 방안을, 민주적으로 갈등을 해결할 방안을 함께 모색할 수 있습니다. 이런 길을 열어주는 것이 민주적 리더십입니다. 물론 시민교육을 한다고, 인권교육을 한다고 그런 갈등이 순리적으로 잘 해결되리라 기대하기 어려울 수도 있어요. 그럼에도 교육적 방식은 '우리 아이들을 위해' 가장 합리적인, 최선의 문제해결로 나아가는 길입니다. 그것을 믿지 못하면 우리는 교육자가 아니죠.

우리나라 K민주주의는 학교에서 체계적으로 배운 것이 아니라 다 길거리에서, 참여해서 이만큼 온 거라고 봅니다. 그 과정에서 고난도 겪었지요. 하지만 그것이 정의니까, 올바른 길이니까, 우리 공동체에 필요한 방향이니까 함께 온 거죠. 우리 세대는 그렇게 왔지만, 다음 세대에게는 더 체계적으로 이를 전수해야 합니다. 이것이 저희 세대의 시대적 과제입니다. 민주주의를 제대로 지켜 가려면 학생도 시민으로 존중하며 다 같이 교육공동체에 참여하여 기획하는 참획적 시민교육을 온전히 이수하도록 제도화해서, 청년들이 앞장서서 사회적 혼란을 덜어내고 민주주의를 평화적으로 발전시켜 가게 해야 합니다.

오늘날 인구절벽의 시대가 코앞에 와 있어요. 학교에 아이들이 줄고 있어요. 학급 규모가 작아지면 민주적 시민교육, 인권교육이 전보다 잘 됩니까? 참여적 수업혁신이 이루어집니까? 가정도 마찬가지입니다. 자녀 수가 적은 집에서 아이들이 더 행복한가요? 요즘 아이들은 집안에서 형제들끼리 자기 역할을 놓고 갈등해 본 적이 별로 없어요. 먹을 것을 놓고 빨리 먹으려고 경쟁할 필요가 없어요. 부모, 조부모, 외조부모 할 것 없이 어른 6명이 달라붙어 한 아이 돌보기도 어려워 합니다.

그런 귀한 자녀가 학교에 가면 혼나기도 합니다. 친구들이 안 놀아주기도 합니다. 부모는 잘하라고 별걸 다 해주는데 아이는 내가 뭘 잘하는지 알 수 없어요. 아이는 맥 빠지는데 부모는 더 잘하라고, 뭐든지 지원할 테니 너만 잘하라고 합니다. 아이는 지치죠. 그래서 스마트폰에 몰입하고, 은둔형 외톨이(히키코모리)가 되어 자기 방에서 나오지 않으려고 합니다. 그래서 사회적 공동체인 학교에서 사회정서적 역량을 함양하는 공동체학습이 중요합니다. 학교는 할 수 있지요. 더불어 사는 방법을 교육할 수 있습니다. 가정에서 할 수 없는 사회적 역할 학습을 학교에서 해야 합니다. 이때 기반이 인권입니다. 친구들끼리도 싸울 때 서로 인권을 존중하는 것이 갈등 예방의 핵심입니다.

다른 한편 이주배경 청소년들을 포함한 사회적 약자들은 교육 기회나 교육의 질 면에서 여전히 취약합니다. 교육적 사다리를 타고 이룰 수 있는 게 갈수록 별로 없어요. 그래서 교육을 통한 사회이동은 이젠 막혔다며 한탄하는 목소리가 높습니다. 이런 교육의 양극화 현상을 우리 모두 고민하고 있습니다. 오늘날 인터넷에서 유통되는 교육 관련 자료들을 분석해 보면 양극화로 인한 불평등과 소외, 폭력적 학교문화로 인한 왕따, 사이버폭력 및 물리적·정신적 폭력, 외로움, 우울증 그리고 무엇보다 교육과정의 차별화 등이 지구촌 청소년들의 공통적인 교육 문제입니다.

그렇다면 어디서 희망을 찾을까요? 학생시민도 정치적·시민적 권리는 있다고 책으로 배우지만 그것을 어떻게 실현해야 하는지는 모릅니다. 표현과 사상, 집회, 종교의 자유가 있다고 나서서 주장했다가 따돌림당하는 경우도 있습니다. 노동인권이 보장되어 있다며 직업계고 학생이 실습을 거부하거나 실습지에서 인권탄압이라며 문제를 제기하면 그 피해를 고스란히 그 학생이 안게 되는 경우도 있습니다. 그러니 인권을 책으로만 배우지 말고 구체적으로 자기 삶의 힘을 키우는 시민역량 개발로 연결되도록 다루어야 합니다.

고3 학생들이 수능 끝나면 시간적인 여유가 생깁니다. 그때 시민교육, 부모교육, 직업교육, 자기찾기 교육, 참정권 교육 등을 다양하게 시도하면서 스스로 자기 삶의 모습을 그려갈 수 있게 해야 합니다. 특히 심각한 저출산고령화사회에 대비하게 하기 위해 미래부모 교육을 해야 합니다. 아이들이 결혼에 대해서도 생각하며, 부모가 된다는 것, 상대방 부모를 대하는 것, 문화가 다른 두 사람이 부부가 되어 갈등을 해결하는 것 등에 관한 교육을 통해 가족시민의 한 유형을 희망적으로 그려볼 수 있게 될 겁니다. 이것은 가족 구성원으로서 책임, 상호인정과 존중 등을 조화롭게 조율해 갈 수 있게 하는 미래교육 프로젝트로 발전시킬 수 있습니다.

교사와 학생 관계도 마찬가지입니다. 교직원노동조합을 할 때 '교사도 노동자다'라고 외친 까닭은, 교육노동자로서 교사는 일반 노동자들이 갖는 노동자적 권리를 똑같이 갖고 있다는 주장과 동시에 의무는, 교사로서의 사회적 책임은, 학생과의 관계에서 참교육, 진짜 교육을 해야 한다는 것이었습니다. 진짜 교육이란 무엇인가요? 우리가 말하는 인간화 교육이란 교사와 학생 관계가 인간적 관계이며, 상호 존엄성을 인정하고, 자유를 누리게 하고, 인간으로서 잘 성장하고 발달하도록 돕고, 민주공동체에 참여하여 자기표현을 할 수 있게 하고, 무엇보다 불평등이 교육권을 제한하게 해서는 안 된다는 등의 포괄적 권리를 온전히 누리게 하기 위한 정의로운 평등과 존엄성 교육입니다.

이제는 스승과 제자의 관계를 근본적으로 다시 정립해야 합니다. 변화된 시대 상황에서 예의 교육이 어느 단계에서 필요한가 하는 점도 깊이 생각해 봐야 합니다.

강 이것은 착한 아이를 기르자는 인성교육과는 전혀 다른 차원이죠. 오늘날 '상호존중의 예의를 지킨다' 함은 다양한 방식으로 서로의 권리를 평등하게 인정한다는 의미겠지요. '학생도 시민이다'라는 전제를 수용한다면 당연히 학생인권이 학교공동체 구성원 모두의 인권과 충돌하지 않도록 조정 가능한 학교공동체 모두의 시민교육으로 이루어져야 할 겁니다. 이러한 학교를 유니세프는 권리존중학교(rights respecting school, RRS)라고 합니다. 유니세프의 아동친화적(child-friendly) 권리존중학교(RRS)에서는, 학교공동체가 아이들을 발달의 유해요소로부터 보호하고, 이들이 온전히 성장할 수 있도록 지역사회 교육복지를 학교구성원 모두에게 공평하게 제공하는 전학교적 접근을 통해, 학교뿐 아니라 지역사회도 아동인권 지킴이로 적극 관여해야 합니다. 학교관리책임자-교사-학생-교육행정노동자-학부모-학교시설관리자 등, 모든 학교관계자가 권리존중학교의 의미를 알고 서로의 인권이 존중되는 교육공동체적 환경을 갖춰야 합니다.

지역 안의 학교공동체는 학생을 위한, 학생에 의한, 학생에 대한 물질적·정신적·사회적 공간으로, 학생 최우선적 이익을 중심으로 기능해야 합니다. 학교 운영이 어른들의 학교행정 및 관리편의주의로만 이루어져서는 안 됩니다. 가정도 아동 최선의 이익을 중심으로 아동의 행복추구권을 보장해 주어야 합니다. 부모가 못 이룬 소망을 자녀에게 투사해서는 안 됩니다. 자녀의 미래를 위한 것이라면 자녀가 원하는 방향으로 지원해 주어야 합니다.

아동 친화적 학교에서는 교사와 학부모 간에 권리 다툼이 일어도 그 갈등은 학생들의 최선의 이익을 중심으로 해결해야 합니다. 무엇이 아이들에게 최선인가가 갈등 해결 과정에서 가장 중시되어야 하는 겁니다. 이것이 바로 교육적 문제 해결 원리죠. 이를 위해서는, '아동·청소년권리협약'에 따라 학생들도 의사표시권(12), 표현의 자유(13), 사상·양심·종교의 자유(14), 결사/집회의 자유(15), 사생활보호의 자유(16), 정보접근권(17), 폭력·착취·학대로부터의 자유(19), 장애아동 특별 보호 의무(23), 사회보장권(26), 생활수준 향유권(27), 교육권(28, 29), 소수자, 원주민 보호(30), 휴식·여가/문화활동

권리(31), 소년노동 금지(32), 마약으로부터 보호(33), 성착취로부터 보호(34), 아동 인신매매 금지(35), 기타 형태의 착취 금지(36), 고문/사형 금지(37), 무력분쟁 시 아동보호(38), 피해아동의 사회복지 지원(39), 소년범 보호(40) 등을 보장받아야 합니다.

이것은 헌법에도 반영되어 있고 '교육기본법'에도 명시되어 있습니다. 저는 이것을 크게 차별받지 않을 권리, 아동 최우선 사회적 배려의 권리, 교육과 정보, 문화의 권리, 행복을 추구할 권리, 자기 표현과 의견 개진의 권리, 모든 폭력으로부터 보호받을 권리로 분류합니다. 이런 기본권리에 대한 교육은 독립 교과보다는 여러 교과수업에서 다양하게 진행할 수 있고, 교과수업 외 다양한 학생 활동으로도 자유롭게 이루어질 수 있습니다.

인권교육이나 시민교육에서는 이와 관련된 페다고지를 인지적, 사회정서적, 행동적 영역으로 나눠 개발하고 있습니다. 교수 방법으로는 강의형, 토론형, 대화형, 집담형 등도 함께 진행하면서 비판적 사고를 장려하는 것이 일반적입니다. 참여적 시민성 개발을 위해 학생주도적 캠프, 자원활동, 인턴십, 놀이, 모의수업 등도 권장됩니다. 인권기반 시민교육에서는 공동체 구성원 모두가 기본적 자유와 개인적 권리를 누리며 공동체의 안위와 발전을 위한 시민적 책무도 있다는 점을 강조해야 합니다. 그것이 세계인권선언 29조에서 말하는 "자신의 인격이 자유롭고 완전하게 발전할 수 있는 공동체에 대해 갖는 의무"입니다. 이를 위해서는 공동체 자치 규약을 스스로 창안하는 과정이 필요합니다. 많은 권리존중학교(RRS)에서는 학교생활규정이나 학급자치규정을 학교구성원 모두가 참여하여, 특히 학생주도로 기획하고 있습니다.

도 사회적 갈등이 학교에서도 유사한 양상으로 나타나곤 합니다. 여기서 아이들이 어떤 상처를 받는지는 관심을 기울이지 않는 것처럼 보입니다. 교육적 해결보다는 사법적 판결이 더 확실하다고 생각하는 분위기에서 교사들은 크게 위축될 수밖에 없습니다. 인천은 다행히 「학교구성원 인권증진 조례」를 제정하여 학교갈등을 순리대로 푸는 시민교육 원칙을 천명했습니다. 어떻게 진행될지 두고봐야겠지만 저에게는 이것이 최선의 평화적 방안으로 보입니다.

조례에는 의무적으로 학생, 교직원, 보호자 인권교육을 실시하도록 명시했습니다. 인권증진의 원칙으로, 차별받지 않을 권리, 신체의 자유, 양심과 종교의 자유, 표현과 집회의 자유, 개성을 실현할 자유, 사생활과 개인정보를 보호받을 권리, 정보접근권, 정보열람과 공개청구권, 폭력으로부터 보호받을 권리, 징계에 관한 적법절차의 권리, 인권 관련 청원할 권리, 학습에 관한 권리, 학교교육계획 등에 참여할 권리, 정책 결정에 참여할 권리, 학교운영위원회에 참여할 권리, 학교교육 활동을 위해 지원받을 권리, 쾌적한 학교환경과 건강권, 학교급식에 관한 권리, 휴식과 문화의 권리 등을 포괄적으로 제시하고 있습니다. 모든 학교구성원은 이들 권리가 정확히 무엇을 의미하는지에 대한 인권교육을 받아야 할 것입니다.

조례에서 명시한 인권의 생활화, 제도화에 따른 학교구성원들의 가치와 태도의 변화도 학교인권교육이 담고 있어야 합니다. 인권이 생활화된 사회에서 시민들은 갈등을 평화적으로 해결할 역량을 갖추게 됩니다. 힘에 의한 문제 해결은 인권친화적이지 않습니다. 학교가 시작함으로써 우리 사회 전반에 인권문화가 확산하도록, 모두가 인권친화적 사회 만들기에 매진해야 합니다. 미래는 젊은 이, 특히 10대가 만들어 간다고 저는 확신합니다. 우리의 미래는 청소년들의 어깨에 달렸어요. 그런데 이들 10대를 학교에서, 가정에서 개별 인격체로 존중하지 않는다면, 어떻게 밝은 미래가 실현 가능하다고 상상할 수 있겠어요?

저는 교사연수나 학부모교육 때 늘 교육의 상호성, 즉 가르치면서 배우고 배우면서 가르치는 교학상장을 강조합니다. 이 안에 인권이 딱 들어와요. 이렇게만 하면 시민교육은 저절로 되는 거지요. 그리고 자연스럽게 수업 혁신으로 이어집니다. 이렇게 관점이 변하여 삶의 힘이 되는 교육이 인천교육으로 자리 잡으면, 우리 지역의 학생·청소년은 모두 '자란이'로 성장하게 될 겁니다.

어느 분이 '시민학자'라는 용어를 쓰기에 그 이유를 물어보니, 시민으로서 학자도 세상과 담쌓고 고고하게 공부만 하는 것이 아니라, 지역 시민으로서 개인적 권리를 실현하며 그 권리에 따르는 사회적 책임을 다해야 한다는 의미랍니다. 학생도, 교사도, 학부모도 마찬가지입니다. 지역사회에서 함께 살아가는 주민으로서의 시민의식을 갖고, 자신의 개인적 권리가 무엇인지 인식하며 사회적 책임을 다해 공동체 발전에 기여한다는 적극적 인권의식을 갖도록 지속적으로 교육받아야 합니다. 학교공동체에서 교사의 수업권을 문제 삼는 것이 학생의 학습권을 보장받는 것이라고 우기면 갈등 해소는 요원할 뿐입니다. 가르치는 자와 배우는 자의 입장에서 교육권에 대한 심도 있는 접근이 함께 논의되면서 학생의 학습권 보장이 교사의 자율적 교육권과 부딪치지 않도록 상호 존중해야 합니다.

오늘날 학부모 참여가 법제화되어 있어 학교 민주주의의 핵심 요소로 여겨집니다. 학부모 참여가 학교공동체 발전에 반드시 도움이 될까요? 이런 문제를 고민하는 교사들이 많아졌습니다. 제가 전교조 활동을 시작할 무렵에는 학부모가 권위주의 교육문화를 변화시킬 협력자였기에, 학부모 참여가 학교를 갈등의 장으로 몰고 가리라고는 생각한 적이 없습니다. 실제로 많은 학교에서 학부모 참여가 학교문화를 민주적으로 만들어왔습니다. 저는 학부모가 학교공동체를 건강하게 만드는 중요한 구성원이라고 확신합니다. 이제는 학부모 참여 없는 학교 발전은 상상하기 어렵습니다. 그런 만큼 학부모의 목소리도 많이 커졌지요. 하지만 일부 학부모의 관여가 너무 커서, 학부모로부터 받는 교사 스트레스가 너무 심해지는 경우도 있습니다.

이럴 때일수록 문제를 교육적으로 해결하려고 노력해야 합니다. 처음엔 그냥 참고 순응하다가 점차 한두 사람이 자기 의견을 표현하고 행동하다 보면, 결코 바뀌지 않을 것 같던 공동체가 조금씩 바뀐다는 사실을 각자 체감하게 될 겁니다. 저는 이런 변화를 체감하며 지금까지 살아왔는데, 이런 변화가 '사회변화 효능감'입니다. 교육공동체 안에서 그런 효능감을 일찍부터 경험한 것이 저에게 큰 자산이 되었어요.

학생시민의 성장교육

강 역사는 진보한다는 믿음의 근거가 사회변화를 몸으로 느끼게 하는 것이지요. '변화하니까 좋네, 평화롭네, 행복하네'를 실감하면 긍정적 행동이 지속될 수 있습니다. 학교공동체에서 변화를 모색하는 것이 쉽지 않다고는 하지만, 그럼에도 적극적 시민으로서 교사가 변화의 동력을 불어넣어 학내 갈등이 심화하는 것을 예방할수 있지 않을까 기대합니다. 전우익 선생이 쓴 『혼자만 잘 살믄 무슨 재민겨』는 생태계 전반의 공동체 가치를 잘 표현한 제목입니다. 저는 이렇게 더불어 함께 재밌게 사는 것이 인권교육의 궁극적 목적이라 보고 이를 위한 적극적 시민교육이 필요하다고 말하곤 했습니다. 21세기를 살아가는 아동·청소년들이 더 이상 은둔형 외톨이가 아니라, 스마트폰을 내려놓고 서로 관계를 맺고 사회적 역할을 확인하며 책임 있는 시민으로 성장하도록 더불어학교를 조성하는 것이 절실합니다.

도 저는 "다시, 교육이 희망입니다. 그리고 아이들이 곧 미래입니다."라는 인사말을 학부모님께 합니다. '모든 아이가 내 아이다'라는 마음으로 아이들이 함께 성장할 수 있도록 교육 생태계를 만들어가는 데 학부모의 관심과 동참이 필요하다는 것을 늘 말씀드립니다. 교사도 마찬가지입니다.

오늘날 학생들뿐만 아니라 학교구성원 모두 미디어로부터 자유로운 사람은 거의 없습니다. 분열과 혐오를 조장하는 극단주의적 유투버가 기승을 부립니다. 그래서 균형 잡힌 미디어 리터러시가 시민교육에서 아주 중요합니다. 이것은 학교에서만 할 수 없어서 시민사회단체의 협력을 얻어 마을교육공동체 프로그램으로 진행하고 있습니다.

학생자치활동도 중요합니다. 전에는 각종 계기 수업을 통해 여러 프로그램을 진행했는데, 요즘은 학생들이 너무 바빠 그런 활동에 참여할 시간이 부족합니다. 학생회 활동도 어려워해요. 그러다 보니 학생자치 담당 선생님과 소통도 잘 안 된다고 합니다. 교육청에서 학생회장 공약 이행비로 중학교 250만 원, 고등학교 350만 원을 지원하며 학생자치를 활성화하라고 격려하는데도 정작 학생들이 참여할 시간이 없다는 겁니다. 대학도 학생회장을 할 사람이 없다니, 학교공동체의 자치활동에 대한 비전을 근본적으로 재검토해 봐야 할 듯합니다.

시민교육 활성화를 위해 또 한 가지 중요한 것이 적극적 사회참여의 상징인 사회봉사 활동입니다. 그런데 사회봉사 활동이 오랫동안 대학 진학에 필요한 하나의 요건으로 인정받았기 때문에 아이들의 자발적 참여라기보다는 봉사점수를 받기 위해 진행됐다는 비판에 직면하여 폐지되었어요. 지금은 실익이 없으니까 누구도 시간 들여 자발적으로 사회봉사를 하려고 하질 않아요. 사회봉사 활동의 취지가 처음부터 잘못 세워졌기는 하지만, 봉사활동이 학생들의 자발적인 참여로 박애와 연대 등을 배울 수 있는 시민교육의 핵심인데, 아쉽죠.

학내 각종 선거와 관련된 참정권 교육도 문제지요. 학생시민으로서 기본적 권리인 참정권을 학생회장 선거에서 행사해야 하는데, 입시 준비에 바쁜 학생들이 도통 관심을 보이질 않아요. 선거는 민주시민으로서 마땅히 행사해야 할 사회적 책임이고, 학교로서도 대단히 중요한 일인데도 학생들의 주의를 끌기 어렵습니다. 사실 학생회는 학생 시절 자치활동을 경험해 볼 수 있는 절호의 기회지요. 내 주장만으로는 안 된다는 것, 함께하면 더 큰 힘을 발휘할 수 있다는 것, 참여해야 세상이 바뀐다는 것 등을 자치활동을 해보면 알게 되지요. 학생자치 활동 경험은 다른 교육 활동으로 대체할 수 없는 최상의 학생시민 교육인데 말입니다.

「교육의 봄」 블로그를 보니 학생회 활동 경험이 있는 청년 김자유 씨가 소셜벤처를 창업하여 사회에서 중추적인 시민지도자로 활약한 내용이 있더라고요. 이런 사례가 인권기반의 학생시민 교육에 희망을 주고 있어요. 재미있게 학생회장을 하고, 대학에 안 가도 스스로 길을 찾아갈 수 있다는 긍정적 사례입니다. 학교 일상에서 이루어지는 적극적 시민교육의 한 방법이라고 생각합니다. 찾아보면 요소요소에 좋은 방법이 많아요.

강 학생시민들이 아주 바쁘죠. 입시 위주의 학교환경이 시민적 역할 학습을 하게 놔두지 않습니다. 학교운영위원회는 여전히 학생위원의 참여가 어렵고, 지자체별로 청소년위원회가 있긴 하지만 청소년위원의 참여는 거의 형식적이더라고요. 이런 환경에서도 학생시민이 스스로 성장하도록 지원하는 인권기반의 시민교육은 교육과정의 틈새를 찾아 다양한 방식으로 이루어지고 있습니다.

여기서 특히 사회적 약자인 학생시민의 권리에 더 관심을 가져야 해요. 특수요구를 지닌 학생시민, 이주배경 아동·청소년 등 사회적 취약층의 학생시민들에게, 뭐라 딱 집어서 말하기는 어렵지만, 차별적 요소는 여전히 있는 것 같아요. 이런 진입장벽을 없애려는 노력 없이는 평등하고 포용적인 학생인권 기반의 시민교육은 실효성이 떨어지겠죠. 서구에서도 일반 학생인권은 많이 신장되었어도 이주배경 아동·청소년이나 장애 아동·청소년들의 인권은 여전히 위축되어 있다는 비판에 직면해 있습니다만.

도 일반적으로 사회적 취약층을 위한 교육정책을 집행할 때 손쉬운 방법이 분리교육을 하는 겁니다. 배경이 다양한 학생들이 다 함께 배우고 가르치는 더불어학교 모델이 정의로운 통합교육의 핵심이라고 생각합니다. 세계적 추세도 그렇습니다. 특히 특수요구를 지닌 아동·청소년들의 분리교육의 문제점은 심각하게 고민해야 합니다. 일반 학교의 진입장벽을 없애고 함께 교육하자는 통합교육 방향에 대해 장애아동·청소년 부모님들 간에도 요구가 달라요. 제도적으로 장애아동·청소년들의 교육 기회는 완전히 보장되지만, 통합교육의 질은 여전히 만족스럽지 않습니다. 서구에서는 '무능력자 혹은 장애인(disabled)'이라는 표현을 더 이상 사용하지 않고 이제는 '능력이 다른 사람(differently abled)'으로 명명합니다. 장애아동·청소년은 우리가 함께 살아가야 할 이웃으로, 비장애인들과는 능력이 다르지만, 자신들의 삶을 온전히 향유할 권리가 있는 사회적 행위주체자임에는 결코 이견이 없습니다.

사실 특수교육은 특수교육 대상 학생들만을 위한 교육이 아닙니다. 통합교육의 틀 안에서 모든 학생이 서로의 다름을 학습해야 합니다. 차이가 차별이어서는 안 된다는 인권의 기본 원칙을 특수교육 학생들에게도 당연히 적용해야 합니다. 다름에 대한, 사회적 약자에 대한 일반 학생들의 이해와 인식개선 교육도 적극적으로 해야 합니다. 이것이 우리 사회를 더욱 포용적이고 공정하게 만드는 인권교육의 중요한 토대입니다.

지난번 특수교육 선생님의 비극적 사건을 맞이하면서 깊이 반성하고 있습니다. 이제 특수교육의 여건 개선과 발전은 더 이상 미룰 수 없는 교육현안입니다. 아이들 모두가 차별 없는 맞춤형 교육을 통해 자신의 결대로 성장하고, 학부모가 안심하고 자녀를 학교에 보내며, 특수교육 선생님들의 정당한 권리가 보장받고 존중받을 수 있도록 노력하겠습니다.

이주배경 학생들의 통합교육에도 관심을 기울여야 합니다. 이들만을 위한 분리학교를 만드는 것이 포용적 사회를 이루기 위한 인권·시민교육에 방해가 됩니다. 다문화교육정책은 이주배경 학생들을 따로 교육하고 보호하는 차원으로 국한된 것이 아닙니다. 아직 한국말도 서툴러 사회적 통합이 어려운 학생들에게 우선적으로 한국문화와 언어를 이해시키는 동시에, 이주배경 학생에 대한 일반 학생들의 반차별·반편견·상호이해 교육이 이루어져야 합니다. 그래야 학생시민으로서 사회적 통합에 기여할 수 있는, 더불어 살아가는 학교공동체가 가능해질 겁니다. 이것이 학교공동체가 추구해야 하는 정의로운 통합이라고 생각합니다.

질문 4

왜 세계는, 인천은
사회정서학습에 주목하는가?

사회정서학습의 진화과정

강 얼마 전 TV를 보니 '7세고시' 이야기가 나오더군요. 마음 놓고 신나게 놀아야 하는 꼬마아이들이 엄마 손에 이끌려 고액 영어유치원에 다니고, 힘들어하며 스트레스를 받으니 근처 소아정신과에 데려가 치료받게 하더라고요. 이게 부모가 할 짓인가 하는 생각에 그 부모가 밉기도 하고, 다른 한편으론 그러는 부모는 오죽 답답하면 저럴까 하는 생각에 그 젊은 부모도 가여웠어요. 저희 때도 많은 부모가 아이들을 공부하라고 닦달하기도 했고, 교사들도 학급 성적 올리려고 엄청 학생들을 담금질했죠. 야자는 보통이고 새벽에 등교시키는 학교도 있었어요.

어느 나라를 막론하고 자녀나 학생에게 공부는 필요 없으니 안 해도 된다고 하는 부모나 교사는 없겠습니다만, 요즘 우리 사회의 경쟁적 교육환경이 특히 아이들이나 어른들 모두를 힘들게 하는 것 같습니다. 그러다 보니 아이 교육을 둘러싼 사회가 더 각박해지는 것 같기도 합니다. 어쩌면, 사회가 험악하고 불안정하니 믿을 게 공부밖에 없다고 생각해서 살아남기 위한 공부를 강요할 수밖에 없는 상황으로 몰아가는 게 아닐까요.

우리 아이들의 얼굴은 정말 각양각색입니다. 한쪽에는 아주 해맑아 보이는 아이가 있어요. 너무 착해요. 법 없이도 살 것 같다고 해도 되는 순박한 아이들이에요. 다른 한쪽에 야무지고, 공부도 열심히 하고, 집도 여유가 있고 걱정거리가 전혀 없어 보이지만 성취욕에 불타 자신을 심하게 채찍질하는 아이들이 있어요. 아이들

중에는 부모들이 이혼했지만 전혀 티 내지 않고 속으로 잘 삭이며 무난하게 지내는 아이도 있고, 이와 달리 엄청 힘들어하는 아이도 있어요.

그 외 아동학대에 노출되고 황폐한 환경에 놓인 아이들, 부모 사이가 좋지 않아 늘 일상이 두려운 아이들, 부모가 일자리를 잃어 집안 살림을 걱정해야 하는 아이들, 소통이 불편한 이주배경 아이들, 정신적·신체적 발달의 어려움을 겪는 아이들도 있습니다. 간혹 폭력을 일삼는 아이들도 있어요.

이런 아이들이 우리 사회에 다양한 형태로 존재하며 서로에게 영향을 주고받게 되어 있어요. 물론 아이들이 어렵게 산다고 다 무력한 것은 아닙니다. 부유하고 근심거리가 없다고 다 무탈하게 살아갈 거라고 기대할 수도 없어요. 무슨 일이 어떻게 생겨나서 이 아이들한테, 심지어 저한테 영향을 미칠지 모르기 때문에, 모든 변수를 열어놓아야 합니다. 그래서 가능하면 어떤 일이 생기더라도, 아이들이 흔들리지 않고 온전히 대처할 수 있도록 교육이 긍정적 역할을 하도록 해야겠지요.

간혹 주변에서 자신이 어찌할 수 없는 불행한 경험들에 노출되면서 흔들리는 모습을 볼 때마다 저는 도종환 선생님의 시 「흔들리며 피는 꽃」을 암송해 줍니다.

"흔들리지 않고 피는 꽃이 어디 있으랴, 흔들리지 않고 가는 사랑이 어디 있으랴, 젖지 않고 피는 꽃이 어디 있으랴, 젖지 않고 가는 삶이 어디 있으랴."

고난에 흔들림은 생명체의 기운이지요. 아이들도 한 송이 생명체 꽃인데, 어떻게 학교공동체에서 풍파와 고난이 자기 성장의 자양분으로 될 수 있게 교육할 수 있을까요? 아이들 발달에, 성장에 좋은 환경이란 무엇일까요? 우리나라 아이들의 행복지수가 OECD 국가 중 가장 낮다는데, 이 아이들이 즐겁고 행복하게 학교생활을 하도록 어떻게 만들어 줄 수 있을까요? 아이들이 아무리 어려워도, 실패했다는 느낌이 들더라도 위축되지 않고 당당하게 마음근력을 키워 적극적 시민으로 뚜벅뚜벅 걸어갈 수 있게 돕는 교육이 가능할까요?

도 요즘 우리 사회에서 '익명성'을 강조하는 풍토가 매우 강해졌습니다. 제가 어렸을 때는, 길 가다 동네 어른을 만나면, '아버지 잘 계시냐'고 하시며 늘 먼저 아는 체를 하셨어요. 동네 사람은 서로를 다 알지요. 낯선 사람이 간혹 나타나면 동네 분들의 관심사가 됐어요. 가끔은 싫은 분이더라도 만나면 꼭 인사해야 했어요. 어른한테 인사 안 하면 야단 맞았거든요. 심지어 애들이 싸우면 '부모님 아시면 어쩌려고 그러냐'면서 어른이 아이들을 훈계하고 싸움을 그치게 하기도 했어요. 지금은 그런 친화적 교화가 지역사회에서 영향력을 행사하지 못합니다.

대한민국뿐만 아니라 전 세계가 다양한 차원의 학교폭력으로 몸살을 앓고 있지만, 제겐 학교폭력이라는 용어가 적절하지 않아 보입니다. 학교는 폭력을 옹호하지도 가르치지도 않습니다. 많은 청소년폭력이 학교 안보다 밖에서 일어납니다. 그럼에도 중학생, 고교자퇴생, 고교생, 이런 식으로 학교를 매개로 폭력행위자의 신분을 설명하다 보니, 다 학교가 매개된 폭력으로 비치고 그것이 학교에서 학습된 사회적 행동으로 받아들여지는 것 같아 답답합니다. 최근 학교폭력을 소재로 화제가 된 드라마들이 워낙 학교폭력의 잔인성을 드러내다 보니, 물론 그런 측면이 전혀 없는 것은 아닙니다만, 이런 청소년폭력의 사회적 원인에 대한 규명 없이 '학교가 폭력의 온상이다'라는 식으로 이미지화되어 가는 것 같아 속상합니다. 그러면 문제 해결 방안을 찾기가 너무 어렵죠.

사실 사회적 폭력이 청소년에게 투영되어 학교 안팎에서 드러나는 것이 학교폭력입니다. 그런데 이것을 '학교폭력예방 및 대책에 관한 법률'에서 "학교폭력이란 학교 내외에서 학생을 대상으로 발생한 상해, 폭행, 감금, 협박, 약취·유인, 명예훼손·모욕, 공갈, 강요·강제적인 심부름 및 성폭력, 따돌림, 사이버폭력 등에 의하여 신체·정신 또는 재산상 피해를 수반하는 행위를 말한다."라고 폭력이 발생한 장소를 기준으로 정의하기 때문에, 학교가 학교폭력의 주요 원인 제공지인 것처럼 보입니다. 또한 가해자와 피해자가 학교 선후배—이런 식으로 관계 설정이 되다 보니, 학교가 매개되지 않았으면 애초에 만나지도 않았고 학교폭력으로 비화될 이유도 없는 것처럼 인식되기도 합니다.

학교 안이건 밖이건, 어떤 이유에서든 폭력은 절대 용납될 수 없습니다. 억울해서건, 따돌림당해서건, 보복이 필요해서건, 어떤 이유라도 폭력 외 다른 방법으로 문제 해결 방법을 찾아야 하고 그것을 학교가 도와주어야 합니다. 누구나 흔들리지요. 고난받지요. 상도 받고 벌도 받지요. 때론 관계 맺을 친구가 없기도 하지요. 그런 가운데서도 자기 길을 찾을 수 있도록 스스로든 아니면 도움을 받아서든 결국 자기 꽃을 자기가 피울 수 있도록, 제대로 개화할 수 있도록 찾아가게 해야 합니다. 그런 자기 길을 찾는 과정에 학교가 제 역할을 할 수 있도록 최선의 방안을 찾아야지요.

강 어려움에 처한 아이들이 자기 길을 만들어가도록(self-making) 종합적인 안내를 해주자는 것이 사회정서학습의 목적입니다. 미국을 비롯한 세계 여러 나라에서 개인 간 폭력뿐만 아니라 코로나나 쓰나미 같은 자연재해 혹은 각종 사회적 위기로 인해 관계가 단절되니까, 사람들은 두려움과 공포에 떨면서 너무 힘들어하고 어찌 대처할지 몰라 합니다. 이때 마음근력을 키워 자기를 찾고 관계를 회복하면서 사회적 문제를 제대로 인식하고 분석해서 책임 있게 자기 갈 길을 선택하며 적극적 시민으로 살아가게 하자는 프로그램이 사회정서학습입니다.

사회정서학습이 SEL(Social Emotional Learning)로 공식 명명되기까지의 역사는 그리 길지 않습니다. 1994년 CASEL(Collaborative to advance Social and emotional learning, 사회정서학습을 진전시키기 위한 협동기구)이 구성되면서 SEL이 재정지원을 받아 본격적으로 추진되었다고 볼 수 있습니다. 그리 보면 30년 남짓한 개념입니다. 하지만 사회정서학습 자체는 1960년대 미국 민권운동의 소산입니다. 1960년대 말 뉴욕 할렘가에 방치된 흑인 청소년들을 불평등한 기존 사회질서에 통합시키려는 그간의 노력이 실패하는 이유를 분석하면서, 개인적 자아 살리기+관계맺기+사회적 관여 등을 종합적으로 적용하여 궁극적으로 소외청소년의 사회적 기여감을 높이려는 목적으로 시도된 것입니다.

이것의 긍정적 성과지표가 누적되면서 1994년 CASEL이 구성되었고, 특히 이 프로그램에 참여한 청소년들의 학업성취 향상에 주목하면서 'advance'의 A가 'Academic'의 A로 바뀌어 지금은 CASEL을 '학업적, 사회적, 정서적 학습을 위한 협동기구'로 재명명했습니다. 우리나라에서는 CASEL을 '사회정서학습협회'로 소개합니다.

아시다시피 미국에서는 학교 안팎에서의 총기사건을 비롯하여 각종 사회적 치안이 불안정하고 이에 따른 국민의 스트레스가 아주 높기 때문에, 사회정서학습은 2021년 연방정부 차원에서 법제화되었고 이후 여러 주정부 차원에서도 다각도로 법제화가 진전되고 있습니다. OECD와 국제교육자협회(Education International)는, 특히 코로나로 인한 사회적 위기 상황에서 '효과적이고 공평한 교육회복 10원칙'의 하나로 '회복탄력성 증진을 위한 사회정서학습'에 국제사회가 상호지원할 것을 호소했습니다. UNESCO도 교육의 미래를 대비하는 주요 기량으로 사회정서학습을 강조합니다.

도 저도 강 교수님 강의에서 처음 들었습니다. 이렇게 30년 이상 오래된 개념이라고 생각해 본 적이 없어요. 그런데 듣고 보니 특히 코로나 이후 사회적 단절로 어려워진 관계 회복 차원에서 우리가 당장 하고 싶어 하던 교육회복 방향과 일치하더라고요. 당연히 적용해봐야겠다고 생각하고 논의를 시작했습니다.

제가 2018년에 교육감으로서의 역할을 시작했는데 2020년 1월에 코로나가 발생했어요. 임기의 반을 코로나 때문에 전전긍긍하며 코로나가 남긴 상처를 치유할 대책 마련에 생각을 모았죠. 학교를 방문해서 아이들이 붙여놓은 '요즘 내 마음은' 스티커를 보니 학력 저하만의 문제가 아니었어요. 학교가 문을 닫으니까 아이들이 마땅히 갈 데도 없고, 만날 사람도 없고, 동네에 가도 사람이 하나도 없고, 사람 만나서 떠들 수도 없고, 그러니까 심리적으로 위축될 수밖에 없었어요. 매일 컴퓨터를 통해 원격 수업이 진행되다 보니 문해력도 저하되고, 기초 체력이 급격히 떨어졌지요. 그런 상황이 이어지다 보니 사회적 관계 맺기에 어려움이 생기고, 결국 우울, 불안 등과 같은 부정적인 정서가 상당히 많은 아이들에게 나타나기 시작했습니다.

아이들은 정서적으로 안정되어 있지 않고, 친구들과 관계 맺기도 서툴고, 또 뭔가를 하려고 하면 뭘 어떻게 해야 할지 계획하는데도 큰 어려움을 겪었어요. 특히 홀로 집에 남겨진 아이들이 겪는 외로움을 이겨내게 하고 삶의 동력을 찾아 동기부여할 수 있는 방법을 찾는 것이 무척 중요한 과제였어요. 이것은 선생님들도 마찬가지였지요. 특히 신규 선생님들의 경우, 학교에서 무언가를 기획해서 활동하려고 할 때 전에는 선배 교사들에게 조언을 받아가면서 자기 틀을 만들어 갔는데, 코로나로 그게 불가능해지니까 아주 곤혹스러워진 거죠.

아이들뿐만 아니라 교사들도 겪는 이같은 어려움에서 벗어나도록 시급히 도와야 했어요. 그렇다고 무작정 해외 모형을 베낄 수만은 없고, 인천교육에 맞게 창안해야 한다고 생각했어요. 유네스코와 OECD가 제시한 사회정서학습 원칙의 중요성에 맞춰 우리 교육 현실에서 인천의 사회정서학습을 고민하게 된 겁니다. 이에 사회정서학습의 핵심 내용 중 3개의 키워드―경청, 동행, 관계맺기―를 '읽걷쓰와 연동'시켜 정했습니다. '경청을 중심으로 관계 맺기'를 핵심적 키워드로 해서 자아 찾기/관리와 관계맺기를 통해 사회정서역량을 기르면 사회적 인식이 확대되고, 그러면서 동행하는 걷기를 통해 책임 있는 자기선택 능력을 갖춘 적극적 시민으로 육성될 수 있는 것이 아닐까 하는 기대였죠. 경청을 중심으로 관계맺기 그리고 동행을 하면서, 자기를 충분히 성찰하고 자기관리를 하면 안정을 찾게 되고 그러면 뭔가를 할 수 있는 동력을 얻게 된다는 것이 인천형 사회정서학습의 기본틀이라고 생각합니다.

사회정서학습에서는 무엇보다 우울감을 비롯한 부정적 정서를 극복해서 심리적으로 안정되게 하는 것이 중요했습니다. 그래서 첫해에는 경청을 통해 관계 맺기에 집중한다, 아이들이 단절되어 있어서 자기 고민을 자기 말로 하지도 못했고, 친구의 말을 듣지도 못해 뭐가 문제인지를 모르니, 서로 이야기를 경청하고 공감하면서 관계를 회복시켜 가자고 한 거죠. 관계 맺기가 대단히 중요한데, 이것은 경청을 통해 시도해야 한다고 본 겁니다. 경청은 남의 얘기를 열심히, 정성스럽게 듣는 겁니다. 보통 남의 얘기를 들을 때는 그 사람이 어떤 사람인지 이해하려고 하고, 그러면서 자연스럽게 그 사람을 알게 되고, 다른 사람 얘기를 들으면서 나와도 계속 비교하기 때문에 자기도 더 잘 알게 됩니다. 모든 사람은 그러한 자기 이해의 기대가 있기에, 경청이 상대방을 알고 나를 알 수 있게 하는 가장 중요한 '첫걸음'이라고 봤어요.

외로움을 이겨내는 인천형 사회정서학습

도 저는 외동으로 살아오면서 아무도 없이 혼자 지내는 외로움을 어떻게 관리할 것인가에 대해 계속 고민해 왔어요. 코로나 시기에 아이들이 집에 혼자 남겨져 자기를 관리해야 한다는 것이 쉽지 않은 일임을 알기에 특히 이 점에 주목했습니다. 영국의 바로네스 버렌(Baroness Barran) 외로움부 장관(Loneliness Minister)은 코로나로 사회가 봉쇄되면서 혼자 남게 된 사람들이 외로움에 빠지고, 소외되고, 방치되어 고립감에 극단적 행동으로 나아갈 우려가 크기에 이들을 지역사회 자원과 연동시키는 활동이 시급하다며 정부에 특별 지원을 요청했다고 합니다. 이에 따라 의사가 진단하면 지역사회의 사회복지사들이 이들을 지역사회 자원과 연계하여 혼자 방치되지 않도록 협력적 복합처방을 한다는 기사를 보고 깜짝 놀랐죠. 외로움이 사회적 질병이며, 사회적으로 잘 대처해야 하는 심각한 사회적 문제임을 깨닫게 된 겁니다.

그런데 우리는 학교에서 외로움을 개인적 부적응으로만 치부하고 사회적 질병으로 보질 않았습니다. 코로나가 몰고 온 사회적 질병인 외로움에 적극적으로 대처하지 못한 점이 매우 안타까웠습니다. 그래서 그 기사를 보자마자 우리도 사회정서학습을 시작해야 한다고 생각했습니다. 아이들이나 교사들이 외로움에 빠지면 자연히 관계맺기를 피하게 되죠. 숨는 거죠. 숨지 않고 나와서 같이 지내자고 해야 하는 게 학교입니다. 이렇게 교육환경을 바꾸는 것이 사회정서학습이라고 봅니다.

강 사회정서학습이 국제적으로 강조되던 시기가 코로나-19 대처 상황에서였습니다. 전 세계가 처음 겪어보는 이런 사회적 재앙으로부터 얻은 가장 큰 교훈은, 이성보다 감정이, 거짓 정보가, 불확실성으로 인한 두려움이 공포를 조장하며 극단주의적 선동이 휘몰아치는 몰상식의 시대에 어떻게 하면 평상심을 되찾고 회복탄력성을 높일 것인가였습니다. 이에 대한 집단고민의 교육적 방향이 '사회정서학습으로 개인적, 관계적, 사회적 회복을 일군다'는 것이었습니다. 당시 한국은 초기에는 코로나 발상의 핵심지로 지목되었지만 곧 일관성 있는 사회정책으로 코로나에 성공적으로 대처한 국가로 국제사회가 인정했습니다.

그렇지만, 이후 코로나 신드롬에서 회복하는 방향에 대해서는 깊이 고민하며 충분한 논의를 거쳐 사회적 합의에 잘 도달한 것 같지는 않아요. 회복이란 나빠지기/아프기 전 상태로 돌아감을 의미하지만, 이는 단순 회복이 아니라 종합적 회복이어야 합니다. 코로나가 준 교훈은, 언제 다시 그런 사회적 위기가 닥쳐오더라도 마음근력을 단단히 하여 오그라들지 않고 적극적으로 대처할 수 있는 회복탄력성을 신장시키는 교육을 함과 동시에 사회적 안전장치를 철저하게 갖추라는 것이죠.

사회적 안전장치는 전반적인 사회정책 부분이라 여기서 이야기할 것은 아닌 듯합니다. 단, 코로나 이후 사회적 관계가 단절되면서 의기소침해지고, 두려움과 공포에 떨고, 대중적 선동에 휩쓸리기 쉬운 아이들을 어떻게 교육하여 이성적으로 올곧게 대처하는 적극적 시민으로서 역할을 하게 할 것인가가 교육회복 방향이어야 했고, 그것이 국제사회가 제안한 SEL입니다. 이것은 우리나라에서도 위기 때마다 강조하는 칠전팔기(七顚八起) 정신으로, 이것을 어떻게 교육적으로 체계화하느냐의 문제인 거죠.

당시 교육부에서는 교육회복 방향으로 학력결손 보완과 심리정서 안정에 주로 초점을 맞추었어요. 코로나 이후 떠오를 수밖에 없는 청소년들의 무력증, 외로움, 소외 등의 문제에 어떤 방식으로라도 시급히 대처하지 않으면 저출산·초고령화 시대에 전 사회의 에너지가 소진되지 않을까 심히 걱정되었습니다. 미래의 대들보인 청소년들이 무력해지면 우리 사회의 희망은 어디서 찾을 수 있을까요?

도 일상을 마비시킨 코로나가 외로움을 갑자기 확 퍼지게 만든 겁니다. 그런 단절감에서 생기는 외로움을 관리하지 못하면 아이들에게 큰 어려움이 닥칠 수 있어요. 이렇게 아이들이 감당하기 어려운 상황에 놓였을 때 최후의 보루가 엄마일 겁니다. 그래서 저는 특히 학부모회에서 문제의 심각성을 이렇게 강조합니다.

"엄마가 마지막 보루인데 엄마가 그걸 차단해 버리면 아이들은 갈 곳이 없다. 친구도 있을 수 있지만 엄마와는 다르다. 살면서 보니까 아무리 주변에 사람이 많아도 내 외로움을 얘기할 수 없을 때가 있는데, 그게 나쁜 짓을 해서가 아니라 이것을 어디에다 얘기할 수 없는 막다른 상황에 몰리면 잘못된 선택을 할 수도 있다.”

그러니 자녀를 무조건 막으면 안 됩니다. 이렇게 하라, 저렇게 하라고 가두리를 딱 쳐놓고 틀을 만들어서 그 안을 못 벗어나게 하니까 아이들은 힘들어하죠. 그렇다고 아이들을 늘 사람들 속에 있게 해서만도 안 됩니다. 외로움이 사고의 발전에 도움이 되기도 합니다. 외로움이 때론 문화 발전의 근간이 되기 때문에 절대 고독의 주체인 인간에게서 창의적 예술이 나오기도 하지요. 나만 외로운 게 아닙니다. 인간은 근본적으로 외로울 수밖에 없는 존재입니다. 그래서 절대 고독이라는 표현을 쓰는 겁니다.

문제는 절대 고독의 인간인 ‘나’는 ‘세상’과 어떤 ‘관계’를 맺느냐는 문제죠. 세상과의 불화가 결국 갈등과 고통을 만들어내는데, 사실 그것은 너무나 자연스러운 인간의 모습이에요. 그래서 외로움 극복의 해결책으로 생각해 본 것이 동행입니다. 극한적인 외로움에 놓인 아이와 함께 있어 주는 일, 함께하는 것만이 외로움을 이겨낼 수 있는 유일한 길이라고 봅니다.

이 과정에서도 경청은 아주 중요합니다. 서로의 이야기를 경청하면서 관계맺기에 성공하면 문제는 상당수 해결된다고 봅니다. 경청-동행-관계맺기, 이것이 외로움에 대처할 수 있는 가장 평화적인 방법이죠. 경청을 통해 관계맺기를 하고, ‘모두가 함께’를 의미하는 동행이 아이들에게 살아갈 수 있는 삶의 무기와 힘이 될 수 있다고 생각합니다. 누구나 마찬가지겠지만, 자기 감정을 잘 다스려서 정신적으로 안정돼야 뭘 하지 않겠어요? 사실 매일 안정될 수는 없겠지만, 너무 극단적인 감정으로 치닫지 않도록 아이를 인정하는 사람이 주변에 있어야 합니다.

바다에 가보면 늘 파도가 여러 형태로 밀려오는 것처럼, 인생의 파도가, 세파가 때로 내가 원하지 않는 방향으로 밀려오더라도, 그걸 타고 넘어 더 멀리 나아갈 방법을 터득해야지요. 경청-동행-관계맺기, 세 키워드를 중심으로 개발한 사회정서학습 캠프에 학생들이 참가해서 자아관리와 관계맺기 기량을 익혀가는 것을 느낄 수 있습니다. 아이들이 이런 사회정서역량 함양을 위한 각종 체험을 통해 자신과 공동체를 건강하게 돌보며 스스로도 행복한 삶을 가꿔갈 수 있다고 생각합니다.

회복탄력성을 높여 불확실한 미래를 돌파하도록

강 SEL의 세 차원, 즉 자기이해, 관계맺기, 사회참여 중 이것은 앞의 두 차원에 해당한다고 보이네요. 모든 아이는, 위기에 빠졌든 아니든, 각자 처지에서 자기를 충분히 인식하며 자아를 관리할 자기 만들기 기량을 키우는 것이 우선적으로 요구됩니다. 그리고 대인 관계를 발전시키는 과정에서 경청은 아주 중요합니다. 더 나아가 사회적 행위주체자로 살아가는 과정에서 사회 문제와 가치를 학습하여 책임 있는 시민으로서 선택역량을 길러야 하는데, 이때 동행과 소통의 확대는 반드시 요구됩니다. 사회정서 캠프에서 이런 세 차원의 기본역량을 발달시키는 것이 필요합니다. 이런 것이 잘 수렴되면 개인은 윤리적 책임감 위에서 관계를 회복하고, 당면한 상황의 문제를 분석하고 해결하는 능력을 갖추고, 책임 있게 의사

결정하는 적극적 시민으로 성장하게 됩니다. 이것이 CASEL 도식에 따른 사회정서학습의 효과로, 복합적 위기를 관리할 수 있는 회복탄력성을 갖춘 인간상입니다.

도 저도 교육함에 머리 따로, 몸 따로, 감정 따로가 아니고 인간의 모든 기능은 연결되어 있다고 생각합니다. SEL이 우리나라에서 학교폭력을 줄이거나 정신건강을 증진하는 프로그램으로 알려지면서 자아인식과 자아관리 차원에서 마음챙김이나 명상 활동으로 소개되는 경향이 있다고 들었습니다. 이것이 마음을 안정시키는 데 도움이 되지만, 좀 더 깊고 넓게 불안의 원인을 파고 들어가야 합니다. 특히 코로나 상황을 많이 고려하면서 SEL의 중요성을 느꼈기 때문에, 통합적 접근이 옳다고 봅니다. 아이들이 단절로 인해 외로움과 고립감을 느끼는 것이지, 심리적 부적응 때문에 정신건강이 약하다고는 생각지 않습니다.

학교 환경의 근본적 문제도 있어요. 코로나 시기에 아이들이 인터넷으로 수업을 들었잖아요. 교실에서 선생님과 눈을 마주치면서 하는 수업도 따라가기 힘든데, 책상에 앉아서 스크린을 통해 전달하는 선생님 말을 들으며 수업하는 것이 결코 쉽지 않죠. 지루하죠. 자연히 집중력이 떨어지죠. 이렇게 한두 학기가 흐른 채 코로나가 소강상태에 접어들면서 아이들이 학교에 왔어요. 잔뜩 위축된 아이들을 위해 학교 수업이 전보다 재미있는 참여활동형으로 바뀌어야 하는데, 스크린에서 실물로만 바뀌었지 교수법에 차이가 없다면 아이들의 집중력은 나아지기가 어렵지요.

그러다 보면 성적도 떨어지고, 자신감도 없어지고, 그렇게 시간이 흐르면서 아이들은 점점 더 집중력을 잃습니다. 그러니까 요한 하리가 『도둑맞은 집중력』에서 주장하듯이, 학교가 아이들에게 집중력을 돌려주기 위한 환경개선을 해야 합니다. 그런 점에서 자아인식과 자아관리는 첫걸음입니다. 그리곤 사회적 관계맺기로 나아가야겠죠. 그러기 위해선 서로가 지켜야 할 사회적 계약에 대한 이해와 존중이 뒤따라야 하고요. 그 바탕 위에서 개인적으로나 사회적으로 관계맺기에 성공하면, 자연스럽게 사회에 기여하기 위한 책임 있는 자기 결정이 따른다고 생각합니다.

그런 점에서 심리-사회-정치는 한 아이의 성장 교육에서 자연스럽게 통합될 수 있어요. 아이들이 학급회의나 학생회에서 토의해서 뭔가를 결정하면 그건 다들 잘 수용하죠. 학교의 모든 규정은 그런 참여적 논의를 통해 만들어져야 합니다. 학교를 참여민주주의의 장으로 만들어서 우리 사회를 예측가능한 미래가 되게 해야 합니다. 저의 성장 과정을 돌아볼 때, 사회정서상 안정되니까 공부를 잘해서 나도 유익한 사람이 되어야겠다고 마음먹게 되고, 열심히 하니까 성적이 올라가더라고요. 그런 점에서 SEL의 직접적 목표가 학업성취 향상은 아니더라도 결과적으로 인지발달에도 상당한 효과가 있을 것 같습니다.

제가 걱정하는, 아이들의 가장 큰 문제는 의욕이 없는 거죠. 무기력증입니다. 그러다 보니 한 가지가 꺾이면 확 주저앉는 겁니다. 회복탄력성이 낮지요. 아이들이 자기 존재의 가치를 알게 해주는 것, 다시 말해 자아정체성을 건강하게 형성하는 것이 중요합니다. 그래서 전 걷기를 강조합니다. 함께 걷기가 공동체성 형성에, 또 인간다움을 갖추는 데 중요한 방법이라고 많은 사람이 이야기합니다.

저의 비유적인 표현이지만, 함께 걷기는 단순히 걷는 것을 넘어 살아가며 부딪히는 문제를 함께 풀어가는 과정입니다. 그런 점에서도 걷기는 모두에게 유익한 교육 방법입니다. 걸으면서 몸도 움직이고, 기분도 좋아지고, 생각도 같이하는 겁니다. 원래 신체적, 인지적, 정서적 통합 발달이 개인의 성장에서 아주 중요하잖아요? 몸과 정신은 분리돼 있지 않아요. 이것이 상호연결되어 총체적인 기능을 하는 게 사람인데, 학문이 발달하면서 전공별로 세분화하다 보니 통합된 전일적 기능이 매우 세밀하게 분화되었어요. 그렇게 세분화한 이론을 중심으로 현상을 설명하고 분석하기 때문에, 우리는 숲은 못 보고 나무의 잔가지만 보는 오류를 범하죠. 교육은 크게 보고 그 안에서 아이마다 다른 성장의 결을 읽으며 지원해 주어야 하는데도 말이죠.

강 사회정서학습은 학교뿐만 아니라 기업에서도 많이 강조하는 기본 역량입니다. 아이들도 잘 아는 마이크로소프트 교육의 SEL에는 목표추구, 존중, 사려 깊음, 호기심, 비판적 사고, 책임감, 배려, 인내, 소통, 자아 인식, 동기, 자기관리 등이 있습니다. SEL 역량으로 표현되는 마이크로소프트 교육은 OECD 학습콤파스 2030에서 추구하는 기본역량과도 거의 일치합니다. 우리 학교도 아이들의 결에 따른 미래를 준비하기 위해 사회정서역량을 강조하는 OECD 2030 모형을 따라야겠지요. 우리나라에도 많이 소개되었습니다만, 사회정서학습의 근거로 거론되는 이론적 기반이 감성지능, 다중지능이론, 뇌과학, 긍정심리학 등입니다.

아이들을 자기만의 결을 지닌 세계시민으로 키우자

도 IQ, EQ, MQ 등은 새로운 개념 같지만, 원래부터 따로따로가 아니죠. 그동안 지나치게 지적 발달에만 치중하다 보니 정서적·도덕적 역량에 크게 주목하지 않았을 뿐입니다.

아이들은 기계가 아니죠. 공부를 열심히 시킨다고 다 따라가는 것이 아닙니다. 마음도 배려하면서, 아이가 호기심이 있는지 등을 고려하면서 아이를 지지해줄 때 아이는 자신의 선택에 의미를 부여하면서 좋아하는 직업을 찾아갈 거라고 확신합니다. 아무리 사회적 지위가 높은 사람이라도 행복하지 못한 경우가 있어요. 가난한 환경에서 단순한 일을 하면서도 삶의 의미로 충천한 분들을 본 적이 있습니다. 제가 사회정서학습(SEL)에 주목한 이유도 이런 '결 다름'을 보여준 점 때문입니다. 그리고 한 인간의 전인적 발달을 통합적으로 그리고 있는 점 때문이죠. 그동안 우리 사회는 출세를 위한 교육에만 관심이 높았습니다. 지금도 늦지 않았어요. 변화를 수용하면서 아이들의 결을 다양하게 고려하는 교육을 지원하면 됩니다.

일단 교사가 중요합니다. 교사가 수업시간이나 학교 활동으로 SEL을 실행할 수 있는 여건을 만들어야 하고, 학교 관리자는 SEL의 일상화를 학교 문화로 형성해야 하며, 가정에서도 부모나 보호자가 이런 변화를 이해하고 함께 실행할 수 있어야 합니다. 지역사회 관련 기관에서는 SEL 관련 정책과 학습망을 구성해서 제공해야만 체계적으로 SEL이 제 기능을 할 수 있습니다. 무엇보다 교육청의 역할이 중요합니다. 이미 하고 있는 교육자들은 더 잘 하도록 지원하고 그 성과가 확산하도록 고무하며, 아직 준비가 안 된 분들은 연수나 각종 자료제공으로 자극을 주어서 해보게 하는 지원적 역할을 해야 합니다.

그러면서 자연스럽게 인천모형이 만들어지겠죠. 현장 기반의 우수사례가 축적되면 이것은 거꾸로 세계에 우리 인천모형을 알릴 수 있는 국제화의 방향이라고 봅니다. 국제화가 늘 선진사례를 흡수하는 것만은 아니잖아요. 이제는 우리의 좋은 사례를 세계에 알리는 단계에 와 있다고 생각합니다.

"어른 만나면 인사해라, 밥 먹고 바로 눕지 말아라, 너만 위해 살지 말고 남들을 위해서도 살아라, 국가는 너를 위해서도 중요하다, 너무 앞서서만 가지 말고 뒤도 돌아보며 잘 따라오는지 보면서 가라…" 어려서부터 집이나 동네에서 배운 이런 삶의 자세가 사회정서학습의 기본입니다. 여기에는 사람들이 자기 감정을 잘 관리하지 못하고 공동체 안에서 사회불안을 야기하는 행동을 중지하게 하는, 나쁜 것은 하지 말라고 하는 '소극적 학습(do not)'과, 또한 행복한 공동체 건설을 위해 협동하고 상호이해하며 참여하는 행동을 포함하는, 공동체 규칙을 강화하는 '적극적 학습(have to do)'이 있습니다.

이러한 사회정서학습은 교사가 학생들을 대상으로만 하는 것이 아니라 학교 전체가, 지역사회 전체가, 나라 전체가, 더 나아가 글로벌 환경 전체가 공동체적 상호이해의 자세를 갖추게 하자는 것입니다. 이로써 '긍정적 자기이해-당당한 자기관리-포용적 사회관계-사회적 인식 제고와 적극적 사회참여를 통한 책임 있는 시민으로의 성장'이라는 인간발달의 선순환 관계가 가능해질 겁니다.

강 현재 SEL의 장·단기적 효과는 많은 나라에서 성과적 수치로 입증되는 듯합니다. 이런 증거기반의 접근(evidence-based approach)을 통해 문제행동이나 우울증 등 부정적 지수는 줄고 친사회적 행동이나 학업성취 등의 긍정적 지수는 높아지는 연구결과가 발표되자 SEL의 글로벌 마켓은 계속 커지고 있다고 볼 수 있습니다. 숫자로, 성과지표로 효과성을 입증하는 방식은 글로벌 마케팅 전략의 일환으로 비치긴 합니다만, 유네스코에서는 이와 달리 글로벌 공동체성 함양을 위한 세계시민교육적 차원에서도 SEL을 강조합니다.

도 코로나 시기에 학생이나 학부모들이 큰 문제라고 꼽은 것이 부정적 감정의 일상화, 대인관계 결핍으로 인한 소외, 외로움, 고립감 심화, 정신건강 악화 등입니다. 오늘날 아이들이 느끼는 외로움이나 고립감은 코로나 시기의 문제와는 양상이 다릅니다만, 여전히 코로나 후유증이 누적된 결과로 비쳐지는 면도 있습니다. 그래서 사회정서학습은 포괄적이고 통합적인 교육적 접근을 해야 합니다.

인천에서 하는 사회정서학습이 통합적이라고 말씀드릴 단계는 아니지만, 저는 늘 통합적으로 나아가야 한다고 주장합니다. 미국의 연구성과에 따르면, 학령 전 교육에서 고등교육에 이르기까지 공정하게 발달된 문화적 감수성에 근거하여 개인 발달에서 지역 사회로까지 이어지는 사회적 통합이 선순환체계를 이루면, 단기적 효과로는 문제행동이 줄어들고 학업 성취도가 향상되며, 장기적으로는 정신건강지수가 높아지고, 사회적 안전망이 확고하게 갖춰지고, 시민의 적극적 참여가 늘어나, 사회적으로 민주주의의 질이 높아지는 결과를 낳는다고 합니다. 저도 그런 연구 성과를 믿어요.

현재 인천에는 읽걷쓰와 결합하여 추진하는 몇몇 사회정서 역량 강화 활동이 있는데, 이 활동에 참여한 학생들의 평가에 따르면 아이들도 좋아하고, 아이들끼리 소통도 확대된 듯하고, 소원했던 관계도 회복된 듯합니다. 아직 성과지표로 보일 단계는 아니지만, 아이들이 능동적 존재로 변해가는 것이 보여요. 스스로 얼마나 의미 있는 존재로 느끼는지는 알 수 없지만, 활동의 자기효능감은 충분히 감지한 듯합니다. 한번 활동에 참여한 학교가 더 지속하기를 바란다니 일단 시작점은 좋습니다.

물론 활동 후 최종 단계의 인간상이 책임 있는 의사결정의 주체로서 적극적 시민이면 좋겠지만, 현 단계는 일단 외로움을 이기는 관계 회복 정도로만 설정하고 있습니다. 이 점에서는 어느 정도 긍정적 성과를 보인다고 평가할 수 있는 수준입니다. 이를 객관화하기 위한 체계적인 평가지표 개발이 필요해요. 동행을 통한 사회적 관계 맺기에 어느 정도 성공하면, 사회에서 드러나는 어떤 갈등으로부터도 자기를 안정시켜 갈등을 야기한 사회문제를 비판적으로 분석하고 다 함께 문제해결 방안을 검토하며 필요한 선택적 행동을 하게 되지 않을까요?

더불어 살아가야 하는 세상에서 나와 세상의 불화를 어떻게 조율할 것인가에 대한 문제에 직면해서, 세상과의 불화를 넘어설 수 있는 마음근력, 즉 회복탄력성을 키워 당당하게 돌파할 수 있도록 너와 나, 우리라는 관계의 회복이 꼭 필요합니다. 너의 얘기를 들으면서 나를 알고 너를 알고 그러면서 함께 우리 세상을 만들어 간다는, 이런 부분이 사회정서학습에서 세계시민교육을 연동시킬 수 있다고 봅니다.

강 유네스코 역시 코로나 이전부터 학교에서의 사회정서학습을 강조했습니다. 코로나 3년을 거치면서 지구적 재난 대처에 대한 국제 공조를 역설하고 특히 재난의 어려움으로부터 회복탄력성을 신장시킬 수 있는 모든 어린이를 위한 사회정서학습을 강조했습니다. 이것은 자연스럽게 SDG 4.7의 핵심가치로 통합되면서 세계시민교육 역량으로 결합되었습니다. 세계시민성 함양을 위한 SEL은 인도의 마하트마간디 평화교육연구소가 유네스코 글로벌 아젠더로 발전시켰고, 한국에 위치한 유네스코 아시아태평양 국제이해교육원(APCEIU)에서는 세계시민성 교육과정을 인지적, 사회정서적, 행동적 역량으로 나누어 이를 구체적으로 지표화하고 각국의 교육과정에 적용하기 위해 교육자 연수를 확대했습니다.

불확실성이 지배하는 오늘의 지구촌에서 모든 시민이 마음근력을 단단히 다질 수 있는 학습기제로 SEL이 진행된다면 교육의 미래가 어둡지만은 않다는 관점입니다. 무엇보다 글로벌 환경에서 책임 있는 의사결정의 행위주체자로서 역할하도록 학습하는 것은 세계시민으로서 교육의 미래에 직결된다는 점에서 아주 중요합니다. 이를 위해 학생회, 학급자치, 사회봉사 등을 통해 지역 차원에서 글로벌 연대로 이르기까지 학생들의 적극적 시민성을 장려하는 교육실천을 강조합니다.

도 저도 학생역량 강화를 위한 시민교육 활동이 중요하다는 점을 강조하고 있습니다. 사회정서역량 강화 프로그램에는 학생회 간부들뿐만 아니라, 자발적 참여자들을 대상으로 하는 학생수련활동이 있고, 그 외 소외계층의 학생들도 다양하게 참여하는 일반 학생수련시설 캠프도 있습니다. 지역 시민사회도 마을교육공동체 활동의 일환으로 참여합니다. 학교의 주 활동은 담당 교사들이 SEL 프로그램을 수업시간이나 학급활동으로 진행하는 것이죠.

유네스코가 세계시민교육의 일환으로 SEL을 적용한 부분에 대해, 개인적으로도 아주 관심 있습니다. 아직 접해보지 않아 어떻게 연동시키는지 알 수 없지만, 근본적으로 가는 길이 같으니까 서로 연계되면 긍정적 효과가 나타날 것 같습니다. 사실 이런 부분이 아쉽죠. 이렇게 좋은 시도를 유네스코 같은 국제기구가 이미 하고 있는데, 학교 현장으로 전파되지 않은 점이 무척 안타깝습니다. 유네스코학교 활동에서 사회정서활동 관련 세계시민교육이 있다고 했으면 저희는 어떻게 해서라도 적용해보려고 했을 겁니다.

인천이 사회정서학습을 전면화하겠다고 발표했기 때문에 교사들이 적용 가능한 방법을 다방면으로 찾고 있었어요. 당시 제가 한 말은 이런 방향이었습니다. "이제는 코로나 막바지에 왔는데 포스트-코로나 방안을 얘기하거나 준비하는 곳이 없어 보이니, 우리가 먼저 마련해 보자. 그러면 인천에서 앞서 시도하는 SEL이 차차 전국적인 것으로 떠오를 것이다. 하나 더 강조하는 바는, 지금의 사회정서학습은 코로나 직후와는 완전히 다른 새로운 것으로, 인간과 자연과 AI가 공존하고 협력하게 되는 시대의 사회정서학습이다."

지난해 미국 보스턴 브룩라인 청소년센터(Boston Brookline Youth Center)를 방문했는데, 윌프레드 비욘(Wilfred Bion) 박사가 제안한 컨테이너 개념이 인상적이었습니다. 컨테이너는 '유아가 감당할 수 없는 경험을 모두 엄마 품같이 품는다'는 의미의 심리학적 용어인데, 엄마 품처럼 포근하면서도 자기가 하고 싶은 것을 마음껏 할 수 있는 자유공간이 바로 브룩라인 청소년센터라는 겁니다. 지역 복합문화공간으로서 지역 청소년들의 자유해방 문화공간인 거죠.

아이들이 "이거 괜찮은데" 하면 자유롭고 쉽게 시도해 볼 수 있는, 누구나 뭐든 할 수 있는, 그런 자유로운 복합문화 교육공간으로 우리 학교가 자리매김한다면, 우리 지역 아이가 세계시민으로 자연스럽게 성장하지 않을까요? 아이들이 맘껏 자기를 펼치고 지역사회가 수용하는 공간적 개념으로 학교를 만들어 가자는 생각을 하고 돌아왔습니다. 이제는 자유 공간으로서 학교 공간디자인을 재구상할 때가 온 거죠.

인천형 사회정서학습으로 발전을

강 CASEL은 아주 적극적으로 글로벌 시장에 대처하고 있습니다.

CASEL 모형을 수용하는 지역이 급속히 늘고 있는 가운데, 일부 국가에서는 자국의 맥락에 맞는 토착화 모형을 주도적으로 만들고 있어요. 유네스코 카테고리1 기구인 인도 간디평화교육연구소에서는 요가를 뇌과학과 연결시켜 세계시민교육 프로그램으로 발전시키고 있고, 북아일랜드에서는 폭력 문화를 평화공존 문화로 전환하기 위한 평화교육 SEL 모형을 발전시키고 있습니다. 인천의 SEL 역시 서구형의 일방적 도입이 아니라 한국적 문화나 가치 그리고 인천지역 시스템에 합당한 자주적 모형이어야 합니다. 이것이 SEL의 탈식민지화 과제입니다.

2015년 '인성교육진흥법'이 제정될 때 일부 상담심리 교육자들이 SEL을 유사한 개념으로 소개했습니다. 그렇다고 한국의 인성교육적 배경을 한국형 SEL의 이론적 토대로 삼기에는 너무 약하지요. 코로나 이후 교사나 학생 모두 정신건강이 그리 양호하지 않습니다. 특히 교사들의 번 아웃은 심각한 상태입니다. 활발해야 할 아동·청소년이 입시 준비로 인한 정신적 스트레스로 불안과 우울증 지수가 높습니다. 정신과 의사 김현수 선생은 특히 코로나 이후 학생이고 교사고 마음의 상처가 심하여 사회정서학습이 대단히 필요하다고 합니다. 우리나라에선 심리적 안정성에 초점을 맞춰 사회정서학습을 설명하고 '공부도 잘하게 된다'로 결론을 내면 다들 관심을 갖습니다. 물론 공부를 잘하게 되는 것이 나쁜 것은 아니지만, 그것만 강조하면 사회정서학습 과정도 입시 중심 환경 조성을 위한 프로그램으로 왜곡되는 게 문제지요. 원래 SEL에서는 기존 교육이 학업성취라는 인지적 발달만 과도하게 강조하여 인간발달을 왜곡시켰다고 비판하며 대체적 프로그램으로 시작했습니다.

도 한국의 교육은 양쪽에서 극단적으로 평가되는 경향이 있어요. 학업성취도가 높은 나라이면서 사교육으로 아이들이 고통받는 나라, 앨빈 토플러 같은 미래학자는 써먹지도 못할 불필요한 학습에 아이들을 붙들어 매어두는 시대착오적인 잘사는 나라로 평가절하하고 있습니다. 여기서 학교교육의 본질을 찾는 게 중요합니다. 코로나 이전에 많은 미래학자가 학교교육 무용론을 이구동성으로 쏟아놓았죠. 그런데 코로나가 닥치고 학교 문을 닫으니까 다들 빨리 학교를 열게 하라고 야단이었습니다. 학교 가기 싫다던 아이들도 막상 학교에 갈 수 없게 되자 학교를, 같이 놀던 친구를, 선생님을 너무나 그리워했습니다.

왜 그럴까요? 학교가 공부만 하는 곳이라면 집이나 학원에서 하면 됩니다. 하지만 코로나를 거치며 학교가 그 이상의 복합적 기능을 지니며 지역사회에 존재한다는 사실을 모두가 인정하게 된 겁니다. 학교는 원래 놀면서 사회화되는 복합적 교육문화공간이었는데, 미래를 준비하는 '학습기관'의 성격이 강화되면서 입시 준비 중심의 교육 기능이 과도하게 부각되었지요. 그럼에도 학교는 여전히 아이들이 모여 노는 곳, 티격태격하며 갈등을 푸는 곳, 뭔가를 배우는 곳, 사회적 관계를 맺는 곳 등의 복합적 의미를 지닌 재미있는 공간입니다.

무엇보다 오늘날 자녀 수가 한두 명밖에 안 되는 집에서 자란 아이들에게 사회적 관계를 배우게 하는 안전 공간이 학교입니다. 이런 학교의 순기능을 살리는 일이 사회정서학습의 목적과 일치합니다. 가정에서는 안 해도 되는 일을 학교에서는 해야 합니다. 선생님들은 공부 잘하는 아이나 못하는 아이 모두가 다 똑같이 소중한 아이들이라고 생각합니다. 그래서 아이들이 자기 길을 잘 찾아가길 희망합니다. 그런데 그 길 찾기가 혼자 하는 일이 아니기에 사회적 역할을 학습시키며 관계 맺기를 도와주는 겁니다. 어떤 분들은 학교의 사회화 기능 중 핵심이 경제적 인재를 양성하는 것이라고 하지만, 그보다 더 중요한 역할은 제대로 된 시민으로 성장시켜 내보내는 겁니다. 그래서 사회적 도덕률을 근거로 —이것이 인권이겠죠— 내가 책임 있는 시민으로 어떻게 역할을 해야 하는지, 그러기 위해 어떤 선택을 해야 하는지 스스로 알아가게 하는 곳이 학교라고 생각합니다.

그런 점에서 우리 학교교육의 역사가 반영된 사회정서학습이 잘 구축되어야 한다고 봐요. 미국이나 캐나다가 최근 그들의 정복 역사를 반성하면서 원주민 사상을 공교육의 이상으로 보는 경향이 있다고 합니다. 우리는 식민지와 분단 과정을 거치고 근대화를 이루어가면서, 서구적인 것을 최고로 알고 그대로 따르려 했던 시기가 있었습니다. 그러나 우리에게는 또 다른 길의 역사도 있습니다. 저항의 역사뿐만 아니라 대안적 학문형성의 역사도 있습니다. 식민지하 교육구국운동에서는 민족교육적 요소 외에 아동존중사상을 강조하면서 자발적 애국교육운동으로 나아갈 수 있게 했습니다. 특히 방정환 선생의 아동사상은 오늘날 아동인권의 핵심요소를 거의 다 담고 있어요. 이런 사상적 뼈대를 우리 교육에 다 살려야 합니다. 사회정서학습에만 적용하기보다는 모든 교육혁신 사업에 우리 교육의 뿌리를 연관시켜 발전시켜야 합니다.

강 사회정서학습은 각국의 사회문화적 맥락에 적합하고, 전 학교적 기반으로, 학교-가정-지역사회가 협력하여 실행하는 총체적 접근 (holistic approach)이어야 합니다. 그런데 2023년 교육부가 학생건강 정책국에 사회정서성장지원과(20231219-20241231)를 만들고 사회정서학습을 강조했습니다. 여기서는 사회정서능력 관련 교육 및 지원에 관한 사항, 학생 정신건강 증진을 위한 지원, 학교 부적응 및 위기학생 지원에 관한 사항, 초·중등 학생자살 예방대책 수립·시행, 학생정서와 행동특성검사 관리·지원, 학교상담 활성화 지원, 전문상담교사 관련 기본계획 수립·시행, 전문상담교사 자격연수, 재교육, 협력체계 구축 등의 지원, 전문상담교사 관련 학회 및 단체 운영에 관한 사항, 학생안전통합시스템(Wee 프로젝트) 구축·운영, 시·도교육청 학생상담지원센터 지원 및 교육·평가, 학교 미디어 문해교육 기본정책 수립·시행 등을 관련 업무로 제시합니다. 사실 사회정서라는 용어만 썼지 전적으로 학생의 정신건강 및 심리정서지원사업 중심이었습니다.

  SEL은 본래 모두를 위한 교육(EFA, Education for All)의 일환으로, SDG4의 모두를 위한 양질의 교육으로 이어져야 합니다. 모두를 위한 교육에서 가장 중요한 것이 공평성입니다. 모두를 위한 사회정서학습이 균등하게 이루어질 수 있도록 교육, 복지, 문화 등이 균형적으로 통합된 학교 환경을 잘 보전하는 것이 중요합니다. 어떤 어린이도 억울해서 복수하고 싶은 심정으로 공부하게 해서는 안 됩니다. 모두를 위한 SEL이 효과를 내려면 아이들을 위해 교원단체, 지자체, 시민단체, 학부모단체, 교육청 등 교육관련 기관들의 우호적인 협력이 중요합니다. 사회의 폭력적 문화에 아이들이 노출되어 교육공동체의 웰빙이 위협받지 않도록 정부나 교육청이 법적·제도적 조치를 해야 합니다. 교사의 안정적인 교권이 보장받는 분위기에서 교사 주도의 SEL을 학생들의 적극적인 참여로 실천할 수 있다면, 이런 학교의 SEL 모형은 가정과 지역사회에도 잘 전파될 수 있습니다. 그러면 아이들도 바쁜 엄마 아빠를 더 잘 이해할 수 있게 되고 집안일에 협조적이 되면서 행복한 가족공동체로 발전하게 됩니다.

도 저는 코로나 이후 어려워진 교육공동체의 관계성 회복을 위해 2022년부터 사회정서학습을 시작했습니다. 우선 경청을 기반으로 타인을 이해하고, 나를 돌아보며, 동행을 통해 관계맺기를 발전시키고, 궁극적으로 공동체성을 함양하는 것이 인천형 사회정서학습입니다. 단기간의 활동이라 성과를 말하긴 어렵지만, 이 활동에 대한 학교구성원들의 자기효능감은 아주 높게 나타납니다. 저는 사회정서학습을 통해 바른 인성과 시민성 함양을 목표로 지역 관계기관과의 협력을 요청하는데, 다들 적극적으로 협조합니다. 아이들에게 유익한 거라면 뭐든 도와줄 자세가 되어 있어요.

지난 정부 때 교육부가 사회정서성장지원과를 만들면서 저희 교육청 담당 부서에 협력을 요청했어요. 그런데 교육부는 처음부터 학교 부적응 학생들의 정신건강 증진을 목적으로 했기 때문에 이것은 인천모형과는 차이가 있었죠. 학교 부적응 학생들의 정신건강 증진도 중요합니다만, 보편적 접근으로 일반 학생 모두가 건강한 자아 만들기에 매진하도록 지원하는 통합교육적 원칙이 사회정서학습에서 지켜져야 합니다.

세계시민교육은
동시대적 생을 위한
시대정신인가?

새천년개발목표(MDG)에서 지속가능발전목표(SDG)로

강 인천교육청은 2025년 4월, 코스타리카에 위치한 유엔평화대학(UN University for Peace, UPEACE)과 평화교육 활성화에 관한 MOU를 체결함으로써 인천형 평화교육이 세계와 만날 수 있는 교량을 세웠습니다. 여기서 말하는 평화교육은 세계시민으로 평화의식을 갖도록 교육함을 말합니다. 유엔평화대학 초대 명예총장 로버트 뮐러(Robert Muller)는 지구촌 시민으로서의 의식을 함양하는 세계교육이 유엔이 지향하는 평화교육의 핵심이라는 점을 강조하며, 유엔의 평화는 평화롭고 정의로운 미래세대의 지속가능성을 열어주는 길이라고 정의했습니다.

세계시민으로서 책임과 권리를 인식하게 하여 지구촌 평화와 정의가 유지되도록 교육하는 것이 세계시민교육이자 평화교육이기에, '정의 없는 평화란 없다'고 설파한 코피 아난(Kofi Annan) 유엔사무총장은 21세기를 여는 15년(2001~2015) 동안 MDG(Millennium Development Goals, 새천년개발목표)를 향하여 지구촌 시민이 모두 함께 나아가자고 호소했습니다. 글로벌 정의 구현을 위한 MDGs는 절대빈곤 및 기아 퇴치, 보편적 초등교육의 완전 달성, 남녀평등 및 유아사망률 감소와 모자 건강 증진 그리고 에이즈와 말라리아 등 극한 질병 퇴치, 지속가능한 환경 보장, 그리고 이 7가지 목표를 달성하기 위한 글로벌 파트너십 구축 등 8가지 목표를 말하는 것으로, UN 총회에 상정되었고 이는 결의한 회원국들의 이행 의무가 되었습니다.

놀랍게도 이를 추진하기 위한 공적개발원조(ODA) 재원이 2000 년에서 2014년 사이에 약 66% 증가했습니다. 그 결과 7개의 구체적 목표가 유의미한 성과를 거두었습니다. 이때 우리나라는 원조를 받았던 가난한 나라에서 공적개발원조를 제공하는 OECD 국가의 우수사례로 국제사회에서 언급되곤 했습니다. MDG를 종결하며 평가하는 단계에서, 이것은 정부 주도의 공적 부조로 제3세계 개발 문제에 주력했기 때문에 다음 단계에서는 더 포괄적인 전지구적 아젠다로 발전시킬 필요가 있다는 공론에 따라 SDGs(지속가능발전목표, Sustainable Development Goals)가 설정되었습니다.

개인적으로 늘 불편한 광고 중 하나가, 피골이 상접한 아프리카 어린이가 코·눈물을 흘리고 있고 그 옆에 우리나라 연예인 천사가 현지에서 봉사하며 '이들을 도와주십시오'라고 호소하는 긴급구호 단체의 메시지입니다. 가난한 아프리카로 이미지화하는데 이보다 더 효과적인 광고는 없죠. 아프리카도 국가마다 편차가 있고, 아프리카 사람이라고 다 가난한 것이 아니지만, 21세기 정의로운 평화 지구촌 건설을 위해 우선적으로 글로벌 사우스(지구촌 남반구)의 문제를 해결하자는 MDGs를 향한 UN의 호소는 주효했고, 이에 대한 국제사회의 건설적 화답이 MDG를 성공적으로 마무리하게 했다고 볼 수 있습니다.

도 새천년개발목표(MDG)가 발표되던 시기에 저는 학교 현장에 있었는데, 그런 개념을 잘 인지하지 못했어요. 연말이면 기부 천사 이야기가 등장했고, 자선적 사회봉사가 착한 사람의 이미지로 비쳤지요. 선한 마음으로 하는 오지에서의 국제봉사도 칭송받으면서, 상당수가 해외 봉사에 자원하고 사회적으로 기부문화도 확산됐어요. 우리를 가난과 전쟁에서 도와준 우방들 덕분에 이만큼 잘살게되었으니 이들과 좋은 관계를 잘 유지하자는 국민 정서도 있었습니다. "미국은 우리의 영원한 혈맹이다, 에티오피아는 우리를 6·25전쟁에서 구해준 참전 국가니까 열심히 도와야 한다, 터키는 우리 형제국이다" 등의 우호적 인식이 사회 전반에 퍼져있었죠.

새천년개발목표(MDG)나 공적개발원조(ODA) 개념은 자선에 의한 개인 차원의 기부에 초점을 맞춰 온 우리의 상부상조 관행과 역사를 세계시민적 공적 책임으로 생각해 보는 계기로 작용할 수 있었겠네요. 하지만, 당시에는 제게 그런 생각이 없었어요. 제가 교육감이 돼서 인천의 국제교류 현황을 보니, 우리와 비슷한 규모의 다른 지자체에 비해 추진 정도가 현격히 떨어지더라고요. 정확하진 않지만, 월드비전이나 유니세프 같은 국제 구호단체의 활동도 학교에서 많이 이루어지는 것 같지 않았어요.

2018년 이후 저희 교육청 정책개발 부문에서 상당히 노력한 분야가 세계시민교육입니다. 무엇보다 인천의 지리·문화적 특성을 살려 세계시민 역량 강화를 위한 교육을 상당히 장려하고 있습니다. 이것이 지속가능발전목표(SDGs)와 이렇게까지 관련되는지는 잘 몰랐습니다.

강 오늘날 국제사회 환경이 많이 바뀌었어요. UN의 리더십도 약화되었고, 특히 강대국 위주의 자국중심주의가 노골적으로 표명되는

국제환경이라 SDG 추진력도 떨어지는 느낌입니다만, 그래도 SDG
에서 제시한 추진 목표는 글로벌 위기 국면에서 인류가 함께 나아
가야 할 방향임에는 이론의 여지가 없습니다. UN이 MDGs의 교
훈과 시사점을 바탕으로 수립한 '지속가능발전목표(SDGs)' 17개는
환경적 지속가능성, 경제적 지속가능성 그리고 사회적 지속가능
성 차원의 목표를 포괄하며, 모든 논의에 시민사회 참여를 보장하
고 있습니다.

구체적으로 살펴보면, 사회적 지속가능성 차원에서 공동체 안
보+식량안보+보건안보+교육권+젠더 평등(아동과 모성보호)을, 환경적
지속가능성 차원에서는 수자원+에너지+해양+육지+기후를, 경제
적 지속가능성 차원에서 경제안보 기반의 일자리와 경제성장+사
회기반 구축+불평등 해소+지속가능도시+평화체제 구축+글로벌
파트너십 등을 포괄한 형태입니다. 이런 맥락에서 SDG 17개 목표
달성을 위한 교육적 역할이 지구촌 모두의 세계시민교육 목표로
되어야 하지만, 아쉽게도 우리나라 세계시민교육의 목표는 SDG
4.7에서 언급한 세계시민의식 고양을 위한 교육으로 좁혀진 감이
있습니다. 이것마저도 우리 사회에서는 정권별로 이행 추진력에
편차가 있습니다.

다른 나라와 비교하면 정부 차원에서 SDG에 대한 관심이 크지
않다고밖에 평가할 수 없습니다. 코로나 직전인 2019년 11월, 노
르웨이 트롬쇠에서 열린 ASEM인권교육회의에 참석했는데, 지역
사회를 돌아보니 가는 곳마다 SDG 포스터가 다양하게 붙어있었
습니다. 도서관에도 SDG 프로그램 포스터가 층마다 다양한 주제

로 붙어있을 뿐만 아니라 강의실에서 관련 모임도 하더라고요. 일본은 어떤 호텔에 가도 "우리는 SDG 정책에 따라 환경친화적 객실 관리를 한다"며 고객들에게 친환경적 객실 관리에 협조를 구하는 안내를 하고 있습니다. 반면 한국은 길거리나 공공시설에 SDG 언급 자체가 거의 없어요.

이제는 세계를 알아야 지역에 사는 우리를 잘 알 수 있는 상호의존적 우주공간에 전 세계인이 함께 살고 있습니다. 세계는 상호연계된 하나의 행성이며, 지구에 사는 인간과 비인간 및 모든 것이 엉켜있는 살아있는 유기물이죠. 지구촌의 모든 것이 서로 연결되어 있다는 인식을 발전시키는 교육이 중요한 시점입니다. 아래 그림에서 볼 수 있듯이, SDGs는 전 지구적 문제를 공동으로 해결하기 위한 국제사회의 약속으로, 평화롭고 지속가능한 미래를 위해 합의한 17개 영역입니다. 평화롭고 지속가능한 미래는 전통적인 군사안보로 보장되는 것이 아니라 경제, 식량, 보건, 공동체, 환경, 개인,

지속가능발전목표

자료: 유네스코 한국위원회(2020). 우리가 원하는 미래를 만들기 위한 약속.
https://unesco.or.kr/(2025.12.01 검색)

세계시민교육은 동시대적 생을 위한 시대정신인가?

정치 등 인간안보 분야의 공고함을 통해 보장될 수 있다는 것이 1990년 이후 UN의 안보개념입니다. 지구촌은 무력보다는 정의롭고 평화로운 질서를 구축함으로써 지속가능해지는 것 아닐까요?

인천의 세계시민교육 흐름

도 2015년 인천 송도에서 지속가능발전목표 4번(SDG4: 양질의 교육)의 근간인 세계교육포럼이 열렸습니다. 송도는 2003년 '경제자유구역법' 통과로 국내 최초로 경제자유구역으로 지정되고 2년 후 종합개발이 시작되었습니다. 그런 지역에서 '인천세계교육선언'이 선포되었다는 것은 세계시민교육 진흥에 인천이 더 적극적인 역할을 해야 한다는 상징성을 주는 거지요.

지속가능발전목표를 세계시민교육과 관련시켜 교육해야 한다는 것은 낯선 방향으로 보입니다만, 실제로 저희 교육청에서 진행하는 세계시민교육에는 지속가능발전목표가 거의 다 반영되어 있다고 봅니다. 지속가능발전 17개 목표는 167개 세부항목별로 지표화되어 국가별로 시행방안을 확인하게 되어 있으므로, 이를 교육현장에 제대로 적용하면 국가나 지역 차원의 교육혁신을 위해서도 크게 도움이 될 겁니다. 특히 환경적 지속가능성 부분인 수자원, 해양자원, 에너지정화, 클린 도시 등의 주제에서는 인천교육청이 적극적으로 실천하고 있는 교육지역화 방향과 거의 일치합니다.

이런 점에서 글로벌 차원에서 구상된 세계시민교육 구도에 맞춰 인천의 역사와 자연적 환경에 적합한 실천 과제를 지역화하는 교육이 제가 그동안 강조해 온 보편성과 지역성(특수성)이 만나는 세계시민교육입니다. 거꾸로도 성립하고요. 인천의 모범적 실천 사례가 세계의 보편적 틀로 자리잡는 것이 이젠 가능한 시점입니다. 글로컬라이즈가 바로 이런 거죠. 세계와 지역이, 또한 인류가 지구환경뿐 아니라 우주 자연과의 공생, 더 나아가 AI와 공존하는 교육을 발전시키는 것이, 아이들의 미래를 위해 그리고 어른들의 노후를 위해서도 시급한 시대적 과제입니다. 이것은 학교에서만 해서는 안 되고, 지역에서 평생교육으로 확대해야 합니다. 지역민 모두가 참여하는 세계시민교육으로 발전시켜야죠.

인천의 많은 섬을 이어 바다 자원을 이해하고 활용하는 것, 남북 간 해상접경지역의 자연적 특성을 활용하여 평화공존의식을 갖추는 것, 바다학교를 통해 해양자원에 대한 관심을 넓히고 바다 생태계를 정화하는 것, 국제공항과 항구가 있어 인적 교류가 대한민국에서 가장 많은 지역인 만큼 다문화공존의식을 갖추도록 세계시민교육을 강화하는 것, 어느 누구도 소외되지 않고 서로 다른 능력을 각자 결대로 충분히 계발할 수 있도록 포용교육을 확대하는 것 등이 지속가능발전을 위한 세계시민교육에서 인천교육이 지역적 의제로 발전시켜 실천하고 있는 부분입니다.

그런 맥락에서 17개 모든 목표가 학교 교육과정의 지구촌 의제로 연동되어 모든 교과 수업에서도 아이들이 세계시민의식을 함양하게 하고 있습니다. 무엇보다도 아이들을 세계에 눈뜨게 하는 것이 꼭 필요해서 적극적으로 추진하고 있습니다. 저도 이런 것을 원래부터 인지했던 건 아니고, 교육감 취임 후 인천의 여러 시민사회로부터 학습해서 알게 된 겁니다. 그중 인천의 한 국제단체가 주관하는 몽골과의 국제교류 사례를 듣고, 국제교류 프로그램을 비롯한 세계시민교육에 눈뜨기 시작했습니다. 그리고 강화도 활동가들로부터는 '그랜드 투어' 이야기를 듣고 해외로 나가 보는 활동의 교육적 의미를 생각하게 되었습니다. 16~18세기 섬나라 영국의 귀족 자제들이 파리나 로마 등 유럽대륙으로 배우러 가는 교육활동이 그랜드 투어입니다. 당시 얼마나 많은 영국 청년들이 프랑스로 갔는지, '영국이 대륙을 침공한다.'라는 얘기가 나올 만큼 많은 영국 젊은이들이 유럽대륙으로 여행 학습을 했고 그것이 전 세계로 확대되면서 200~300년 동안 계속됐다고 합니다. 그 성과는 대단합니다. 007 영화의 원조도 그랜드 투어에서 나온 거라고 합니다.

인천교육청에서는 '그랜드 에듀 투어'를 '세계로 배움학교'라는 이름으로 시작했습니다. 2023년부터 단계적으로 희망자를 선별하여 에듀 투어에 보내기 시작했습니다. 앞으로 그 수가 늘면 해외여행 현장학습은 모든 인천 학생이 참여하는 보편적 교육과정이 될 겁니다. 아이들도 나가보면 달라집니다. 생각도 깊어집니다. 차이를 이해하게 됩니다. 그렇게 낯선 세계가 눈에 보이기 시작하는 거죠. 이것은 단순히 '놀러 가는 여행'이 아니라 '세계를 자기에 맞춰 탐색하는 세계이해교육'이고 '나 찾기 교육'입니다.

강 2015년 세계교육포럼에서 채택한 '인천세계교육선언'은 SDG4의 구체적 교육 이행 방향을 담은 것입니다. SDG4는 '모두를 위한 포용적이고 공평한 양질의 교육 보장과 평생학습 기회 증진'을 목표로 학령전교육부터 성인교육까지 교육에 대한 접근성을 높이고 교육의 질을 높이며, 특히 성별 및 사회·경제적 지위에 따른 불평등 해소를 포함하는 포괄적 교육 목표를 제시합니다. SDG4를 구성하는 7개 세부 목표에서는 교육제도 자체의 공평성과 포용성을 향한 국가적 이행과 원칙 그리고 이의 토대로서 가치와 윤리, 세계관 문제, 특히 사회적 약자에 대한 교육적 지원 및 국가 간 협력 등을 구체적으로 밝히고 있습니다.

우리나라의 경우 학교 단위별 취학률, 교육의 질, 성평등, 직업교육지수, 사회적 취약층 교육의 공정성, 국제교류, 교사교육 및 평생학습 진흥 실적 등에서 교육기회 면의 지표는 아주 높은 편일 것이나 질적 평가 부분에서는 어떻게 나올지 우려되기도 합니다. 이 중 SDG4.7은 지속가능한 지구촌을 위해 시민으로서 갖춰야 할 세계시민의식을 함양하는 교육에 관한 부분입니다.

여기서 강조하고 싶은 것은, 전 지구촌이 해결해야 할 포괄적 과제를 구체적 목표로 담은 것이 SDG이기 때문에, SDG 교육은 전 교과에 걸쳐 이루어져야 한다는 점입니다. 학교에서는 해당 교과별로 빈곤과 기아 퇴치, 건강과 웰빙, 교육권, 수자원, 해양문제, 습지, 에너지, 기후위기, 공유경제, 주거, 일자리, 안전한 도시, 평화 구축 등, 지구촌 시민이 부딪히는 글로컬 주제를 아이들 연령에 맞게, 교과별로, 다양한 방법으로 세계시민의식 고양 차원에서 접근해야 합니다. 이를 위해서는 교육청이 세계시민교육 기반의 SDG 교육정책으로 전 교과에 걸쳐 발전시키는 것이 필요합니다.

세계시민교육과 관련하여 SDG4.7은 "2030년까지 모든 학습자에게 지속가능발전, 지속가능한 생활 방식, 인권, 성평등, 평화와 비폭력 문화 확산, 세계시민의식, 문화 다양성 존중 및 지속가능발전을 위한 문화의 기여 등에 대한 교육을 통해 지속가능발전 증진을 위해 필요한 지식과 기술의 습득을 보장한다"고 되어 있습니다.

이렇게 볼 때 SDG4.7은 세계시민교육이고, 지속가능발전교육이고, 인권교육이고, 성평등교육이고, 평화와 비폭력교육이고, 문화 다양성교육입니다. 각각의 모든 개념이 서로 연결되어 SDGs를 공유하는 가치기반 교육으로 작용할 수 있습니다. 그래서 학교마다 교사마다 여건에 따라 지향하는 교육의 명칭을 달리 사용할 수 있습니다. 이런 맥락에서 SDG 교육은 SDG 17개 전 항목을 포함하는 지속가능발전 증진을 위해 필요한 지구촌 시민교육이고, 그것은 SDG4.7에서 예시한 보편적 가치기반 교육에 근거하여 적절한 방법으로 다뤄져야 합니다.

오늘날 지구촌이 직면한 심각한 위협을 감안할 때, 세계시민으로서 우리는 공동의 도전과제 해결을 지원하는 교육을 시급히 구상해야 합니다. 본래 SDG의 출발은 MDG 종료 이후 절대빈곤 해소를 넘어 지구촌 자체의 지속가능성이 위협받는다는 인식이 높아지면서 미래세대를 위한 인류 모두의 노력이 이곳으로 모아져야 한다는 급박성에 있었습니다. 모두가 체감하는 기후위기는 자원 절약 및 에너지 소비 줄이기, 쓰레기 분리수거 등의 차원만으로는 이미 도를 넘었다고 보는 거죠. 아무리 근면, 검소, 절약 교육을 하더라도, 지구가 쓰레기로 넘쳐나도, '소비는 경제활동을 촉진하기 위한 미덕'이라는 믿음이 약화되지 않고는 일회용 플라스틱 사용이 줄어들지 않습니다. 환경친화적 교육이 분명 한계가 있습니다만, 그렇다 하더라도 학교에서 체득한 자연 친화적 삶과 교육은 지구를 살릴 수 있는 삶의 힘을 자라게 하는 최선의 교육적 방안이라는 점에서 더 늦지 않게 SDG에서 특별히 강조하는 자연 친화적/지속가능발전 교육을 해야 한다고 봅니다.

도 '인천세계교육선언'에 담긴 교육 방향과 내용에 대해서는 세계시민교육 관점에서 폭넓게 수렴하려고 노력하고 있습니다. 당연히 이를 탄생시킨 연고 지역으로 이것이 지닌 본래 의미를 이해하며 최상의 수준으로 접근하는 데까지 나아가려고 노력하고 있습니다. 교과별로도 이를 공부하는 교사팀들이 있고 교육청은 이들을 지원하고 있습니다. 열심히 하는 교사들은 지속가능발전 세부목표를 자기 교과의 교육내용으로 담고 있지요. 구체적으로 모든 교과에 이를 반영하고 있고, 인천지역의 각종 학생체험활동에 지속가능발전목표 관련 교육을 결합하고 있어요.

인천은 168개 섬과 688.6km²의 넓은 갯벌이 있는데, 인천시의 갯벌은 대한민국 전체 갯벌 면적의 약 28%를 차지합니다. 2022년 제14차 람사르 총회에서 '학교습지교육 결의안'이 채택되어, 이를 근거로 인천교육청에서는 학교습지교육을 활성화하기 위해 '생태전환교육 계획'을 세워 실천하고 있습니다. 이를 알고 무손다 뭄바 총장이 2024년 5월 본 교육청을 방문해서 학교습지교육 활동을 보고받고 2025년 7월 25일 개최된 짐바브웨 람사르총회에 저를 초청했습니다. 거기서 '인천 학교습지교육 정책방향과 성과'를 발표했는데, 참석자들 대부분이 실질적인 성과를 기대한다는 반응을 보였습니다. 이 정책의 주요 목표는 지구생태시민을 양성하여 기후위기에 대응하고 탄소중립을 실현해서 지속가능사회로 전환하는 것입니다. 구체적으로 바다학교를 통한 연안습지교육, 논 습지, 도시 속 습지교육을 위한 학교 습지 조성, 이동 생물과 람사르 습지를 중심으로 하는 국제교육교류 사업 등이 주된 내용입니다.

인천의 연안습지는 봄, 가을로 도요물떼새가 머물며 이동과 번식에 필요한 에너지를 얻고, 여름에는 저어새 같은 물새들의 번식지로, 겨울에는 오리, 기러기, 두루미와 같은 새들의 월동지로 이용되고 있습니다. 이런 이동생물들에게는 월동지, 중간기착지, 번식지 모두가 필요합니다. 이동 경로의 모든 서식지가 보전되어야 하고, 이를 위해 국제협력이 필수적입니다. 인천시교육청은 생물들의 이동 경로에 있는 도시들과 함께 이동생물들과 그들의 서식지를 보전하는 활동을 위해 연대하고 있습니다. 몇 가지 말씀드리면, '세계로 배움학교'를 통해, 홍콩의 단체와 학생들을 온·오프라인으로 만나며 국제교류를 이어가고 있습니다. 또한, 오리-기러기-노랑부리저어새를 중심으로 몽골과, 저어새와 황새 같은 멸종위기종을 중심으로 일본 오야마시와, 그리고 제비와 저어새를 중심으로 국내 각 지역 학생들과 교류하고 있습니다.

생태전환교육, 지속가능발전교육, 녹색교육, 환경교육 등 자연친화적 교육을 표현하는 용어들이 많이 있습니다만, 이 모든 용어의 공통적인 것은 산업개발로 인한 자연파괴적 삶의 방식을 공존의 방식으로 바꾸자는 교육이 아닐까요. 기후위기로 드러나듯이 지구가 지속가능하지 않을 수도 있다는 위기감에 탄소제로 경영 등 친환경적 기업경영을 기업평가의 주요 지표로 삼고 있습니다. 지속가능성장을 위한 ESG 경영이 요즘 기업경영의 혁신 방향입니다. 이는 기업의 재무적 성과뿐 아니라 환경(environment), 사회(social), 지배구조(governance) 같은 비(非)재무적 성과를 보고 투자 결정을 내리겠다는 의미입니다. 기업은 아니지만, 인천교육청은 모든 행정에서 ESG 경영평가를 받으려고 합니다. 자연친화적인 교육청 운영은 아이들의 미래를 위해 할 수 있는 적극적 조치라고 생각합니다. 환경보호, 인권존중, 부패 척결 등 ESG 기준에 맞는 조직경영이 교육청 운영에 반영될 겁니다.

ISO 45001(안전보건건강시스템) 역시 중요한 기준입니다. 사람 우선의 행정은 교육을 관리하는 교육청뿐만 아니라 개별 학교의 교육행정에서 가장 중요한 원칙입니다. 2014년 세월호 사건 이후 우리 학생들은 한 번도 배를 타고 연안 섬에 간 적이 없습니다. 하지만 우리는 해양경찰청과 협력하여 인천 연안의 섬 여행을 시도하게 됐습니다. '바다학교', '섬 에듀투어' 등의 프로그램으로 작년 한 해 동안 4차례에 걸쳐 800여 명이, 그리고 선생님과 학교직원들을 비롯하여 4천여 명이 지난 2년 반 동안 여러 연안 섬에 무사히 잘 다녀올 수 있었습니다.

교육과 제도 개선은 함께 가야 본래의 목적을 이룰 수 있습니다. 오늘날을 '글로벌 위기의 시대'라고 하는데, 그렇다면 위기 대응 교육은 당장, 여기서 우리부터 해야 합니다. 무엇보다 아이들이 친환경 기업에 취업하고 싶어 하거나, 화석 연료를 그린 에너지로 바꾸는 태도로 창업하고자 하는 것이 가장 실효성 있는 생태전환교육이 아닐까요. 이렇게 자연친화적 미래에 대한 준비를 젊은이들이 스스로 실천하도록 지원하는 것이 매우 중요합니다. 어른들은 아무래도 현실적이라 아이들의 미래 지향적 요구를 비현실적인 것이라고 무시할 가능성이 많지요. 그러니 어른들을 너무 의존하지 말고, 젊은이들 스스로 자신이 살아가야 할 세상을, 미래를 만들어가야 합니다.

우리 교육청에서는 그런 경각심을 갖고 아이들의 친환경 실천활동을 장려하고 있습니다. 사실 각자 쓰레기 분리수거를 열심히 하면 작은 변화는 일으킬 수 있지요. 하지만 더 중요한 것은, 화석연료 에너지를 그린 에너지로 바꾸어 산업활동하는 기업들이 많아지게 하는 구조 변화적인 활동이지요. 그런 기업의 제품을 소비하도록 하는 소비자운동도 필요하고요. 자연친화적 삶의 힘을 기르는 생태전환교육은 이같이 큰 순환과정을 고려하며 실시해야 합니다. 그래서 ESG 경영이 중요합니다. 사회환경과 학교교육이 자연친화적 가치로 연결되어 유기적으로 움직여야 아이들의 삶에, 학교문화에, 국가정책에 그리고 국제관계에 그 성과가 제대로 나타나리라고 생각합니다.

이주의 시대, 세계시민교육의 방향은?

강　이동생물 경로에 따른 국가 간 협력 네트워크에 기반한 세계시민교육은 아주 중요해 보입니다. 이렇게 실질적인 주제를 중심으로 국제이해와 협력을 발전시키는 것이 세계시민교육의 핵심입니다. 본래 제2차 세계대전 직후 국가 간 이해와 협력이 세계평화의 초석이라는 믿음으로 UN이 설립되었습니다. 지금은 국경 없는 글로벌 시대라고 하지만, 현실은 이주민을 가로막는 장벽이 쳐지고 국익이 여전히 제일 중요한 국가-기반의 시대에 살고 있습니다.

20세기 산업화 시대에는 국가 주도의 근대화가 중요했기에 국가주의(민족주의)가 국민 응집력의 상징이었습니다. 그래서 교육을 통해 애국적 국민사상을 고양시켰고 그로써 '국가발전이 나의 발전의 길'이라고까지 생각하게 된 거죠. 그 순기능으로 우리나라가 여기까지 발전했다고 생각하는 사람들이 있지만, 지금은 국가주의를 넘어 지구촌 시민으로서 세계 공동체와 더불어 살아가는 의식을 형성하지 못하면 변화하는 글로벌 환경을 따라갈 수 없습니다. 이것이 국가주의는 필요 없다는 의미가 아니라, 세계를 알고 전 지구적 관점에서 인류의 문제를 생각하는 사람만이 자기 국가를 가장 균형 있게 발전시킬 수 있는 사람이라는 의미입니다.

세계시민이라는 게 법적 지위를 갖는 게 아니고 인류애 차원에서 연대감을 가지고 인류 공동 번영과 지속가능한 우주 질서를 발전시키고자 노력하는 사람을 일컫는, 실은 매우 추상적 개념입니다. 이러한 인간발달을 위해 인류애에 근거한 보편적 지식, 가치, 태도와 자세를 통합적으로 기르는 세계시민교육은 국민(민족)교육의 초석으로도 작용해야 합니다. 오늘날 학교에서 양성해야 하는 시민교육의 방향은 국가시민성과 세계시민성이 중첩된 혼종적 시민성입니다. 좁은 국가 시민으로서의 '나'가 아니라 지역 시민이면서 국가 시민이고 아시아 시민이고 세계시민인 '나와 너'가 우리로서 내 안에서, 지역에서, 한 국가에서, 더 나아가 지구촌에서 공존하도록 교육해야 합니다. 내 안에, 다층의 공동체 안에 이러한 복합적 시민 간의 공존 없는 세계시민교육은 각종 사회적 갈등에 대처하기 어렵습니다.

오늘날을 이주의 시대라고도 합니다. 지구촌에 사는 모든 사람은 어디에 살든 기본적 자유와 권리를 지니고 있다는 다문화 인권교육이 우리 사회에서 공존역량을 길러주는 기본가치로 작용할 때, 한 나라의 국민이 세계시민으로 이어지는 자연스러운 순로로 작용할 겁니다.

도 코로나 정국에서 세계 여러 국가들이 백신을 둘러싸고 자국의 이익만 챙기려는 모습이 너무나 뚜렷해서, 그런 불공평한 세계에 어떻게 대처할지를 신속하게 모색하지 않으면 안 되겠더라고요. 그래서 백신 민족주의라는 비인도주의적 상황에서 백신을 둘러싼 차별은 절대로 있어서는 안 된다는 글을 기고했는데, 당시 전 세계적으로 중국 혐오증이 퍼져있던 상황에서 많은 독자에게 상당히 깊은 인상을 주었나 봐요.

그런 맥락으로 인천이 비행기나 배로 한국에 들어오는 곳이기도 하고, 당시엔 한국에 동아시아 사람들이 많이 이주하고 있었기 때문에 이들과 평등하게 같은 시민으로 공존해야 한다는 입장에서 '동아시아 국제교육원'을 설립했습니다. 인천의 모든 아이를 동아시아 시민으로 건전하게 육성하여 세계로 나아가게 교육하겠다는 목표를 세웠죠. 또한, 교육청 세계시민교육과에서는 인천의 지정학적 특성을 반영하고, 변화된 글로벌 환경에 대처할 수 있는 세계시민교육 정책을 세워 개별학교에서 실천하도록 여건을 조성하고 있습니다.

인천은 이주배경 주민의 비율이 높습니다. 이런 이주배경 주민들과 어떻게 공존할 것인가는 지역사회의 문제이자 특히 지역학교가 당면한 핵심 사안입니다. 현재 이주배경 학생 비율이 4.96%인데, 증가율 면에서 인천은 전국 1위로, 전국 평균 3.68%를 훨씬 넘는 8.95%입니다. '토착민이 누구이며 언제부터 살아야 토착민이지?'라는 질문을 떠올려보면, 모든 사람이 유목민적 속성을 지닌다고 볼 수 있지요. 그런 점에서 이들의 문제를 인구감소 대체인력 확충 차원에서만 접근할 것이 아니라, 함께 살아가야 할 이웃으로 존중하며 이들의 생존권을 상호 인정하는 자세가 중요합니다. 우리도 과거 어려웠을 때 살아보겠다고 해외로 간 동포들이 얼마나 고생하며 차별받고 그 사회에서 살아남았는지를 생각해야 합니다. 조상들이 해외에서 차별받은 경험을 타산지석 삼아 우리나라를 찾아 이주해 온 신주민들이 우리와 공존하는 길로 나아가야 할 겁니다. 이를 위한 상호이해교육이 필요합니다.

2023년 4월, 데릭 윌슨(Derick Wilson) 교수와 북아일랜드의 평화와 공존 방향에 대한 이야기를 나눴습니다. 북아일랜드 얼스터대학교 교수로 정년퇴임한 후, 평화와 화해를 위한 기독교공동체 코리밀라(Corrymeela)에서 자원봉사하고 계셨죠. 안타깝게도 2024년에 돌아가셨는데, 윌슨 교수는 북아일랜드의 첨예한 폭력적 갈등

현장에서 비폭력적 평화 운동을 주도한 분입니다. 윌슨 교수님에게 평화의 핵심은 '다양성, 상호의존성, 공평성'입니다. "각기 고유한 속성을 지닌 하나하나는 분리돼 있으면서도 연관되어 서로 의존하며 존재한다. 이 모든 것은 공평해야 한다."고 강조하시더라고요. 깊은 울림을 주는 실천적 교훈으로 다가왔습니다.

'우리는 단일민족이다'라는 얘기를 듣고 지금까지 살아왔는데, 실은 역사적으로 여러 요소가 섞여서 우리가 여기까지 온 거죠. 더구나 지금 한국 사회는 문화 다양성을 말하지 않고는 살 수 없다고 해도 과언이 아닙니다. 특히 모든 인적·물적 자원이 교류하는 인천이 계속 성장하려면 다양성, 개방성, 포용성을 겸비해야 합니다. 이것은 윌슨 교수님이 말씀하신 다양성, 상호의존성, 공평성이라는 평화적 원칙과 맥락이 닿는 개념입니다. 천혜의 생물 다양성과 문화 다양성이 꽃피는 세계를 품은 인천에서 평화와 공존의 세계시민적 가치를 교육하는 것이 지금, 정말 중요합니다.

지구촌 시민은 다 연결되어 있다

강 유네스코는 2023년 총회에서 1974년 비준한 '국제이해, 협력 및 평화를 위한 교육과 인권과 기본 자유에 관련된 교육에 관한 권고'를 개정하여 「평화, 인권, 국제이해, 협력, 기본 자유, 세계시민성 및 지속가능발전을 위한 교육에 관한 권고(Recommendation on Education for Peace and Human Rights, International Understanding, Cooperation, Fundamental Freedoms, Global Citizenship and Sustainable

Development)」로 확정했습니다. 명칭이 너무 길어 이를 줄여서 '평화, 인권, 및 지속가능발전을 위한 교육 권고'로 부르기로 합니다. 저는 이것이 향후 세계시민교육의 방향이라고 생각합니다.

이렇게 확정되는 과정에서 21명의 국제전문가그룹(International experts group, IEG)이 협의했는데, 저도 그 그룹에 참여했기 때문에 논의 분위기를 잘 압니다. 여기서 국제이해교육은 세계시민교육입니다. 20세기에는 전후 세계평화를 위해 국가 간 이해와 협력이 아주 중요했기에 국제이해교육이라는 용어를 채택했는데, 지금은 국가 간 이해와 협력뿐만 아니라 개인 간, 비정부 간 이해와 협력도 아주 중요한 단계이기 때문에 자연스럽게 전 지구적(global)이라는 용어로 바뀌었지요. 이러한 변화는 시민사회에서 추동하였고, 이는 1970년대부터 세계교육(global education)이라는 용어로 등장했습니다. 국제전문가그룹 회의에서 제목을 굳이 이렇게 늘리지 말고 그냥 '평화교육권고'로 하자고 하는 분도 있었고, 이것 전체가 세계시민교육인데 굳이 세계시민교육을 왜 다시 넣느냐는 반대 의견도 있었지만, 용어가 지닌 이면의 국가 간 경쟁이 노출되면서 어느 용어도 빠지면 안 되는 분위기가 형성되어 이렇게 길게 다 들어간 겁니다.

SDGs 달성을 위해서는 국가 간 이해와 협력을 위한 국제이해/세계시민교육이 아주 중요합니다. 오늘날 국가 간 이해와 협력은 UN 정신에 따라 국가 간 쌍방적·호혜적 관계를 전제하나, 실제로는 국익에 기반한 힘으로 국가 간/글로벌 문제를 해결하려는 비평화적, 비인권적, 비우호적 관행이 지배하고 있습니다. 국제사회의 이런 추세에 대한 비판적 성찰이 가능하도록 국제이해/세계시민 교육을 실천하는 것이 개별 국가의 생존뿐만 아니라 글로벌 정의 구현을 위해 절실합니다.

근대사회가 약탈적 식민지를 개발하던 시기로 점철되면서, 식민 지강대국과 피식민지약소국 간의 종속적인 관계로 인해 독립 이 후까지도 국가 간 불평등 구조로 굳어졌지요. 예외적으로 우리나 라가 원조받던 피식민지 해방국가에서 이제는 원조를 제공하는 OECD 국가로 발전했습니다. 이런 역사적 과정을 겪은 한국의 국 제이해/세계시민 교육은 서구-중심의 자유주의적 접근과 달라야 합니다. 발전론에 근거한 해외원조 기반의 개발교육 모형은, 글로 벌 정의를 구현하기 위한 상호지지적 국제개발·협력 교육으로 전 환되어야 할 지점에 다다랐습니다. 따라서 원조를 주는 국가와 받 는 국가의 정부뿐만 아니라 시민사회와도 협력이 필요합니다. 무 엇보다 원조공여국 중심의 국제개발 및 협력이 아닌, 다양한 원조 수혜국에 대한 이해와 협력을 위한 국제교류 및 동시대적 삶을 정 의롭게 이어가는 비판적 세계시민교육을 구축하고 확산하는 것이 필요합니다.

이렇게 아래로부터의 국가 간 이해와 협력, 즉 "또 다른 세계가 가능하다(Another world is possible?)"는 변혁적 가치에 기반한 평화를 위한 교육이 이 시점에서 아주 중요해 보입니다. 우리나라도 어려 웠을 때 얼마나 큰 도움을 받았나요! 경제적 원조뿐만 아니라 민 주화에 대한 연대와 지원이 없었다면 오늘날 같은 민주정치를 기 대하기 어려웠으리라 생각합니다. 영화로도 알려졌지만, 광주민주화운동 때 독일 기자가 위험을 무릅쓰고 역사적 진실을, 시민들의 위험을 밖으로 알리지 않았더라면, 글로벌 정의에 기초한 인류애가 없었다면, 오늘의 번영과 민주주의는 불가능했을지도 모르지요. 이런 보편적 인류애가 국제이해/세계시민 교육의 기본정신이기에, 세계평화와 인류공영에 이바지한다고 헌법에도 명시하였듯이, 학교교육에서 중요하게 다뤄져야 합니다.

도 우리나라가 경제발전과 정치적 민주화를 이룬 아주 예외적인 국가로 칭송받는 한편, 여전히 분단사회라는 한계로 인해 그런 안정적 질서가 지속가능할지 불안해하는 사람들도 있습니다. 한편으로 우리 사회의 이념적 적대화가 극단주의적 혐오감을 낳고 때로 폭력을 조장하기도 하지만, 대다수는 평화로운 민주주의를 갈망하고 있다고 봅니다. 교육자로서 국제이해/세계시민 교육을 통해 이성적 사고가 작동하는 정상 국가를 유지할 수 있다고 믿어요. 평화, 인권, 인도주의, 박애, 공감 등이 작동되어 서로를 배려하는 관계로 나아갈 수 있습니다.

그래서 평화교육, 인권교육, 다문화교육, 사회정서학습, 세계시민교육 등에 주목하며 인천교육의 주류정책에 편입시켜 실천하고 있습니다. 학교 교육이 실은 가치 전달 교육이죠. 정치적인 면뿐만 아니라 도덕률을 기준으로 학생들에게 가치를 전달하는 거죠. 그런데 학교교육을 억압하는 사회적 기제들이 분명히 있습니다. 입시교육으로 인해 시험에 무관한 가치나 내용에 대해서는 다룰 필요를 못 느끼게 만드는 환경이 대표적이죠. 교사가 사회적 사안이나 다른 나라의 어려움 등에 대해 이야기하려고 하면 몇몇 학생은 '선생님 진도 안 나가요?'라고 하기도 하니까요. 이 또한 입시교육환경이 낳은 침묵의 교실의 단면입니다.

침묵의 문화를 대화와 토론의 문화로 바꾸자는 것이 미래교육의 방향입니다. 어렵더라도 학교현장에서 지혜롭게 비판적 사고를 할 수 있는 가능성을 찾아내야 합니다. 특히 국제관계는 쌍방 입장에서 상호이해할 수 있도록 사고를 다변화해야 합니다. 동양철학에서는 '주는 사람은 빨리 잊고 받은 사람은 절대 잊지 말라'고 합니다. 하지만 국제관계에서는 절대 안 그렇죠. 원조의 대가는 명확히 존재합니다. 특히 국가 차원에서는 어떤 식으로든 큰 대가를 받으려고 하죠. 이럴수록 냉철한 비판적 사고가 학습되어야 합니다. 무조건 피하는 것이 아닌, 복종하는 것이 아닌, 상생가능한 역량을 기르는 것이 세계시민교육의 목적입니다. 여기서 국가 간 상호이해와 협력, 상호지지 여건 조성이 필요하고 이를 위한 비판적 사고력 함양을 위한 교육이 요구됩니다. 이런 논의의 토대가 UN이나 UNESCO 정신이 아닌가요? 좋은 문서가 많더라고요. 그런 점에서 세계가 합의한 유네스코 자료나 국제합의문을 읽고, 걷고, 쓰는 과정을 통해 깊이 성찰하는 것이 인천형 세계시민교육의 한 유형으로 발전할 수 있을 것 같습니다.

인천은 3시간이면 100만 도시 147곳으로 갈 수 있으며, 15개 국제기구, 외국대학의 캠퍼스들이 있습니다. 이들 국제기구, 외국대학과 연계한 글로벌 진로교육 및 글로벌 스팀(STEAM) 교육을 통해 학생들의 글로벌 역량을 실용적으로 계발시키고 있습니다. 현재 인천교육청 세계시민교육과에서는 여러 글로벌 주제를 종합적으로 관리하며 교육자료화하고 각급 학교에 세계시민교육을 다양한 방식으로 실천하도록 독려하고 있습니다. 인천을 품고 세계로 향하는 글로컬 리더로 성장시키는 프로그램을 운영하고 있습니다. 교사들이 해외학교와 교류 수업을 온라인이든 오프라인이든 하고자 한다면 적극 지원하고 있습니다.

무엇보다 세계시민교육의 핵심 동력기관으로 동아시아국제교육원의 역할이 큰데, 서구 선진국뿐만 아니라 여러 개발도상국과도 다양한 방식으로 교류하며 글로벌 주제에 대한 인식을 확장하고 있습니다. 우주과학, 해양생태계, 문화교류, 국제자원활동 및 봉사, 다양한 직업세계 및 예술활동 등을 주제로 한 국제교류활동을 세계로 배움학교를 통해 운영하면서 학생들이 글로벌 의식을 깊이 갖출 수 있도록 돕고 있습니다. 이러한 국제교류활동을 통해 학생들의 비판적 사고력이 증진되면서 다양한 세계에서 우리가 취해야 할 입장에 대한 토론도 이어지고 있습니다. 이것이 지속가능발전교육이지 않을까요?

어느 사회에서든 그냥 나를 따라오라는 식의 일방주의적 태도로는 더불어 살아가기가 어렵습니다. 우리가 인천을 품고 세계로 나아가려면 내가 발 딛고 사는 인천에 대해 포괄적으로 공부해야 하는 것처럼, 우리가 나아가려는 세계 여러 나라의 문화와 역사도 열심히 공부해야 합니다. 서로 존중하고 배려하며 평화와 공존의 가치를 지니고 더불어 살 수 있는 지구촌 시민으로서 올바로 성장할 때, 진정한 자기다움을 발전시킬 수 있습니다.

비폭력 평화교육,
왜 특히 우리에게 중요한가?

폭력은 안 된다

강 수많은 사람을 고통과 죽음으로 몰고 간 1, 2차 세계대전을 반성
하며 전쟁의 20세기를 끝내고 평화의 21세기를 만들어가자고 1억
명의 세계시민이 서명한 2000년 '평화문화의 해' 선언이 무의미할
정도로, 21세기 첫 4반세기 동안 지구촌은 전쟁과 폭력적 극단주
의로 몸살을 앓고 있습니다. 대규모 전쟁은 물론 테러리즘이 정치
적으로 혼란한 국가의 도시뿐만 아니라 오슬로, 브뤼셀, 파리, 런
던, 뉴욕 등에서도 다수 시민을 대상으로 자행되었습니다. 이것들
은 대부분 젊은이들이 자원하여 행해진 테러입니다.

　이에 국제사회는 2006년 '테러리즘에 대항하는 UN 글로벌 전
략(UN Global Counter-terrorism Strategy)'을 세워 유엔과 회원국 간 적극
적 공조를 강조했지만, 그 한계는 너무나 뚜렷했습니다. 특히 2014
년 이후 시리아 내전으로 확대된 소위 이슬람 국가(Islamic State, IS)
건설 운동에 서구에서 교육받은 젊은이들이 왜 그리 열정적으로
가담하는지를 다각적으로 분석하는 가운데, '유엔 반테러리즘 교
육 행동계획(UN Programme of Action on the Education against Terrorism)'
이 수립되었고, 유네스코는 시민의 평화유지와 안전을 위한 '폭력
적 극단주의 예방교육(Prevention of Violent Extremism through Education,
PVE-E)'의 주관기관으로 지정되었습니다.

　우리나라에서도 극단주의적 혐오(극혐)문화가 젊은이들 사이에
번지고, '묻지마' 범죄가 일상에서 잔혹한 양상으로 표출되자 폭력
적 극단주의에 대한 관심이 쏠렸지만, 이것이 교육적 노력으로 이

어지지는 않았습니다. 지금은 일상에서 반복되는 폭력의 악순환을 끊고 혐오와 폭력의 문화를 상생의 평화문화로 변혁하기 위한 모든 차원과 수준의 평화교육이 시급한 상황입니다.

세계적 수준에서 편견과 고정관념으로 발생한 폭력과 불관용을 제거하고 평화와 문화적 다양성을 실천하여 공생 가능한 세계 공동체를 만들자는 문화 간 충돌 예방을 위한 문화(Culture of prevention) 조성을 위해 '문화 간 화해 국제 10년(International Decade for the Rapprochement of Cultures, 2013-2022)'이 공표되었으나, 이 역시 평화교육적 아젠다로 발전시키지는 못했습니다. 이것은 2000년 선포된 '어린이를 위한 평화와 비폭력 문화 국제 10년(International Decade of a Culture of Peace and nonviolence Towards the World of Children, 2001-2010)'의 연장개념으로, 모든 수준에서 평화와 대화의 문화 증진이 강조된 것입니다. 불안전한 불확실성이 압도하는 사회에서 공포와 두려움으로 타자에 대한 혐오감을 품고 폭력적 행동을 표출하려는 마음에 평화의 씨를 배양하는 다양한 차원의 평화교육이 개발되고 장려되어야 한다는 것입니다. 이에 무엇보다 다양한 배경의 청소년들이 모인 학교는 일상의 폭력적 극단주의가 표면화되는 갈등의 장이 될 수도 있다는 점에서, 폭력적 극단주의 예방을 위한 교육(PVE-E)이 평화문화 신장을 위한 평화교육 활동으로 활성화되어야 할 것입니다.

도 「유네스코 폭력적 극단주의 예방 교육—교사지침서」는 학교현장에서 꼭 필요한 안내서 같습니다. 외국 학교에서처럼 총기사고는 일어나지 않지만, 학교는 크고 작은 갈등이 늘 일어나는 장이죠. 최근 일부 아이들이 자기감정을 자제하지 못하고 폭력을 휘두르고, 그런 행동을 아무렇지도 않게 SNS에 퍼뜨리는 과시 행동도 합니다. 폭력을 당할 수밖에 없는 피해자에게는 엄청난 상처를 남게 하지요. 교육자로서 이런 일이 발생하면 너무나 가슴이 아픕니다.

요즘 우리 사회 곳곳에서 이러한 폭력이 일어납니다. 2024년 12월 3일 계엄령 불발 이후, 법원으로 몰려가서 판사 사무실 문을 부수고 들어가 집기를 부수고 이를 막는 공직자들에게조차 폭력을 휘두르는 장면을 학생들이 목도했죠. 이에 대해 사법적 정의가 이루어지는 과정을 지켜보면서 민주주의에 대한 학습이 포괄적으로 이루어지겠지만, 아이들이 수용하거나 거부하는 폭력 자체에 대한 해석 여부는 깊이 알 수 없습니다. 더구나 유튜브에서 이에 대한 극단적 해석을 붙이기 때문에, 이를 보는 학생들이 그것을 어느 만큼 비판적으로 이해하며 수용할지 걱정입니다. 이는 교육 문제이자 분명 사회적 문제입니다.

인천교육청에서는 이런 문제에 대한 적극적 대처 차원에서 2019년 「인천광역시교육청 학교민주시민교육 진흥조례」를 제정하여 그 안에 민주시민교육의 구체적 방안에 대한 입장을 밝혔습니다. 이 조례의 목표는 '민주주의·인권·평화 감수성을 갖춘 민주시민'을 육성하는 것입니다. 학생들이 성숙한 비판 능력과 자립적인 견해를 갖출 수 있도록 논쟁의 장을 열어야 하고, 논쟁되는 사안을 해결하기 위한 합리적 의사소통방식, 비폭력 갈등 해소 방안, 설득과 경청 등에 관한 내용을 다루고 있지만, 아무래도 이를 다루는 교사들의 부담은 클 수밖에 없지요. 교육청은 논쟁수업 중에 어떠한 관점도 허용되도록 교사나 학생들을 보호하려고 노력하고 있습니다. 이와 함께 상호 존중하고 배려하는 학교 문화 조성을 위해 회복적 생활문화교육, 사회정서학습, 다문화 세계시민교육 등을 다방면에 걸쳐 장려하고 있습니다. 이러한 활동의 기반이 세계가 함께 하는 보편적 평화교육이라는 점은 분명합니다.

강 유네스코나 유니세프의 교육 핵심은 평화 문화 실현을 위한 교육입니다. UN이 주도한 SDG4.7에서도 평화와 비폭력문화 확산이라는 가치가 명시되어 있습니다. 그리고 SDG16에 '지속가능발전을 위해 평화롭고 포용적인 사회를 촉진하고, 모든 사람에게 정의에 대해 접근하게 하며, 모든 수준에서 효과적이고 책임감 있고 포용적인 제도를 구축한다'라는 목표가 설정되어 있습니다. 그래서 SDG4.7에 명시된 평화와 비폭력문화 확산을 위한 교육과 SDG16의 평화체제 구축 과제에서 명시한 평화조성 활동이 연동되면 평화교육의 영역이 학교교육을 넘어 시민사회와의 협력 차원으로까지 확대됩니다.

이같이 평화교육이 평생학습 차원에서 지속적으로 이루어지면 이는 평화문화의 사회적 확산으로 이어질 것입니다. 21세기 평화교육의 경향을 보자면, 유엔은 폭력적 극단주의에 대항하는 평화교육을 지속적으로 강조하고, 북미나 유럽에서는 이주의 확대가 낳은 종교문화, 사회·정치적 갈등이 반영된 폭력적 극단주의 예방교육에 집중하는 듯합니다. 국제적으로는 여전히 전쟁 종식이나 핵무기 반대 등의 고전적 주제가 중요한 과제입니다. 반면 우리나라에서는 사회 양극화 및 이념적 갈등이 평화교육 관련 주제로 등장하고, 학교폭력과 관련하여 회복적 생활문화 활동 등이 언급되고 있습니다. 그중 한반도적 특수성을 반영한 것으로서 분단사회의 이념적 갈등에 대처하는 통일교육이 우리나라 평화교육 논의의 주류를 이루고 있다고 할 수 있습니다.

유네스코 헌장에 명시된 "세계 공동체적 윤리를 기반으로 모든 인류는 전쟁과 폭력의 문화가 아닌 평화의 문화를 향유할 권리를 가진다"라는 말은, 생존권이 위협받지 않고 인간답게 살 기본적 권리를 보장받으며 분쟁이 생겼을 때 무력이 아닌 방법으로 해결하면서 평화롭게 살 '평화권'을 말합니다. 이에 근거하여 각종 유네스코 규약을 통해 강조되는 바는, 세계평화를 위해 식민주의나 제국주의적 지배는 부정되며, 자본주의적 착취구조도, 전제적 국가통치도, 가부장적 지배구조도, 정보 독점도, 인권유린도, 자연에 대한 인간의 지배도, 그리고 힘에 의한 평화유지도 일체 정당화될 수 없다는 점입니다. 마찬가지로 평화적 수단에 의한 문제해결이 아닌 어떠한 형태의 테러리즘, 폭력, 차별, 혐오행위 등도 용인되지 않는다는 거죠..

이렇게 볼 때 유네스코가 주도하는 세계적, 소위 보편적 개념으로서 평화란 공생의 힘을 키우기 위한 비폭력적 협치 역량이고 이를 키우는 것이 평화교육이기 때문에, 이러한 방향이 유엔 회원국인 한국의 통일교육에도 적용되어 '평화적 수단에 의해 통일을 이루어 가는 과정으로서 통일교육'으로 자리매김되고 학교에서 균형 있게 다루어야 합니다.

지금, 여기서 시작하는 평화교육

도 평화와 통일이 서로 어울리지 않는 관계 개념이라고 생각하시는 분들이 많은 것 같아요. 하지만 글자대로만 해석하지 말고 곰곰이 뜯어서 해석하면 결국 방향은 같다고 봐요. 지금 저희 교육청에서 주관하는 평화교육은 평화와 통일 두 부분을 포괄하기 때문에, 한국형 평화·통일 교육모형으로도 손색이 없습니다. 한반도에만 특수한, 분단 하에서의 통일교육을 평화교육 원칙 위에서 하자는 겁니다. 많은 시간이 걸리겠지만, 남한과 북한이 하나의 국가로 통일되는 것도 한 방안이고, 양 체제로 공존하며 교류와 협력의 폭을 넓히는 것도 또 하나의 방안이 될 수 있습니다. 또한, 지금처럼 별개의 체제로 적대관계를 유지하겠지만 전쟁만은 피하는 길도 다른 하나의 방안이겠지요. 통일의 길을 예측하기 어렵지만, 어떤 방식을 취하더라도 꼭 지켜야 할 평화교육의 원칙은 '아이들을 위해 절대로 전쟁은 하지 않는다'는 것 아닐까요? 유네스코나 UN의 헌장에서 분명히 하는 평화의 제일 원칙이 갈등이나 분쟁을 전쟁이나 폭력적 방식으로 풀지 않는다는 것 아닙니까?

우리나라는 UN 회원국으로, 이것은 꼭 따라야 할 평화원칙이라고 봅니다. 이를 위한 비판적 학습이 통일교육이고 평화교육입니다. 학교 교육과정에 기반하여 통일 관련된 평화교육적 주제를 만들어 보면 평화교육과 통일교육이 접목되는 지점이 얼마든지 있습니다. '왜 남북은 전쟁을 했나, 전쟁으로 입은 피해는, 전쟁 이후 남북은 왜 적대적 체제로 나아갔나, 그런 체제를 유지할 경우 누구에게 유리하고 누구에게 불리한가' 등과 같이, 통일 관련 주제를 평화교육적 맥락에서 적극적으로 다뤄보게 하면 한반도 평화의 길은 조금 더 가까워 질 수 있습니다.

그런데 모두의 합의 하에 그 길을 가기가 어렵죠. 「학교 민주시민교육 진흥조례」에서 논쟁을 허용한다고는 했어도, 예상치 못한 곳에서 문제 될 수 있습니다. 그래서 교사들로 하여금 보편적 가치의 틀 안에서, 유네스코나 국제합의문서 같은 신뢰할 만한 자료를 찾아 아이들의 이해 수준에서 논쟁수업을 하라고 권고할 뿐입니다.

인천의 지정학적 특성을 살린 평화교육을 실시하기 위해, 저는 코로나 때 강화 교동도에 난정평화교육원 개설 준비를 했습니다. 지역주민들의 적극적 지원에 힘입어 2023년 남북 해상접경지역인 이곳에 '난정평화교육원'을 설립했습니다. 인천교육청을 비롯하여 인천시청, 강화군청, 교동면사무소, 지역민 그리고 교동향우회와 난정초등학교 동창회 등 모든 관련기관과 관계자들과의 지속적인 협의를 거쳤습니다. 왜 폐교된 난정초등학교를 난정평화교육원으로 재건해야 하는지에 대해 수없이 협의하고 합의하는 과정 자체가 평화교육의 길이었습니다. 평화교육은 과정 자체가 평화여야 한다는 것을 입증한 설립 과정이었습니다.

여기서 지역성이 아주 중요합니다. 난정초등학교의 역사 자체가 분단의 굴곡사이고 동창들의 삶 자체가 분단의 현실이 녹아있는 자료입니다. 난정평화교육원이 담은 이들의 이야기가 인천형 평화교육의 시작입니다. 지난 3년간 난정평화교육원이 주력하는 평화교육 프로그램은 '교동도의 역사문화 자원을 이용한 평화생태계 바로 알기'부터 세계시민교육 차원의 평화교육에 이르기까지 보편적 내용과 분단사회의 특수성을 아우르는 포괄적 평화교육입니다. 사실 인천의 특수성에 근거하여 평화교육을 강조할 때 강화도 이야기를 하지 않을 수 없습니다.

강화도는 분단의 상처가 고스란히 새겨져 있는 역사적 유적지입니다. 망향대에 올라가면 북한의 연백 지역이 다 보입니다. 주민들 중에 실향민이 많은데, 이분들은 통일에 대해, 평화에 대해 개인사적인 연고가 이어져 있습니다. 6·25전쟁 후 이념적 대치 국면에서 분단사회의 희생양으로 언제고 정치적 보복을 당할 수 있는 위치이기 때문에, 두려움 속에서 살아갈 수밖에 없습니다. 한국전쟁 때 강화도에서 많은 지역민이 무고하게 이념적 극단주의에 희생되셨습니다.

그런 비극의 현장이 강화도에는 요소요소에 있습니다. 난정평화교육원은 이런 아픔을 안고 살아가시는 분들과 함께 이뤄낸 결실입니다. 평화교육원이 자신들의 삶의 발자취를 품고 다가왔기 때문에, 이제는 주민들께서 난정평화교육원을 우리가 만든 '우리 기관'으로 생각합니다. 그래서 난정리 사람들은 난정평화교육원을 설립해준 것을 인천교육청에 진정으로 고마워합니다. 평화가 동네 주민들을 아우르며 삶의 힘을 자라게 했습니다. 평화를 외면하는 것처럼 비치던 상처 많은 지역에서 말이죠. 2년 전 북아일랜드에 갔을 때 느낀 감정도 비슷했습니다.

아일랜드도 우리처럼 식민지에서 해방되면서 분단된 나라입니다. 분단을 반대하는 주민과 현실을 수용하자는 주민들 사이에 내전이 일어나 많은 사람이 죽었습니다. 전쟁 후 분단이 고착된 상태에서 종교적 갈등이 지역사회 간 반목으로 작용하면서 분쟁은 끊이지 않았고, 매일같이 많은 사람이 죽고 또 다쳤습니다. 아이들도 그만 싸우라며 거리로 나왔습니다. "우리는 평화를 원한다"라며 수만 명이 인간 띠를 잇고 손에 손을 맞잡고 외쳤습니다. 드디어 1998년 평화협정이 맺어졌습니다. 이제는 총을 들고 분단 장벽을 지키는 상황은 아니지만, 여전히 마음의 분단은 남아 있습니다.

이러한 불안정한 분단사회에서 부모들이 내 자식들은 안전하고 평화로운 학교에서 공부할 수 있게 해야겠다고 생각하며 종교적 차이를 뛰어넘어 함께 공부하는 통합학교를 만들기 시작했습니다. 통합학교에서는 종교적·사회적 배경 등이 다른 아이들이 함께 공부하며 서로 친구가 되었습니다. 기존 종파분리주의적 편견을 씻어버리게 되었죠. 그런 통합학교가 지난 40년 동안 70개나 만들어졌어요. 놀라운 일이 벌어진 거죠. 그래서 지금은 종파분리주의 학교도 통합교육 원칙을 지키도록 정부가 권고하고 있습니다. 특히 2022년 '통합교육 지원법'이 만들어져 이제는 학교구성원들이 원하면 종파분리주의 학교를 통합학교로 전환하기 쉬워졌습니다. 그렇게 학부모들이 자녀들을 위한 변혁적 통합교육운동을 하고, 관련법을 만들어 모든 아이가 평화로운 학교생활을 할 수 있게 한다는 점이 대단한 거죠. 이렇게 지역에서, 아이들의 미래를 위해 비폭력적으로 분단의 장벽을 넘도록 하는 교육실천 활동이라는 점이 큰 감동이었습니다. 무엇보다 그것이 학부모들에 의해 이루어졌다는 점이 놀라웠어요.

강 인천시교육청과 UN평화대학 간에 체결한 평화교육 활성화를 위한 MOU는, 한반도적 맥락에서 특수한 통일교육을 보편적 평화교육의 틀 안에서 동시적으로 실천한다는 선언이겠지요. 교육의 일반적 목적이 평화라는 것을 부정할 사람은 없을 겁니다. 평화를 어떤 방식으로 어떻게 구현할지에 따라 평화가 후순으로 밀려날 뿐이라고 생각합니다. 그런 점에서 교육감으로서 인천교육을 관리하면서 평화를 전면에 내세우는 것 자체가 제게는 아주 의미 있어요. 사회적 약자를 배려하며, 모두를 위한 미래를 준비하는 적극적 교육행정이라는 점, 그러면서도 학생 하나하나의 결을 소중히 여겨 각자 능력을 최대한 발달시키는 방향으로 지원하는 교육이라는 점, 학교구성원 모두의 인권이 존중되어야 한다는 점, 더불어 학교에서는 학교구성원들의 시민역량 개발이 중요하다는 점, 사회변동이 상상을 초월할 정도로 빠르기에 그런 변화에 주눅 들지 않고 당당히 대처하도록 사회정서역량을 길러준다는 점, 그러면서 철학함, 즉 사고의 주체로서 자기주도적 삶의 힘이 자라날 수 있도록 적극적 행정지원을 한다는 점 등은 평화를 전면에 내세울 때만 가능한 교육적 전진입니다. 그런 점에서 인천교육청 사례는 저 같은 평화교육 연구자에게는 심층 탐구할 만한 좋은 사례입니다.

역사적으로 고찰하면, 근대 국가 단위 차원의 질서가 위협받을 때마다 등장한 개념이 평화입니다. 이런 점에서 평화가 개인 차원과 국가 차원에서 부딪히죠. 국가 차원의 평화유지를 위해 전쟁 불사가 용인되는 데 반해 개인 차원에서는 평화를 위해 국가 차원의 평화에 때론 저항해야 하기도 하죠. 이러한 양가 모순적 평화 개념으로 인해 개인의 전인적 발달을 도모하기 위해 세워진 학교교육이 국가 차원의 평화유지를 위한 도구로 기능하게 된 점이 딜레마죠. 이런 까닭에 세계평화와 인류의 복리를 위해 창립된 UN은 보편적 평화를 앞세웠지만, 회원국 정부가 추상적 수준에서는 평화를 언급하여도 실효적 가치로서 평화는 적극적으로 교육하지 않는 겁니다. 한 예로 제2차 세계대전 중 애국교육이 평화교육과 충돌하자 영국의 버틀란트 러셀은 전쟁을 찬양하는 학교교육을 거부하고 자녀를 자신이 만든 학교에서 따로 교육합니다. 그럼에도 국가시민을 양성하기 위해 제도화된 학교교육이 전면적으로 발달하면서, 교육을 통한 평화 실현이 국제기구의 주요 의제가 되었고 시민사회 역시 평화는 인류가 지향해야 할 보편적 가치로 동의하면서, 평화는 인류의 지고지선(至高至善)이 되었습니다.

한편, 한반도의 식민지적 지배가 종식되고 민족이 분단된 채 내전까지 치른 후 더욱 고착된 분단 갈등은 가족사의 비극만이 아닌 문화적·이념적 이질성을 심화시켜 오랫동안 남한 사회에서 평화 개념은 정치화되어왔습니다. 남북 대치 국면에서 권위주의 정부가 주도하는 국가이념으로 선언된 평화는 국가권력에 복종하고 한국적 특수성을 담은 보편적 인권이 제한된 보수적 이념의 표상이었습니다. 그러나 남한 사회의 정치적, 사회·경제적 민주화의 결과, UN 회원국으로서 국제사회가 지향하는 방향을 조율하는 과정에서, 그간 양극화되었던 평화는 보편적 기준으로 수렴해 가면서 평화와 평화교육의 이념적 성격은 상당히 탈색되었습니다.

그럼에도 한국의 학교평화교육이 통일교육과 학교폭력예방교육으로 제한되어 있어 일반교과와의 접목도 어렵고, 과도한 입시교육으로 인해 비교과적 방법으로 접근하기도 어려운 실정이라, 학교교육을 통해 비폭력적 방법으로 평화의 문화를 구현한다는 국제사회의 요구를 충족시키기에는 한계가 있습니다. 국제사회가 다 함께 모여 합의한 '헤이그 평화 어필(Hague Appeal for Peace)'에서 제안된 제1항이 평화교육의 의무화입니다. 정부의 공식 정책으로 평화교육을 의무적으로 실행하라는 의미입니다. 사실 이 부분은 양날의 칼이죠. 의무화는 모두에게 같은 내용을 효과적으로 실시한다는 면에서 제일 효율적인 평화교육 정책으로 비치기도 하지만, 정부에 의해 강요되는 평화교육은 대체로 자율성을 억제하는 현상유지적 교육개념이어서 의무화된 평화교육이 어떠한 정치적 수사로 변질될지 모릅니다.

유네스코가 제시하는 평화교육은 홀리스틱해야 합니다. 전 교육과정이 변혁적이어야 하고, 학습자 참여적이어야 하고, 주입적 성격을 띠어서는 안 된다는 원칙입니다. 바로 이런 부분이 지속가능한 평화를 영속화하기(lasting peace) 위해 교육자들을 위한 사전연수나 현장연수를 통해 일관성 있게 다뤄져야 합니다. 그런데 학교 교사들의 경우 교과 전문성을 기반으로 교사교육을 받다 보니 내용전달 위주의 주입식 교수법에 익숙하고 그것이 효율적이라고 믿지요. 반면 시민사회는 상대적으로 내용 선정에는 자유로우나 교수법에 대한 훈련이 체계적으로 덜 준비되어 있습니다. 그래서 평화교육 기관들 간에 지속적이고 긴밀한 협력체계를 만들어 이른바 보편성과 특수성을 조화시키는 인천형 평화교수법을 평생교육 차원에서 발전시켜야 할 시점에 이르렀습니다.

인천형 평화교육을 세우자

도 인천교육청은 '난정평화교육원'을 설립하고 지역주민들의 협조를 얻어 모든 수준의 학생과 시민들을 대상으로 다양하게 평화교육을 하고 있습니다. 참여한 학생뿐만 아니라 시민들도 만족도가 높습니다. 평화교육 교사연수도 교과별, 학교단위별, 활동단위별로 진행하고 있습니다. 지난 3년간 난정평화교육원의 인지도는 전국적으로 상당히 높아졌고, 이제는 평화교육 전문기관으로 자리 잡아가는 것 같습니다. 이 단계에서 평화교육 프로그램에 대한 엄밀한 성과분석 연구가 이루어져야 할 것입니다. 그래야 긍정적 성과와 문제점 및 보완해야 할 점 등을 발견하여 개선함으로써 인천형 평화교육이 학교교육에 제대로 안착하여 평화의 문화가 학교 문화로 자리 잡을 수 있겠지요.

대부분의 교사들은 자기 교과를 중심으로 교과서 관련 내용을 전달하는 교수 활동에 익숙해져 있습니다. 그러다 보니 외부에서 오는 평화교육 활동가들이 교과와 무관하게 진행하는 평화교육을 불안하게 생각하는 경향이 있어서 간혹 갈등이 일어난다고 합니다. 이런 갈등은 당사자 간 대화와 이해로 충분히 풀 수 있습니다. 섣불리 개입할 문제는 아닙니다. 당사자 간 대화를 통한 갈등 조정 자체가 평화교육의 한 과정입니다. 그 결과 교사와 외부 평화교육 활동가 사이에 보다 깊은 이해가 싹터 한 단계 성장하면, 그 자체가 학생들에게 유익한 평화교육이 될 겁니다.

UN은 개인의 안전과 안녕을 최우선적으로 보장하기 위해 군사적 안보 차원의 평화유지뿐만 아니라, 인간안보 유지를 위한 평화교육 활동도 강조했습니다. 유네스코가 평화교육 전반을 관리하지만, 평화활동 전문가 양성을 위해 UN 평화대학을 코스타리카 산호세에 설립하도록 1980년에 승인했습니다. 분단된 한반도의 적대적 대치상황에서 군사안보 차원의 UN군 주둔뿐만 아니라 UN이 지향하는 평화가치를 일상적으로 교육하는 것은, 아이들의 미래를 위해 꼭 필요합니다. 그래서 유엔평화대학과 인천교육청은 2025년 4월 평화교육 활성화를 위한 양해각서(MOU)를 체결했습니다. UN 평화대학의 비전이 분단극복을 위한 한반도 평화교육의 특수성에 결합된다는 의미는 인천 평화교육이 세계시민으로서 한반도 평화지킴이를 양성한다는 의미입니다. 우리 기준을 넘어서 세계의 보편적 기준과 일치되는 평화를 향해 아이들의 미래를 열고자 합니다. 양 기관의 공동노력이 진전될 수 있도록 평화교육학계에서도 많은 관심을 가져주기 바랍니다.

난정평화교육원의 역할은 두 기관의 평화교육 프로그램을 이어 세계를 인천으로, 인천을 세계로 나아가게 만드는 겁니다. 그동안 난정평화교육원이 이룩한 성과 중 주목할 부분은, 교동도에 거주하는 지역 실향민들의 이야기를 듣고 그들의 고통과 희망에 공감하는 스토리텔링 평화교수법입니다. 주민들 입장에서는 그동안 누구에게도 말하지 못했던 개인사가 평화교육의 소재로 다뤄진다는 점 자체가 엄청난 변화죠. 실향민으로서 자신이 겪은 역사적 트라우마가 분단을 넘어 평화를 향한 의미로 우리 공동체에 다가오게 된 거죠. 분단의 역사에서 자기 이야기를 꺼내지도 못하고 평생을 지냈는데, 이제는 그게 국가에 의해 생긴 역사적인 피해니까 내 개인의 잘못이 아니라며 훌훌 털어버릴 수 있게 된 겁니다. 이때 자기를 드러내는 난정 주민의 이야기에 이제까지 그런 사실을 전혀 몰랐던 학생과 시민이 깊이 몰두합니다. 이러한 경청을 통해 역사적 피해에 공감하고 평화로운 미래를 위한 동행이 가능해지면서 평화적 관계가 만들어지는 거죠.

난정은 그렇게 대화의 공간이 됩니다. 그러면서 대화 주제가 전쟁으로 이어지죠. 한국전쟁을 넘어 러시아-우크라이나 전쟁이나 이스라엘 전쟁도 말합니다. 또한, 우리가 가보지 못한 북한에도 사람이 살고 있다는 것을 인지하게 됩니다. 황석영 씨가 그런 소설을 썼죠. 사람이 살고 있었네. 생각이 다르고, 추구하는 게 다르고, 그 속에서 형성된 문화가 다른 곳에서 따로따로 살고 있을 뿐, 결과적으로 거기도 사람으로서 살고 있다고 인정하게 됩니다.

이런 다름을 같이 느끼는 것이 공존의 가장 중요한 부분입니다. 평화와 공존이라는 두 개념을 가지고 통일교육을 한다면 이는 보편적 평화교육과 같아요. 보편성과 우리의 특수성이 결합된 이러한 평화교육의 틀에서 난정평화교육원은 개인의 평화, 관계적 평화,

정의로서의 평화, 환경평화(에코피스), 인권과 평화, 이주 시대의 평화, 학교갈등과 평화 등을 포괄적으로 다루고 있습니다.

강 학교가 평화롭고 안전하고 유익할 활동을 기대하는 재미있는 공간이어야 하는데, 일단 요즘엔 교사나 아이들 모두 힘들어하는 것 같습니다. 특히 교사들의 피로도가 심한 듯해요. 학교 안팎에서 일어나는 사건·사고에서 평화의 원칙을 지킨다는 것이 무엇을 의미하는지, 무슨 문제가 있는지, 소통에 문제는 없는지 등을 엄밀하게 다뤄야 할 겁니다.

일반적으로 평화교육 원칙의 첫 번째는 배우려는 자세입니다. 서로로부터 배우는 거지요. 서로에게 귀 기울이는 거지요. 경청입니다. 이것이 실은 참 어려워요. 일단 가해-피해 구도가 만들어지면 두 사람 사이에 신뢰가 깨져 서로 들으려고 하질 않아요. 그러다 보면 외부 개입이 불가피해지고, 사건의 진실은 저리 가고 이게 산으로 가는지 바다로 가는지도 가리기 어려운 상태로까지 나아가지요. 외국에서는 아이들이 제일 좋아하는 교과목이 체육입니다. 신체활동이 아주 중요해요. 그런데 입시에서 비중이 거의 없기 때문에 학교에서 신체활동을 제한시켜 달라는 게 학부모들의 요구입니다. 그럼에도 선생님이 아이들의 종합적인 발달을 위해 신체활동을 시키다 아이들이 피곤해하거나 뭔가 문제가 생기면 이게 '사건'으로 비화합니다. 인권침해라고 난리입니다.

국가가 권장하는 표준교과활동은 아주 중요하기 때문에 모든 교과배정을 균형 있게 해야 하는데 학습 자율권이 중시되어야 한다면서 교과선택권을 강조하는 시민활동가들이 많아요. 학교에서 핸드폰 사용도 마찬가지입니다. 공과 사에 대한 구분 없이 무조건 사적 자유가 강조됩니다. 평화기반의 인권교육 혹은 인권기반의 평화교육에서는 권리와 책임의 균형적 조화를 강조합니다만, 이것은 공동체의 합의 없이는 시행하기 어렵습니다. 이때 신뢰할 만한, 책임 있는 어른이 중재 역할을 하면 좋지요. 외국에서는 일반적으로 교장들이 그런 역할을 맡습니다. 그래서 미국에서는 학교경영자나 공직에 나가려는 사람에게 중요하게 요구하는 자질이 갈등 해결 능력이나 균형 감각 즉 평화 감수성입니다.

도 문제가 생기면 상충된 요구가 여기저기서 쏟아져 합의하기 어려울 때가 많아요. 이때는 원칙을 밀고 나가는 수밖에요. 사실 운동에 열심인 일부 학생 외에는 아이들이 잘 안 움직이려고 합니다. 그래서 인천교육청에서는 1.1.1.(1학교 1학생 1스포츠) 스포츠 프로젝트를 운영하여, 모든 아이들이 자기가 좋아하는 스포츠를 한 가지 하도록 권장합니다. 특히 국가대표선수들과 협력하여 학교에서 아이들이 좋아하는 운동을 하도록 유도하고 있습니다. 학교는 엘리트 스포츠교육뿐만 아니라 사회체육 여건을 조성하여 모두의 건강권을 지켜주어야 합니다. 그래야 전인적인 발달을 이뤄갈 수 있지요.

전체적으로 학교폭력이 줄고는 있지만 일단 발생하면 학교 분위기가 크게 위축되기 때문에 학교에 건강하고 정의로운 관계 복원을 지향하는 회복적 생활문화를 조성하는 것이 중요합니다. 이를 위한 교육이 시민사회단체와 협력하여 체계적으로 이루어지고 있습니다. 학교폭력 예방교육 단계에서 사후처리 단계에 이르기까지 어떻게 하면 교육적 치유와 회복을 할 수 있는지, 사례를 중심으로 연구해서 개발된 정책을 시행하고 있습니다. 이때 적용 결과를 공유하고 개별학교 차원에서 맞춤형 방안을 스스로 찾는 노력이 필요합니다. 학폭 관련해서는 사후 수습보다 사전예방에 주력하는 일이 무엇보다 중요해요.

학교를 둘러싼 분위기가 그리 평화적이지도 교육적이지도 않아 보이는 사건이 발생하고 있습니다. 그동안 안전한 학교, 안전한 사회를 만들기 위해 세월호 사건 이후 온 국민이 각성하고 노력했는데도, 11년이 지난 지금도 과연 안전한 사회, 안전한 학교에서 선생님들과 직원 그리고 학생들이 하고 싶은 교육을 안전하게 하고 있는지 자문하면 안타까울 뿐입니다.

교육청에서 보면, 유치원과 초등학교에서는 아동학대가, 중학교는 학교폭력이, 그리고 고등학교로 가면 교권 침해 관련 사건이 주로 접수됩니다. 이와 관련한 설문 조사 결과에 따르면, 원인 중 제일 높은 것이 '벌이 약해서'라고 합니다. 두 번째가 가정교육 부재를 말합니다. 그렇다면 '벌을 강화하면 학폭 사건이 줄어들 것인가'에 대해서는 회의적인 시각이 많아요. 그래서 인천교육청에서는 달리 접근합니다. 벌을 주기 위한 상황분석을 철저히 하는 것도 필요하지만, 근본적인 것은 갈등 당사자의 관계 회복이기 때문에 시간이 걸리더라도 회복적 정의를 실현하는 교육을 강조합니다. 그럼에도 벌칙을 강화하는 방향이 일반적 대책입니다. 가정교육 부재 역시 학교에서는 해결하기 어려운 문제입니다.

저는 학교가 희망 만들기를 해야 한다고 봅니다. 그래야 내면의 평화를 이룰 수 있어요. 사실 모든 문제가 자기 자신의 내적 문제이면서 크게는 세상과의 불화입니다. 내 마음대로 잘 안되는 게 현실입니다. 세상이 내 마음대로 안 되니까 분노가 생기고, 혐오가 생기고, 무조건 이겨야겠다는 승부수가 생기면서 자신을 자꾸 불행한 존재로 몰아가게 됩니다. 나와 세상과의 불화가 어느 정도냐에 따라 강도(强度)가 다를 뿐이죠. 이럴 때 자기를 남과 비교하면서 처지를 비관하면 불행에서 헤어 나오지 못합니다.

여기서 교육이 환경에 변화를 주어 희망을 갖고 불행을 관조할 수 있게 해줘야 합니다. 이게 교육의 의미이고, 우리 교육자들이 지지하는 '성선설'의 기본 전제이죠. 우리가 악하게 태어나서 악하게 죽는다고 하면 고칠 게 없어요. 선한 존재이기에 우리가 선하게 나아갈 수 있다는 희망이 있기 때문에 교육을 하는 거지요. 세상과의 불화를 풀기 위해 우리가 세상과 타협할 수도 있고, 세상에 바라는 바가 있을 수도 있고, 또 세상에 의해 내가 시련을 받을 수 있다고 열어놓는 거죠. 이것이 중요합니다. 이것은 인간으로서 모두에게나 아주 자연스러운 현상입니다. 이게 나에 의해서만 이루어지는 것도 아니고, 타인에 의해서만 이루어지는 것도 아니고, 세상 속 그 누군가에게 나타날 수 있는 것이기 때문에, 모든 것은 자기 스스로의 노력으로 극복하는 역량을 갖춰야 하는 거죠. 이렇게 자기 삶의 힘을 키워가는 과정으로서 교육이 중요합니다. 이게 갈등조정 평화교육이겠죠.

미디어 리터러시와 시민 참여로 평화를

강 2025년 7월 교토에서 인권교육 전문가 마리코 아쿠자와 교수를 만났는데, 최근 한국의 민주화 과정을 보면서 어떤 나라도 할 수 없는 길을 열었다며 축하한다고 하더군요. 영국 린 데이비스(Lynn Davies) 교수도, 아일랜드의 캐더린 린치 교수도 한국의 놀라운 회복탄력성에 감탄한다고 해요. 세계가 잘못된 길을 가도 어느 한 나라에서만이라도 정상적인 민주주의가 작동하고 있음을 보여주는 것이 가장 좋은 평화교육 교과서입니다.

그런 점에서 학교에서의 평화, 인권, 민주주의 교육은 2024년 12월 3일 사건을 전후하여 근본적으로 달라져야 합니다. 12·3 계엄 후 두 번째 탄핵 결의를 하는 날, 12월 14일이죠, 국회 앞 광장 시위현장에 가서 보니 젊은 청년, 학생들이 많이 나와 있더라고요. 이들이 수능시험을 마친 고3 학생일 거라고 짐작하고 몇 학년인지 물어보니 중3이랍니다. 이들은 응원봉을 들고 소녀시대의 〈다시 만난 세계〉를 같이 부르며 자신들의 정치적 의사를 표현하고 있었습니다. 이 친구들이 우리 미래를 책임질 적극적 시민이지요. 이들의 교육의 장은 학교가 아닙니다. 잘못될 것 같던 사회가, 이에 저항하러 뛰쳐나온 사람들의 거리가 그들의 시민교육 현장이었습니다. 자유스러운 논쟁문화를 두려움 없이 즐길 수 있게 해야 비판적인 적극적 시민이 될 것이며, 이들이 민주주의를 책임지고 사수하는 역사적 주역으로 성장할 것입니다.

언어라는 것은 문화의 가장 즉각적이고 구체적인 표현 중 하나입니다. 계엄 반대 시위에서 토로된 언어는 누구도 말릴 수 없는 그들 존재의 표상입니다. 그런데 정파적 입장이 다른 극우 유투버들이 온갖 선입견을 섞은 부정적 여론몰이로 "순수한 어린이들이 정치적으로 이용당한다"라며 비판했습니다. 그 과정에서 교사들도 엄청 힘들었습니다. 이럴 때일수록 평화교육은 진위를 가리는 비판적 사고력을 함양시켜야 하는데, 미디어가 문제일 때가 많습니다.

오늘날 미디어 환경은 일방적인 국가통제 시대의 언론과는 차원이 다릅니다. 기사 작성의 통제를 거의 받지 않는 '묻지마 유투버'들이 세대를 초월하여 사람들의 의식에 영향을 미칩니다. 코로나 19 이후 거짓 정보가 전염병처럼 퍼져나가는 인포데믹(특정 문제에 대한 부정확한 정보가 빠르고 광범위하게 확산되는 것) 문제가 중요한 해결과제 1위로 떠올랐습니다. 평화문화를 신장하기 위해 비판적 미디어 리터러시를 통해 적대적인 폭력적 문화로부터 아이들을, 교사들을, 학부모들을, 지역 시민들을 안전하게 지켜 갈 수 있도록 순화된 교육환경을 만드는 것이 절실합니다. 아무리 상업적 미디어들이 자극적인 기사를 쏟아내며 혼란을 조장하고, 특히 학교공동체 내에서의 권리충돌을 과대보도하는 경향이 있다 하더라도, 비판적 미디어 리터러시로 정보의 진위를 가려내는 역량을 기르면 우리 미래는, 우리 민주주의는 그리 위태롭지 않습니다.

김대중 대통령은 『망명일기』에서 "우리는 세계에서 제일 강한 나라가 될 수는 없다. 그러나 세계 제일 훌륭한 나라는 만들 수 있다."라고 했는데, 우리가 평화, 인권, 민주주의 교육을 통해 이룩하려는 것은 그런 훌륭한 나라의 시민으로 인류애적 정신을 놓지 않고 연대하며 국내외 안팎의 사회문제를 해결하려고 노력하는 적극적 시민으로 양성하는 거죠.

도 우리나라 유투버 시청률이 세계 1위랍니다. 이제 고전적 미디어 리터러시로는 변화된 미디어 환경을 따라갈 수 없어요. 속도감 있는 미디어 리터러시가 절실합니다. 정부도 이에 대한 정책을 세우고 유네스코를 비롯한 국제기구도 미래교육에서 이 부분을 매우 강조하고 있어요. 인천교육청도 미디어 리터러시 강화 방안을 적극적으로 마련하고 있습니다.

미디어 리터러시란 언론이 전달하는 보도를 가려 읽을 줄 아는 역량을 키우는 비판적 문해교육이죠. 이를 통해 세계에 대한 비판과 성찰이 가능해지기 때문에 각종 매체, 예를 들어 신문, TV, SNS 등으로 흘러넘치는 정보를 이해, 분석, 통합하여 자기 행동의 근거로 삼는 미디어 문해교육이 현대인에게 꼭 필요합니다. 사람들은 대개 자기가 선호하는 기사를 그대로 믿고 그것에 따라 행동하는 경우가 있는데, 그럴 경우 사회문제를 야기할 수도 있습니다. 물론 몇몇 정론지의 비판적 역할이 있었기에 집단적 시대정신을 세워 우리나라를 이렇게 반듯하게 민주국가로 세운 면이 있음을 잊어서는 안 됩니다. 이런 점 때문에 김구 선생도 '문화의 힘을 갖춘 아름다운 우리나라'를 강조했지 않습니까?

2000년대 초만 해도 국어과에서 많이 했던 미디어 리터러시가 NIE(Newspapers in Education)였어요. 입장과 관점이 다른 두 신문을 비교하면서 자기 입장을 정리하던 기억이 납니다. 학생들이 두 신문을 비교하면서 자기 관점을 나름 조리 있게 잘 정리하는 것을 보고 신문 활용 교육의 장점을 찾곤 했습니다. 지금은 SNS를 통해 유튜버 기자로서 자기 기사를 작성하고 전달하는 것까지 한다고 하더라고요. 그래서 지금은 비판적 시민 독자로 성장할 수 있는 미디어 정보 이해 및 분석 교육에 대한 체계적 접근이 모든 교육 단계와 수준에서 꼭 필요합니다.

모든 교육은 사회적 실천을 위한 역사적 행적에 기반해야 합니다. 역사적 산물의 단순 이식이 아니라 시대 상황에 맞게 재창조되어야 합니다. 인천은 5·3민주항쟁을 겪으면서 민주화 여정이 한 단계 전진했다고 평가받습니다. 인천의 5·3민주항쟁 정신은 길게는 제주 4·3평화인권사상과도 연계되는 한국 민주주의의 자양분이 될 수 있습니다. 그래서 제주와 인천지역 학생들이 4·3과 5·3 유적지를 오가며 지역에서 생성된 역사적 시민의식을 비판적으로 비교·분석하면서 미래를 통찰해보고 있습니다. 그럼으로써 지역의 한계를 넘어 평화, 인권, 민주주의라는 보편 가치를 지향하는 확대된 공동체를 구상하는 적극적 시민으로 성장하리라 기대합니다.

인천뿐만 아니라 한국 전 지역의 현대사가 평화교육의 현장입니다. 큰 사건이든 작은 사건이든 민주주의를 위해 투쟁하지 않았던 지역은 거의 없습니다. 조선조 이래 식민지도 겪고, 분단도 겪고, 전쟁도 겪고, 정치적 혼란도 겪으면서 우리가 진정으로 원하는 것은 평화롭고 정의로운 민주주의라는 것을 대다수 국민이 분명히 표명했다고 봅니다. 그럼에도 민주주의가 함의하는 방향이 서로 다르긴 하지요. 이것이 사회적 갈등의 요인이 될 수 있다고 생각합니다.

역사에서 용어 정의 문제는 학교교육에서도 중요한 의제입니다. 그런 점에서 교육은 정치적 중립성을 지향하지만, 갈등하는 역사적 현장에서는 정치적 관점이 있을 수밖에 없습니다. 역사를 바르게 인식하고 함께 행동하게 하는 교육이 필요하고, 그렇게 해야 자기가 가야 할 길을 제대로 찾는 진짜 교육이 되는 겁니다.

2019년 코로나 사태가 폭발하기 전에 호주 한인 주말학교를 방문했어요. 지역초등학교를 주말에 빌려 한국어 교육을 하는데, 3천 명 정도가 온다니 정말 대단하다고 생각했습니다. 거기 오신 분들이 다들 한목소리로 말하더군요. "한국이 너무 자랑스럽다. 촛불로 정권을 교체한다는 것은 어느 나라도 생각할 수 없다. 총이 아니라 촛불로. 그래서 호주 한인사회도 우리나라 민주주의에 대한 자부심이 대단히 크다." 그렇게 해서 쟁취한 민주주의를 제대로 지키기 위해, 이번에도 시민들이 한밤중에 바로 국회 앞으로 뛰어나와 장갑차를 막아서고 군인들을 설득하며 계엄을 막아냈습니다. 우리 시민들의 민주주의 역량이 이번에도 한국 민주주의를 되살린 겁니다.

이렇게 시민들이 계엄을 막고 탄핵으로까지 정치적 역량을 결집시키는 과정을 보면서, 결국 '역사는 기억이다. 계엄이 성공했다면 우린 또다시 험악한 세월을 보낼 수밖에 없다는 것을 기억하고 있다. 한국전쟁을 겪은 사람들이 끔찍한 전쟁의 트라우마를 떨칠 수 없는 것처럼 민주주의를 짓밟은 자들의 탄압을 겪은 사람들은 계엄에 뒤따르는 후과(後果)가 어떤 것인지 명확하게 알고 있기 때문이다'라는 진실을 깨닫게 되었습니다. 그러니까 장갑차 앞으로 뛰어가지 않았을까요? 그런 기억들이 살아있으니까 시민들이 행동한 거죠.

우리나라의 민주주의는 학교에서보다는 거리에서 배운 거예요. 일제강점기 때도 거리에서 배운 교훈이 축적돼서 지금까지 온 거고, 지금도 하나하나 축적되어 전승될 겁니다. 이런 실제적인 평화, 인권, 민주주의 교육이 학교 교육과정에 직접 연동되지는 않아도 크게 영향을 주죠. 그렇게 만들어진 사회의 민주화 덕분에 학생 자치도 민주적으로 나아갈 수 있게 된 겁니다. 이런 것이 우리가 실천하려는 교학상장의 의미일 겁니다.

저는 인천에 7개 민주 로드를 만들었습니다. 시민과 학생들이 그 역사적 현장을 걸으며 그 속에 담긴 역사적 교훈을 찾아내고 기억하는 것이 지역 현장에서 실천하는 평화교육이라고 생각합니다. 이것이 지역 특화된 인천형 민주주의를 더 확장할 수 있는 평화·인권·민주주의 교육이라고 봅니다. 이번 계엄을 몸으로 잘 막은 아이들과 젊은이들에게 어른들은 감사해야 합니다. 이런 아이들이 너무나 소중합니다. 이들의 당당함과 비판적인 사고력이 깨지지 않고 유연하면서도 당차게 이어지도록 잘 교육해야죠. 이것이 우리나라 비폭력 평화 교육의 보편적 목표라고 생각합니다.

SDG 4 포용성과 공평성의 원칙 위에서 평화교육을

강 다시 SDG로 돌아가서 포괄적인 교육혁신의 방향을 정리해보지요. SDG 4의 전체 방향은 '모두를 위한 포용적이고 공평한 양질의 교육 보장과 평생학습 기회 증진'입니다. 모두를 위한 교육, 포용교육, 공평한 교육, 양질의 교육, 평생학습기회 증진 등은 한국 교육 문제를 응축한 해결 방향입니다. 공평하고 포용적인 양질의 교육이라는 점에서 우리 교육이 사회적 약자층에게는 여전히 부족하죠. 무엇보다 사교육에 의한 계층별 교육격차가 심각합니다. 아동권리를 침해하는 과외학습이 교육격차를 낳고, 이러한 교육격차는 대학 진학 기회에 차별적 요인으로 작용하며, 이것이 결국 취업에 영향을 미치기 때문에, 사회적 취약계층 청소년들의 사회적 포용기회가 학교에서부터 막히는 현실입니다.

우리나라뿐 아니라 아프리카나 아시아 같은 저개발국가에서도 사교육에 의한 교육불평등 문제가 심각하여 보다 포용적이고 공평한 교육권 확보를 공적으로 보장해야 한다는 '아비쟌 원칙(Abidjan Principle)'이 2019년에 선언되었습니다. 아비쟌 원칙에서는 민간 부문이 관할하는 사교육 부문도 UN 교육권의 원칙을 지켜야 합니다. 현재 지자체별로 이에 대한 다양한 개선책을 내놓고 있지만, 사회경제적 불평등이 야기하는 구조적 문제여서 학교교육 개선책만으로는 한계가 있습니다. 그럼에도 평화권, 교육권, 행복추구권 등 학생들이 기본적으로 누려야 할 인간적 권리가 보장되어야 한다는 관점에서 의미 있는 노력을 하는 지자체들이 많습니다. SDG 4의 '모두를 위한 포용적이고 공평한 양질의 교육 보장과 평생학습 기회 증진'이라는 글로벌 목표는 지구촌의 경제적 양극화에 대처하기 위한 교육적 방안일 뿐만 아니라 평화가 위협받는 한반도의 시대 상황에도 적합한 국가적 교육목표라고 생각합니다.

도 어느 사회든 불평등은 있지요. 불평등에 어떻게 접근하느냐가 그 사회가 공정하고 평화로운지 아닌지를 좌우합니다. 인천교육청은 사회적 불평등이 모두를 위한 교육권을 저해하지 않도록 모든 관련 단체와 긴밀하게 협의하면서, 아이들이 최선의 이익을 얻을 수 있도록 최선을 다하고 있습니다. 학교폭력 같은 사안에 대해서는 경찰청과 긴밀하게 협조하고 있고, 교육복지 관련해서는 인천시청이나 지역단체들과 늘 소통하고 있습니다. 이주배경 학생들이 법적 어려움을 당하면 법원이나 이민청 등과도 함께 문제를 해결하려고 노력합니다. 사회적 취약층 학생들을 위한 정책적 배려에 소홀함이 없도록 최선을 다하는데도 간혹 어려운 일들이 일어나서 곤혹스럽습니다만, 그 경우 가장 우선적으로 문제가 해결되도록 행정적 지원을 하고 있습니다.

모든 교육행정의 제1원칙은 '우리는 학생들을 대하는 모두를 위한 교육기관'이라는 점입니다. 학생들을 독립적 인격체로 대하고 모두가 함께 참여하는 더불어 학교가 되도록 노력해야 합니다. 이런 점에서 통합교육원칙은 아주 중요합니다. 때로는 통합교육 과정에서 차별이 자행되기 때문에 차라리 분리교육을 원한다고 하시는 분들도 있지만, 저는 생각이 다릅니다. 학창시절이 끝난 뒤 모두가 더불어 사는 사회에서 그런 분리교육을 받은 아이들이 어떻게 살아갈까요. 여럿이 함께 있으면서 차별이 생길 경우 다함께 노력해서 극복해야지, 그것이 어렵다고 사회적 약자들만 따로 모아 생활하게 하는 분리교육 학교에서 이들을 안고 있으면 안 됩니다. 통합교육 학교에서 차별이 생기지 않도록 모두가 참여해서 제도와 문화를 개선해 가는 노력이 필요합니다.

대안교육도 그런 뜻과 이상을 지닌 모든 학생이 갈 수 있어야 합니다. 국제교류는 영어를 잘하는 아이들만 가는 것이 아닙니다. 국제교류의 목적에 동의하는 모든 학생은 같이 갈 수 있습니다. 누구나 국제교류를 통해 더 넓은 세상과 만날 수 있어야 합니다. 특수교육도 특수한 요구를 지닌 학생들만 교육하는 것이 아닙니다. 전체를 위한 보편적 교육의 일환으로 바라보아야 합니다. 신체적·정신적 발달의 어려움을 겪는 학생들이 그렇지 않은 친구들과 더불어 살아갈 기회와 능력을 기르는 것은 장애가 있건 없건 상관없이 모든 아이들에게 중요합니다. 장애 학생의 권리교육과 역량강화교육은 정말 중요합니다. 또한 그들이 비장애 학생들로부터 차별받지 않고 학교생활을 잘할 수 있도록 함께 생활하는 비장애 학생들의 장애 이해교육이 병행되어야 합니다. 이것이 특수교육의 일반 목적입니다.

더불어 사는 삶이 있는 학교가 되어야 그 안에서 자기를 온전히 실현할 수 있습니다. 내 권리만 중요하다고 생각하면 그 권리를 빼앗기지 않기 위해 모든 경쟁에서 이겨야만 살아남는다고 믿게 되죠. 그래서 힘든 겁니다. 이러한 자기중심적 인식과 자세를 바꾸도록 모두를 위한 포용적 평화·인권·민주주의 교육이 모든 학생시민에게 꼭 필요합니다. 이를 위해 학교구성원 모두의 인식 개선이 필요합니다.

인식 개선에서 중요한 것은, 모든 학생이 함께 살아가야 할 이웃의 존재로 상호수용해야 하는 점입니다. 분명한 것은, 차이는 우리와 문화적으로나 신체적으로 다른 것이지 우리는 맞고 그들은 틀린 게 아니라는 점입니다. 이렇게 진일보한 사회적 성숙이 모두를 한층 더 성장시킬 것이라고 확신합니다. 그래서 교육공동체 안에서 차별적 인식을 개선하기 위해 '장애 인식 개선 지수'를 만들어 올해부터 적용하고 있습니다. '청소년헌장'에 따라 모든 청소년은 '출신·성별·종교·학력·연령·지역 등의 차이와 신체적·정신적 장애' 등을 이유로 차별받지 않을 권리가 있기에, 객관적이고 엄격한 차별 금지 기준을 만들어 학교에서는 어떠한 차별의 벽도 허용하지 않도록 할 것입니다.

우리 교육청은 2024년 5월 '어린이 해방선언 100주년'을 맞이하여 방정환 선생의 뜻을 이어 '안전, 포용, 자유, 미래, 공존'을 향한 '어린이·청소년 평화인권 5대 선언'을 발표했습니다. 식민지하 극심한 어려움 속에서 주창된 어린이·청소년 존중사상은, 해방 후 면면히 이어 내려와 오늘날 인천형 세계시민교육의 목표에 접목되었습니다. 이는 "전 지구적으로 사고하고, 지역적으로 행동하고 실천하자"라는 세계시민성의 토대로 다양성, 개방성, 포용성을 함양하는 인천교육에, 핵심적 평화인권 교육이념으로 자리 잡고 있습니다.

인간-자연-AI가 공존하는 지금, 세상을 돌파하는 미래교육이 왜 필요한가?

모든 교육은 미래를 준비하는 교육이다

강 교육이란 미래를 준비시키기 위한 것이죠. 인류의 문화유산 전수를 중시하는 전통적 교육에서도 과거로부터 축적된 지식을 배우는 것은 미래를 위한 학습이라고 합니다. 동서양을 막론하고 읽고 쓰고 셈하기(3Rs)라는 기본교과, 동양의 경전이나 서양의 자유 7교과(문법과 수사학, 변증법으로 구성된 3학과 산술, 기하, 점성술, 음악으로 구성된 4과)는 인류의 오랜 역사에서 핵심적으로 다뤄진 교육의 공통 요소였습니다. 이것은 특히 자유로운 인간이 살아가는 데 필요한 지적 근거로 여겨졌기 때문에 지금까지도 대부분 교육기관에서 핵심교과로 가르치고 있습니다. 이 같은 불변의 진리 교과는 시대에 맞게 조정되면서 인류의 공통적 문화유산을 온전하게 유지하는 데 기여했다고 볼 수 있습니다.

근대 이후 인류는 급격한 산업발달을 경험하게 되고, 그 과정에서 집단적 학교교육이 모든 나라에서 비약적으로 발전합니다. 특히 산업발달로 수요가 늘어난 노동력을 안전하게 지속적으로 공급받기 위해 산업계는 국가에 학교교육을 통한 노동력 육성을 의뢰하게 됩니다. 그럼에도 학교교육은 산업계의 요구만 수용할 뿐 아니라 아동의 단계별 발달을 책임지는 사회적 역할을 맡아 이른바 사회경제적 수요를 만족시키는 도덕적 인간 양성이 학교교육의 주목적이 되지요. 여기서 자아실현은 학교교육의 최우선적 목적이 됩니다.

사회화도 학교교육의 중요한 목적입니다. 그러면서 사회변화에 대비하는 것이 학교교육의 중요한 목적이기 때문에, 학교교육은 사회적 통합과 안정 그리고 사회변화의 견인이라는 이중적 필요에 맞춰 미래세대를 교육해야 하는 겁니다. 사회는 늘 움직입니다. 국가는 이러한 사회적 변화를 주시하며 이를 따라가거나 앞서는 교육을 정책화하지요.

그런데 사회변동 속도가 너무 빨라졌어요. 근대 이후 경제 변동을 촉발한 산업혁명이 증기기관에서 시작했는데, 이를 1차산업혁명이라고 하고, 전기 발명이 2차, 인터넷이 3차이고 지금은 AI가 출현한 4차 산업혁명이라고 합니다. 2000년이 시작할 즈음 많은 학자가 당시를 인터넷이 지배하는 지식정보화 사회라고 정의하면서 지식기반경제에 필요한 교육으로 바꿔야 한다고 했습니다. 그때 미래교육의 방향은 지식기반사회를 주도할 창의적 인간 양성이었습니다. 그렇게 말하기 시작한 지 얼마 안 되어 지금은 AI 초지능 사회라고 하며 각종 미래교육 틀을 제시합니다. 이제는 인간이 기계를 지배하던 시대는 지났다며 AI시대 인간의 무력감을 과장합니다.

시간적으로도 1차에서 2차로 오는 산업혁명 기간이 100년 걸렸다면 2차에서 3차는 50년, 3차에서 4차로 가는 데는 25년밖에 안 걸렸습니다. AI 이후 다음 단계가 무엇인지 아직 불확실하지만, 다음 단계가 10년도 안 되는 2030년에 올 수도 있습니다. 우리는 두렵죠. 급속한 산업변동에 어떻게 적응하며 생존할 수 있을지 알수가 없죠.

제가 대학 다니던 1970~80년대만 해도 미래에 대한 희망이 있었습니다. 두렵기는 했어도 정치 민주화를 실현해야 한다는 데는 의문의 여지가 없었습니다. 정의가 승리한다는 것을 노래하며 미래를 낙관했지요. 일단 대학입시 경쟁을 뚫고 들어온 대졸자들은 취직 걱정 같은 것은 하지도 않았습니다. 지금같이 대학에 들어오자마자 취업을 위해 스펙 쌓는 공부만 하는 것은 극소수에게 해당하는 관심이었죠.

속도의 시대, 지식기반사회를 거쳐 AI시대에 진입했다고 하는데, 지금 젊은이들에게는 이게 나에게 무엇이, 어떻게, 왜 의미가 있는지 알 수 없는 변화일 뿐이어요. 아주 혼란스럽습니다. 우리는 변한 게 없는데, 뻔한 공부지만 열심히 공부만 하면 될 것 같은 교육환경도 똑같은데, 왜 자꾸 이전과 다른 미래 교육을 하라는지 알 수가 없죠.

도 제가 학교 다닐 때는 진로·진학 교육이란 게 특별히 있었던 것 같지 않아요. 공부 좀 해서 대학 가면 어딘가 취직해서 먹고 살 수는 있다고 봤죠. 그런데 지금은 직업도 다양하고 평생직장 개념이 점차 사라지고 있어요. 인공지능, K-POP, 소셜미디어 등 예측 불가능한 산업이 계속 등장하죠. 과거에 번창하던 기업들이 문을 닫거나 규모가 축소되고 있습니다. 예전에는 취업철이 있었어요. 대기업에서 신규고용 위주로 한 번에 몇천 명씩 대거 인력을 채용했는데 지금은 전혀 그렇지 않아요. 경력직을 선호하고 기업에서 요구하는 스펙을 확인하면서 소규모 단위로 뽑아요. 그렇게 자리가 날 때마다 그 자리에 맞는 사람을 필요한 만큼만 뽑으니, 취업준비생(취준생)

들은 늘 어디에 자리가 나는지 기다리며 살아야 합니다.

사실 기업들은 뛰어나고 개성있는 역량을 지닌 인재를 원해요. 앞으로는 더 알 수 없는 세상이 펼쳐질 텐데, 어른들이 자기 시절을 기준으로 청소년들의 길을 재단하지 않아야 합니다. 그들의 관심사와 문화를 인정하며 경청하는 자세로 다가갈 때, 비로소 진로에 대한 진정한 대화가 시작될 수 있어요. 새로운 경험이나 학습은 다 사람을 통해 이루어집니다. 저는 제 진로와 연관된 어른들을 만나 꿈을 키울 수 있어서 좋았어요.

교육은 그 시대를 반영합니다. 인류 역사의 전 과정에서 당면한 과제를 해결하고 넘어갈 방법들을 고민하면서 풀어갈 내용을 채우는 식으로 교육이 이루어졌다고 봅니다. 특히 산업화 시대가 열리며 자본주의가 발달하자 생산성이 더 높은 기술이 요구되었죠. 그렇게 생산성 향상이 여러 번의 산업혁명을 거치게 했고, 오늘날 우리는 내일의 발전을 예측할 수 없는 초고속 변화의 시간대에 살게 되었어요. 그런 가운데 급속한 경제성장이 삶의 수준을 높였지만 경제적 양극화가 사회 갈등을 증폭시키고 있어요. 여기서 교육이 갈등을 유발하는 요인으로도 작용하지요.

우리나라 교육 팽창은 전 세계에 유례가 없을 정도로 빠릅니다. '경제개발 5개년 계획'에 따라 1960~70년대 산업화 시기에 필요한 노동력을 학교가 제공해야 했기 때문에 그에 맞춰 중등교육 평준화가 시행되었죠. 평준화 조치를 위한 교육환경 여건이 제대로 갖춰지지 않은 상태에서 강행되었기 때문에 부실한 학교교육을 보완할 사교육도 동반 팽창하게 되었습니다.

평준화 결과 중등교육이 양적으로 크게 증가하면서, 그전까지 엄격히 제한했던 대학교육의 폭도 1980년대 이후 크게 확대됩니다. 제가 대학 들어간 1970년대 후반에만 해도 고졸자의 대학 진학률은 25%였지만, 동일 연령층 기준으로 보면 13% 정도만 대학에 갔어요. 그때는 소수만이 대학에 진학했죠. 그래서 대학 나온 후 취업 걱정은 많이 안 했어요. 그런데 군 복무를 마치고 1983년에 복학하자 졸업정원제로 바뀌면서 대학 입학정원이 크게 늘어난 거예요. 이렇게 대학 정원은 확대되었지만 노동시장은 정체되자, 그때부터 고학력 실업 문제가 불거지기 시작했지요. 취업환경이 급변하다 보니, 대학도 취직 시험을 준비하는 학생들이 도서관을 채우기 시작하였고, 토익 같은 취업준비용 영어공부에 몰두하게 되었습니다. 더구나 1995년 5·31 교육개혁으로 '대학설립준칙제도'가 도입되자, 요건만 충족되면 대학 설립을 허가해 주어서 대학 진학률이 급증했어요. 하지만 대학교육의 질은 그만큼 개선되었는지 의문이었어요. 5·31 교육개혁 이후, 지식기반사회 인적자원개발이 중요한 교육적 주제로 등장했고, 입학사정관제, 자립형사립고등학교, 교원평가제, NEIS 등의 과제가 시대 상황에 맞춰 등장했어요.

그때도 미래교육을 많이 얘기했어요. 대체적인 방향은, '이전까지는 대량 생산 체제 속에서 소품종 대량생산을 했다면, 앞으로 지식정보화 시대에는 다품종 소량 생산의 시대가 된다. 그러므로 이런 시대변화에 맞는 미래교육을 창의적으로 해야 한다'는 것이었습니다. 사지선다형 혹은 오지선다형 문제의 답을 찍는 데 치중하는 교육으로는 지식 기반 사회를 대비할 수 없고, 이제는 지식을 생성하는 교육을 해야지, 지식을 일방적으로 집어넣는 교육으로는 시대변화에 부응하기 어렵다는 것이지요. 그때부터 기업의 채용방식도 학벌보다는 직무 관련 경력 중심으로 바뀌었어요.

이런 급변하는 사회·경제적 환경에 맞닥뜨려 저희 교육감들이 미래교육의 방향과 내용, 방법, 지원체계 등을 논의하면서, 국가교육정책 변경 주기는 최소 5년 이상으로 해야 한다는 제안도 했습니다. 변화와 일관성은 같이 가야 하는데 입시정책을 둘러싼 변화가 교육현장을 얽어매다 보니, 결국 학교교육보다 사교육 시장이 입시환경에 재빨리 적응해 갔지요.

우리는 자주 바꾸면 뭔가 현재보다 나아지는 것으로 착각하지요. 일관성이 있어야 할 교육정책이 등잔불처럼 흔들리는 겁니다. 그러니까 일부 학부모들이 불안해서 차라리 사교육 시장에 맡기면 안전하겠다고 생각하게 되지요. 적어도 학원에서는 대학입시 정보를 나름 완전하게 안내해준다고 생각하니까 '학교 불신, 학원 신뢰'라는 기이한 교육풍토가 만들어지는 거예요. 정책이 그렇게 자주 바뀌면 교육재정의 지출구조도 크게 달라집니다. 이미 집행하던 일도 중단시켜 버리고 또 새로운 것을 시작하게 하니 엄청 소모적입니다. 성과도 안 나요. 변화 속도도 빠르고 정책의 일관성도 부족하죠.

그렇지만, 저는 지금의 교육에서도 다가올 세대를 위한 미래역량을 계발할 여지가 충분하다고 생각해요. 그 점을 살리려면 미래를 꿰뚫어 보며 나아갈 수 있는 것들을 찾는 안목과 노력이 필요하지요. 미래교육의 역량은 인간이 살아온 역사적 과정의 어떤 부분을 미래에 유추시켜 봤을 때, 이후까지도 단지 생존하는 것을 넘어 현재보다 나은 점을 찾아낼 수 있는 자질이라고 봅니다. 이러한 자질을 갖추도록 돕는 교육은 '인간성을 갖춘 돌파력'을 키우는 교육일 겁니다. 두렵고 불확실한 미래를 돌파할 수 있는 자신감과 예지력을 키우는 교육이 미래를 대비하는 교육의 핵심입니다. 끝까지 좌절하지 않고 당당히 살아갈 수 있는 마음근력, 즉 회복탄력성을 키워 도전에 도전을 거쳐 갖가지 시행착오를 통해 문제를 해결할 수 있는 '돌파력'이 아이들에게 꼭 필요한 미래교육의 자질입니다.

인간이 지금껏 살아왔고 앞으로 살아가야 할 때도 필요로 하는, 가장 본질적인 내용을 담고 있는 교육은, 오늘도 내일도 모레도 다 필요한 연결 플랫폼을 제공하는 교육입니다. 궁극적으로 세상을 헤쳐나가는 데 필요한 제반 교육자원을 효율적으로 제공하는 연결 플랫폼을 갖춰주어야 합니다. 이런 연결 플랫폼을 통해 나다움과 공동체성을 담고 언제 어디서나 필요한 것을 학습할 수 있는 평생학습 실천력, 이게 바로 미래교육 역량입니다.

자기 결을 살리는 교육이어야 한다

강 미래교육에서 평생학습자로서의 연결능력은 아주 중요합니다. 스티브 잡스가 강조한 '점을 연결'하는(connecting dots) 삶의 태도지요. 또한 소통과 회복탄력성을 키워 돌파력을 키우는 것은 모든 미래학자가 강조하는 미래역량입니다. 이를 위해서는 무엇보다 교육에서 획일성을 극복해야 합니다. 아이들마다 타고난 소질이 있지요.

이제는 누구도 거론하지 않지만, 1968년 반포된 「국민교육헌장」에서 밝힌 대로 '타고난 저마다의 소질을 계발'해서 자기 발전과 공동체 발전에 기여할 수 있게 하는 것이 진정 학교교육의 목적일 겁니다.

우주가 얼마나 신비해요. 사람의 몸도 그렇고. 주위 어디를 봐도 똑같은 것이 하나도 없어요. 차이를 발전의 모티브 삼아 공동체의 동력을 힘있게 살려야 할 텐데 교육이 여전히 천편일률적인 것만 강조하지요. WCC(1997)가 발간한 『다원주의 사회에서 기독교는 무엇을 가르쳐야 하나』에서 전제한 하나님의 창조 세계는 '다름의 세계(world of difference)'입니다. 이런 창조 질서의 원리에 맞게 다양성을 기독교 교육의 토대로 삼아야 한다고 강조합니다. UN도 평화와 인권 교육의 토대가 다양성이라는 점을 강조합니다. 미래교육은, 그런 점에서, 다양성을 살리지 못한 채 획일적 내용과 형식만 다루려 했던 이전의 교육과 달리 '다름의 교육'을 집중적으로 강조합니다.

우리나라 '2022 국가교육과정'의 틀도 OECD 2030 미래교육 콤파스를 토대로 구성했다고 합니다. OECD 2030에서는 복잡하고 예측 불가능한 미래사회에 적극 대처하기 위해 다양한 역량과 지식, 문해력 함양을 위한 교육과정 개발이 중요하다는 점, 더 나은 세상을 만드는 변혁적 행위주체자를 교육하기 위해서는 교사의 역할이 매우 중요하기 때문에 교사 전문성 신장 방안이 요구된다는 점을 강조하면서 이를 위한 학교혁신을 강조합니다. 학교혁신 없이, 교사 전문성 신장 없이 미래교육 역량 강화는 불가능하겠지요. 그런데 2021년 발표된 그린스마트 미래학교로 대표되는 우리나라 미래교육 방향은 주로 학교 공간을 친환경과 디지털 기반으로 바꾸겠다는 것이었습니다. 기후위기에 대응하는 교육환경 개선이라는 점에서 상당히 기대했지만, 정권교체로 큰 성과를 보지 못한 채 이후 디지털 기반의 교육 강화로만 미래교육의 초점이 맞춰져 있습니다.

도 아이들은 저마다 고유한 자기 결이 있어요. 지금은 많이 나아졌지만, 예전의 학교에서는 이런 자기다움을, 개성을, 결을 입시 때문에 잘 살리지 못했죠. 아이들이 자신의 결을 잘 살려서 공동체 안에서 조화롭게 살게 해야 했는데, 안타깝게도 그렇지 못한 경우가 많은 것 같아요. 아이들이 초등에서 중학교로 또 고등학교로 진학하면서 한 단계 한 단계 성장해 가는데, 그 길이 순탄치만은 않죠. 어렸을 때 잘했던 아이가 커가면서는 공부에 어려움을 겪는다든지, 내성적인 아이가 외향적인 성격으로 변한다든지, 행복했던 가정에 불화가 생긴다든지, 안정적이던 사회가 정치·사회적 불확실성에 직면하는 등, 알 수 없는 파도가 끊임없이 밀려오죠. 학교 졸업 후엔 더할 거고요.

그럼에도 나를 에워싼 파도를 무서워하지 않고 응시하며 이 파도가 어떤 모습의 파도인지 알아서 그 파도를 타고 잘 넘어설 수 있게 돕는 것이 미래형 인간교육입니다. 미래에 요구되는 사람은 어떤 세파가 휘몰아쳐도 위축되지 않고 그것을 넘어설 수 있는 담대한 마음근력을 갖춘 인재입니다. 이런 인재를 잘 양성할 수 있도록 다양하게, 다 함께 키우는 교육으로 구상해서 운영해야 합니다. OECD 2030에서 제시한 미래역량인 창의성, 문제해결력, 비판적 사고력, 소통과 공감, 협업능력, 개인적 인성과 공동체적 시민성 함양 등은 공립이든 사립이든, 일반학교든 특성화학교든 모든 학생이 지녀야 할 기본 역량입니다.

학교 환경 개선을 위해 야심차게 시작한 그린스마트 미래학교가 의도는 좋았지만, 미래학교의 모습을 포괄적으로 디자인했다고 하기에는 한계가 있죠. 그래도 인천에서는 원도심에 있는 40년 이상 노후된 학교를 개축했습니다. 이로 인해 정부 지원 예산보다 1,500억 원 이상 더 들어갔어요. 사실 공간 재배치만으로는 여건 개선이 충분치 않았기 때문에, 저는 노후된 학교를 에너지 절약형 친환경 건축으로 완전히 새롭게 만들었죠. 지금은 우리나라 학교가 다른 어떤 나라보다도 학교 공간 배치 면에서나 친환경적 소재 사용 면에서, 또한 교육의 질 차원에서 결코 뒤처지지 않습니다.

미래교육 2030에 따라 학교공간 변화는 어느 정도 이루었으니, 이제는 교육내용 면에서 미래교육이 담고자 하는 소통, 공감, 협업능력 같은 미래역량 발달을 위한 교육에 더 노력을 기울여야 합니다.

강 1990년대 정보화시대에 들어서면서 모든 것이 컴퓨터시스템으로 갖춰지고, 학교에서는 이에 대응한 정보화교육이 강조되었습니다. 컴퓨터교육이 미래교육의 상징이었죠. 소위 유비쿼터스 환경을 조성한다면서 언제 어디서나 원하는 정보나 교육을 받을 수 있는 평생학습사회를 지향한다는 교육개혁이 강조되었고, 2000년대에 이르러 우리나라는 정보통신 강국으로 진입했습니다. 이때만 해도 사람이 주도적으로 컴퓨터를 설계하고 조작할 수 있었던 인간 주도적 컴퓨터산업이었습니다.

하지만 AI 시대는 근본적으로 다릅니다. ChatGPT나 Dall-E 등은 인간 고유 영역으로 간주했던 인문, 예술 부문에서도 인공지능이 인간과 유사하거나 때론 인간보다 더 높은 수준의 역량을 지닐 수 있음을 보여줍니다. AI는 계속 업그레이드됩니다. AI가 경제, 과학, 군사, 방송, 교육, 법률, 의학, 문화 등 전 영역에 작용하게 되면서 거꾸로 인간이 AI에 끌려다니며 모든 정보를 의존합니다. 이젠 'AI한테 물어봐'가 일반적인 것이 되어버렸습니다. 인간이 AI에 종속될 수도 있고, 현재 그 가능성이 현저히 높습니다. AI 시대는 우리의 상상을 뛰어넘어 우리가 미처 예상치 못한 엄청 많은 문제도 일으킬 겁니다.

이런 상황에서 AI에 의존하는 대다수 인간은 점점 더 나태해지고 무력해지는 반면, 극소수 AI전문가들은 탈윤리적 희귀한 발상으로 인간세계를 교란시킬지도 모릅니다. 희망의 AI 시대가 우리를 두렵고 불안에 떨게 만드는 초인간사회 같다는 생각도 듭니다. 그래서 AI 윤리교육이 중요합니다. 국제사회도 이에 대한 철저한 대비를 강조하면서 각종 디지털 윤리선언을 공표하고 있습니다. 인간을 무능하고 의존적인 객체가 아닌 지성적이고 창의적인 주체로 발달시켜 AI를 주도적으로 활용할 수 있는 교육혁신이 요구됩니다.

도 AI가 주도하는 세상이 된 것 같아요. 이런 시대에 필요한 인재는, AI에 끌려가지 않고 AI를 긍정적으로 활용할 수 있는 역량을 갖춘 사람입니다. 기술적으로뿐만 아니라 인간 본래의 자질을 되찾음으로써 인간과 자연과 AI가 공존하는 세상을 만들어가자는 거죠. 소통, 협업, 성찰, 공감, 배려, 연대 등은 인간 간의 관계가 소원해진 AI 시대에 훨씬 더 요구되는 미래역량입니다.

사실 인간만이 말을 할 수 있고 말로 모든 것을 소통할 수 있습니다. 말이 오해를 낳기도 합니다만 말로써 이해의 폭이 넓어질 수 있습니다. 이런 기본적 소통 역량이 비대면적 환경으로 넓혀진 AI 시대에 훨씬 더 필요합니다. 협업도 마찬가지고요. 지식정보가 너무 빨리 누적되기 때문에 이를 토대로 뭔가를 창안하려면 혼자서는 한계가 있죠. 그래서 전보다 훨씬 더 협업역량이 강조됩니다. 여기서 서로의 입장을 충분히 성찰하고, 공감하며, 연대하는 자세가, 경쟁이 한층 치열해진 AI 시대에 요구되는 인간다움 기반의 교육역량입니다.

이제는 교육의 모든 단계에서 AI 리터러시를 해야 합니다. AI 리터러시란 기본적으로 종이로 된 책을 읽고 성찰하게 하는 교육이 뒷받침되면서, 기본적인 알고리즘, 데이터 윤리, 생성형 AI 사용법, AI 정보 활용 그리고 AI 정보 윤리 등을 비판적으로 분석하고 이해하는 능력을 말합니다. 이것은 비판적 사고, 창의성, 감성지능 등 인간 고유역량을 강화하는 교육이 기반이 되어야 합니다. AI 리터러시는 학교 다닐 때만 교육하는 게 아니고, 졸업 후 언제 어디서든 자기학습의 필요가 있는 곳에서는 접근 가능하게 해야죠. AI 평생교육 시스템으로 만들어 온 국민의 AI 리터러시를 함양할 수 있는 학습환경을 구축해야 합니다.

세계 곳곳에서 전통적 학교제도를 대체하는 로봇 교사, 학년 없는 교실, 교실 없는 온라인 학습 등을 통해 창의적이고 융합적인 인재양성 경쟁이 시작되었습니다. 특히 지금은 AI의 영향력이 점점 커지는 시대입니다. 때로 급속한 변화가 우리를 편하게도 하지만 위험에도 빠뜨리는 AI에 적극 대처할 수 있게 해야 합니다. ChatGPT가 나온 지 2년 반 정도 됐는데 발전 속도가 상상 이상이죠. 초기만 해도 사람에게 영향을 끼치는 것이 10% 정도일 거라고 했는데 지금은 어느 정도인지 가늠하기 어렵죠. 미래학자 레이 커즈와일(Ray Kurzweil)은 AI가 인간 수준의 지능에 도달할 시기를 2029년으로 예측하면서 그동안 예상했던 변곡점의 시기를 훨씬 앞당겼어요. 우리가 아무리 따라가려 해도 따라갈 수 없는 정도로 디지털 발전이 급속하게 이루어진다는 겁니다.

이런 4차 산업혁명 기술이 인간을 행복하게 할 거냐 아니면 인간의 일자리를 빼앗고 인간 공동체 윤리를 파괴하는 등의 불행으로 이어지게 할 거냐의 문제는 딜레마죠. 많은 이들은 낙관합니다. 산업혁명의 역사에서도 러다이트 운동이 일어나 기계 파괴 운동으로 기계화에 저항했지만, 결과적으로는 인구는 배가 늘었고 문명은 더 발전하여 삶의 질이 향상되었다는 이유를 들면서요. 현대판 로봇 러다이트 운동이 일어날지는 모르겠지만, 미래의 삶은 AI 디지털 일상화로 우리를 이끌 가능성이 높다고 봅니다.

이런 미래사회에서는 누가 배운 사람, 학습된 사람일까요? 이제까지는 학벌과 스펙을 갖춘 사람을 배운 사람이라고 했는데 앞으로도 그럴까요? 아니죠. 평생학습사회에서는 사회변화에 맞춰 끊임없이 자기 역량을 갈고 닦는, 리스킬링(reskilling)하고 업스킬링(upskilling)하는 사람이 배운 사람입니다. 평생학습 실천가로 아이들을 육성해야 합니다. 공부는 학교에서 끝난 것이 아니라 살면서 필요한 것을 지속적으로 신속하게 학습하는 사람이 정말 배운 사람입니다.

이제 기계가 사람보다 속도도 빠르고 정밀하고 완벽할 겁니다. 인간은 속도도 느리고 뭔가 결핍이 있어 보입니다. 이런 까닭에, 4차 산업혁명을 거치는 과정에서 결국 인간이 기계에 종속되는 상황으로 전락할 수밖에 없지 않을까 염려되지요. 그러나 지금의 문명을 만든 인류가 공감과 연대라는 인간의 무기를 버리지 않는 한, 인간이 기계에 종속되는 세상은 오지 않으리라 봅니다. 지금의 문명을 만든 토대인 '느림의 미학을 지닌 인간이란 어떤 존재인가'에 대한 근본적 성찰이 이 시점에서 꼭 필요하죠.

코로나 때 많은 학교를 방문하면서 아무도 없는 빈 교실, 빈 복도, 빈 운동장 등을 보며 끊임없이 질문했어요. '학교란 도대체 뭘 하는 곳인가, 뭘 가르쳐야 하는가, 가정이란 어떤 곳이어야 하는가, 교육청은 무슨 역할을 해야 하는가' 등등. 어떻게 해야 할지 막막했던 코로나 시절에 이렇게 생각을 나눠보자고 저녁마다 모여 토론하고 정리하고, 토론하고 정리하고, 토론하고 이렇게 세 번을 거쳐 정리한 것이 '학교를 어떻게 새롭게 할 것인가'입니다.

그래서 550억 원을 들여 특성화 고등학교 교육환경을 획기적으로 개선하고, 사이버진로교육원, 동아시아국제교육원, 난정평화교육원을 신설했습니다. 또한, 세계로배움학교와 바다학교 같은 프로그램들을 만들어 학생들에게 다양한 교육기회를 제공했어요. 이게 다 코로나 시기에 코로나 이후를 생각하며 준비한 교육혁신입니다. 그렇게 암담한 위기 상황에서 벽을 문으로 만드는 얘기를 나누면서 모두가 '새로운 나'와 만난 거지요. 그때 팬데믹에 관한 책들을 읽었습니다. 유럽에 불어닥친 팬데믹 상황에서도 뉴턴이나 뭉크 같은 사람들이 지구에 관한 과학이론을 발견하고 그림을 그리면서 희망을 주었듯이, 공포와 두려움의 시기였던 코로나를 어떻게 보내느냐가 정말 중요했죠. 일단 위험 상황에는 즉각 대응하면서도 거칠게나마 토론해서 새로운 아이디어를 찾아 미래교육에 대한 준비를 튼튼히 하는 것, 이것이 '위기극복 미래교육'이라고 생각했어요.

이런 상황에서 ChatGPT 3.5가 나온 거예요. 새로운 충격이었습니다. 마음이 급해졌어요. 학생들이 이를 어떻게 활용하여 공부해야 할지 걱정됐어요. 기계 문명이 인간을 대체해 갈 수도 있는 상황에서 총체적인 대응 방책이 없었어요. 그래서 더 조급해진 거죠. AI 기술이 이 정도까지 와 있는데 교육의 변화는 느리고 아직도 대응책이 나오지 않는 상황에서 5~10년 뒤에는 도저히 따라갈 수 없을 정도로 간극이 벌어지리라는 생각에 잠이 안 왔습니다.

그런 고민의 소용돌이에서 12월 새벽녘, 인간 본래의 가치를 찾아 '읽고 쓰고'라는 틀에 '걷기'를 넣자는 생각이 불현듯 났어요. 학교에서 아이들이 신체적인 부동성(不動性)에 젖어 거의 몸을 움직이질 않으려고 하니까 운동하는 아이들이 거의 없죠. 그래서 특히 체육과 선생님들과 수업시간에 활동용 어플을 설치하여 몇 걸음 이상 걸은 학생들에게는 인센티브를 주는 활동들을 장려하고 있었어요. 저는 걷기를 무척 좋아하고 즐겨합니다. 두 아들과 인천에서 목천까지 3박 4일 동안 걷기도 했고, 또 100여 명의 학생들과 6박 7일 동안 인천 이곳저곳을 걷기도 했습니다. 지금도 저녁마다 소래 뚝방길을 걷습니다. 이런 걷기 경험에서 얻은 지혜는 '걷기가 신체적 활동, 두 발로 하는 건강 활동일 뿐만 아니라 사유와 성찰을 잇는 마음의 힐링도 준다'는 것이었어요.

역사를 돌아봐도 걷기가 연상되는 훌륭한 철학자들이 있어요. 아리스토텔레스와 칸트가 일정한 시간에 걸으면서 사유했던 경험을 되살려 많은 곳에서 '철학자의 길'을 만들고 있잖아요. 이런 지혜의 사람들이 걸으면서 건강도 지키고 철학적 사유의 이론적 토대를 창안했습니다. 순례자의 길도 얼마나 많습니까? 제주 올레 걷기도 신체적 건강만을 위한 것이 아니고 자기만의 성찰 시간인 몰입의 순간을 확보하기 위한 것입니다. 그렇게 걷기가 지닌 자기성찰적 특성을 인식하게 되니까, 읽고 쓰기에 걷기를 결합하면 포괄적인 전인교육 모델이 되겠다는 생각이 들더라고요. 더구나 이제는 AI와 인간이 같이 살아야 하니까 그냥 책만 읽는 게 아니라 사람의 마음도 읽고 AI도 읽어낼 수 있어야 하죠. 또한 자연이 아프니 자연과 공존하는 방법도 읽어내야 합니다. 이것이 비판적 리터러시고, 에코 리터러시고, AI 리터러시겠죠. 지금부터는 인간과 자연과 AI가 공존하는 시대를 대비하는 교육으로 나아가야 합니다.

미래직업교육은 나다움, 인간다움을 자라게 해야

강 우리 사회가 AI 시대에 접어들면서 AI 전문가가 없다, 과학이나 엔지니어링을 공부하려는 젊은이들이 없다고 한탄합니다. 다들 의대만 가려고 합니다. 우리 같은 교육자들 책임이 크지요. 문과도 실용성과 대중성 위주로 완전히 바뀌었어요. 이런 시대변화를 인문·사회과학 연구자들은 한탄하지만 자연스러운 변화입니다. 기초연구는 꼭 필요합니다. 그렇다면 대중이 다가갈 수 있는 독해 가능한 글들을 썼어야죠. 많은 사회과학자들은 일반인들이 알아듣지도 못하는 그들만의 용어로 글을 쓰면서 남들이 이해하지 못한다고 투덜거리는 경향이 있습니다. 기초연구의 위기 상황에서 지나치게 현학적인 이런 태도를 가독성있게 변화시키는 것은 일종의 순기능일 것이고, 다른 부정적인 것은 돈 되는 연구 아니면 안 하려고 한다는 점이죠.

이런 경향이 중고등학교 학생들에게까지 영향을 미쳐 세계화 시대에 필요한 인재를 육성한다는 명분으로 설립된 특수목적고인 외국어고나 과학고, 국제고 같은 데가 상위권 대학 준비학교로 전락했습니다. 대학도 기초학부가 상당수 로스쿨이나 다른 전문대학원 진학을 위한 발판으로 여겨지다 보니 학생들이 전공 선택에 관심을 기울이지 않는 경향이 있습니다. '학문생태계가 왜곡되었다'는 이런 현상에 최근 정치계나 언론계도 관심을 갖고 열심히 보도는 하지만 근본적인 사회구조적 개선 없이는 이런 경향성을 바로 잡을 길을 찾기가 쉽지 않죠. 불확실한 세계에 대한 탐구와 미래에 대한 도전이 모든 교육과 학문하기의 본질이 아닐까요?

도 아이들의 꿈이 뭐냐고 묻던 시대는 이미 지났어요. 제 학생시절 때만 해도 교사, 대통령, 의사, 군인 등 비교적 소박하고 예측가능한 답변이었는데 지금은 아주 다양해요. 요리사, 유투버, 모델 등 일종의 '튀는 직업'이 인기인 것 같은데, 그것도 부모나 교사가 물으면 대답을 잘 안 하죠.

1980년대에 선진사회를 지향한다는 정부 정책에 따라 과학고와 외국어고가 특수목적고로 설립되기 시작했어요. 당시는 고교평준화 조치로 일반고는 연합고사로 선발했기 때문에, 과학고와 외국어고는 성적이 우수한 학생들이 진학한다는 인상이 강했습니다. 과학 전문인력 혹은 국제전문인력을 양성하기 위한다는 이 학교들은 결국 입시에 유리한 선발학교로 변모해 갔고, 그 과정에서 야기된 문제들 때문에 일부 교육감들이 폐지를 주장하기도 했습니다. 그 정도로 과고와 외고가 '의대 예비학교'라는 비난을 받기도 하지만, 의대를 선호하는 사회 풍토 때문에 그 학생들만 비난할 수는 없겠죠.

지금은 직업사회의 균형이 깨졌어요. 많은 직업이 없어지고 생겨납니다. 의대라 하더라도 과거엔 모든 학생이 세부 전공으로 고루 나뉘어 수련 과정을 밟았는데, 지금은 그렇지 않다고 합니다. 어렵고 돈 안 되고 의료분쟁에 휘말릴 가능성이 높은 분야의 의사가 줄어든다고 하죠. 법학전문대학원도 마찬가지고, 인문학도, 자연과학도 미래가 불투명하다고 아우성입니다. 그렇다고 강제로 역할을 분담하게 해서, 성적순으로 배정하여 정원을 채운다고 하면 문제가 해결될까요? 이는 우리나라만의 문제는 아니지만 우리가 유독 심하죠. 해방 후 민족분단 상황에서 전쟁, 가난, 정치적 불안정 등도 이겨냈고, 그 후 산업화, 민주화, 정보화를 거쳐 이제는 AI 시대로 접어들었습니다만, 여전히 과거 기준으로 다가오는 시대에 대처하려고 하니 이게 잘 맞지 않지요.

이제는 그런 변화된 시대 가치들을 따져 보면서 필요에 따라서는 풀어놓기도 하고 좀 묶어보기도 해야 답이 나오지 않을까요. 이젠 평생동안 변치 않는 지식을 찾기 어려울 겁니다. 지금은 반감기(半減期)가 1년도 안 되는 지식이 있습니다. 자고 나면 바뀔 정도로 불확실한 시대에 살고 있는데, 이것만 중요하다고 계속 붙들고 있는 것은 시대에 역행하는 것이죠. 배운 사람에 대한 기준도 우리 학창 시절과는 달라져야 합니다. 우리 사회가 지닌 문제를 해결하고, 지속가능한 미래사회를 위해 늘 뭔가 탐색하며 행동하는 능동적 인간이 미래의 배운 사람입니다. 이런 사람은 AI를 주도적으로 활용할 수 있는 적극적 시민입니다.

최근 MIT 미디어랩 연구진 발표를 보면, AI로 글을 쓰는 그룹은 뇌 활동이 거의 일어나지 않았던 것에 반해, 오로지 뇌를 이용해서 쓴 그룹은 뇌 활성화 정도가 가장 컸다고 합니다. MIT에서는 어린 시절 AI 과의존은 뇌를 나태하게 해서 뇌 기능 저하를 초래한다는 결론을 발표했어요. 그럼에도 부모들은 아이들에게 일찍부터 손에 스마트폰을 쥐어줍니다. 일부 미래학자들은 아이들에게 미래교육인 디지털 적응교육을 가능하면 빨리 시작해야 한다고 합니다. 반면 다른 편에서는 학교교육은 인간으로서 아이들의 뇌를 활성화할 수 있도록 가능한 한 늦게까지 아날로그식 교육을 해야 한다는 겁니다.

그래서 인천은 그냥 AI 교육이 아닌, 읽걷쓰 기반의 AI 교육을 하려고 합니다. 읽걷쓰로 관찰-질문-탐구-행동하는 능동성을 갖추게 하고, AI 활용 교육을 해서, 아이들이 주도적으로 AI를 활용하여 정보를 처리하게 하는 겁니다. 즉, 삶의 주도권은 인간이 갖게 하고, AI는 도구로 활용하게 하는 것이 AI 시대 미래교육의 방향입니다.

지금까지 인천교육청은 2022년 '디지털 교육도시, 인천' 선포 후, 초4~고3 학생에게 1인 1 노트북을 보급하고 디지털 리터러시 교육, 디지털 역량교육, 코딩교육 등을 토대로 실질적인 AI 활용교육을 병행했습니다. 여기서 교사의 역할이 중요하기 때문에, 교원들의 AI 역량 강화를 위해 다양한 연수와 AI전공 대학원 학비를 지원하고 있는데, 지속적으로 확대할 계획입니다. 교사가 먼저 평생학습자가 되어야만 교육혁신이 바로 되겠죠. 이제는 자연과 함께 또 AI와 함께 살아가야 하는 시대이기에, 인간이 자연과 AI와 공존하는 역량을 기르려면 코딩교육도 해서 학생들이 각자 애플리케이션을 만들 수 있게 해야겠지요. 모든 아이의 미래를 위해 누구도 소외되지 않도록, AI 시대에 철저히 준비하는 교육에 어떠한 불평등도 있어서는 안 된다는 원칙은 확고합니다.

강 우리나라 산업구조의 변화에 따라 미래산업으로 간주되지 않는 제조업은 이른바 사양산업으로 분류되어 우리 사회에 필수적인 산업인데도 노동력이 싼 나라로 많이 옮겨갔습니다. 이에 따라 제조업 인력을 양성하던 공업고등학교도 위축되었고, 상업고등학교도 마찬가지로 어려워졌어요. 지식기반경제에서 직업계 학교는 변화된 사회환경에 맞춰 여러 가지 학교들로 바뀌어야 했습니다.

사실 미래에도 사회적 기반을 유지하는 육체노동자는 필요하죠. 미화노동력도 마찬가지고, 가사도우미를 비롯한 캐어 서비스도 필요하죠. 국내 조업을 하는 소규모 어선의 어부나 원양어선을 타는 선원도 부족하다고 합니다. 농촌에서는 외국인 노동자가 없으면 농사를 못 짓는다고 한숨짓고 있어요. 자동화도 인간이 조정해야 하고, 마무리나 기획 같은 작업도 아직 로봇이 할 수 있는 영역은 아니죠.

한국의 젊은이들은 할 만한 일자리가 없다고 불만입니다. 이주노동력에 대한 법적 제한이 여전히 커서 많은 이주노동자가 질적으로 열악한 일자리에 배치되곤 합니다. 이런 사회적 환경에서 이주배경 시민들을 소외시키고 배제하는 노동정책들은 학교교육에도 영향을 미쳐, 학교에서의 다문화 통합교육이 지역사회로 이어지기가 쉽지 않습니다. 제조업이 약화되고 장인이 사라지는 상황에서, 학교교육을 통해 다양한 직업생태계로 자기 꿈을 가진 청년들을 연결시키는 직업교육이 필요한데 이게 잘 안 되는 것 같아요.

사무직 노동이 참 좋다고 했던 제자가 생각납니다. 정리하고, 계산하고, 마무리하는 일이 자기한테는 잘 맞는다고 했죠. 또 다른 제자는 작은 교회 사역이 좋지 큰 교회 사역은 감당하기 어렵다며 좁은 길을 알차게 잘 찾아갔습니다. 사람들은 왜 다들 크고

번듯한 것, 월급 많이 주는 것만 좋아한다고 단정하는지요. 좁은 길을 가려는 친구들을 격려하고 그런 길을 가면서도 사회적 지지 기반을 갖출 수 있도록 협력하는 것이 미래교육의 나아갈 길이고 사회적 기반을 조성하는 것이 아닐까요.

이젠 산학협력의 틀을 인간화해야 합니다. 1994년 영국 버밍엄에 있는 Cooking School에 초대받아 갔는데, 정말 신기하고 놀라웠습니다. 직업계 고등학교인데, 학생들이 실습의 일환이기도 하고 창업의 기반이기도 한 식당을 운영하고 있었고, 옆에 있는 마사지숍에서는 스포츠마사지 실습 겸 창업 아이디어를 모으고 있었습니다. 이들은 거기서 일하면서 공부도 하고 직업 기회를 탐색하고 있었어요. 실용성과 자긍심을 높여주는 실무역량 강화교육을 통해 학생의 직무 효율성을 높여주고 시대에 맞춰 자기 상품의 질을 지속적으로 향상시킬 방안을 찾을 수 있게 교사는 실질적으로 도와주고 있었습니다. 이것이 평생학습기회 증진을 위한 SDG4의 방향입니다. AI 교육만 강조한다고 미래교육으로 이어지는 것은 아닙니다.

직업교육을 혁신해야

도 제가 대학 졸업하고 취업할 때만 해도 기업은 학벌, 학점, 전공을 채용 기준으로 삼고 신규 인력을 점수순으로 선발했습니다. 그러나 지금은 응모자의 배경 자료도 보겠지만 최근에는 자기주도성, 문제해결력, 창의성 등을 기준으로 선발 기준이 바뀌고 있다고 합니다. 이에 따라 채용 방법도 블라인드 채용, 수시 채용, 경력 채용, 역량 중심 채용으로 바뀌었어요. 기업은 외적 기준보다 나다움과 인간다움을 지닌 인재를 원하는데, 학교교육은 이런 변화를 따라가지 못해 결국 수요자가 원하는 인재상과 불일치하는 모습을 보이고 있어요.

이정동 선생은 『기술은 세상을 어떻게 바꾸는가』에서 도전적 시행착오를 축적하는 것이 유일한 길이라며 시행착오를 축적하도록 허용하는 학습 시간이 절대적으로 필요하다고 합니다. 이런 시행착오를 통해 당당하게 자기 길을 개척하게 하는 교육이 미래교육의 방향이지만, 우리의 직업교육은 다소 아쉬움이 있습니다. 사실 많은 직업계 학교가 오랫동안 산업입국이라는 국가정책으로 혜택을 받았어요. 우수한 학생들도 많이 입학했어요. 직업계 학교에 간 친구들은 졸업 후 좋은 은행이나 기업에 바로 들어가기도 했고, 좋은 대학에도 진학했어요.

하지만 언제부턴가 직업계 학교들이 일반고에 비해 차별받는 분위기가 일고, 사람들도 직업계고의 필요성을 예전만큼 인정하지 않게 되었죠. 그러다 보니 학생들도 졸업 후 취업보다는 대학에 가야 한다는 사회적 분위기에 휩쓸리면서 직업계고 학생들의 60~70%가 대학으로 진학하고 있습니다. 이러다 보니 "직업계고 설립 취지에 어긋난 것 아니냐, 진학률 대신 취업률을 높여라"라고 다그치니까 학교는 힘들어하죠. 이건 개별 직업계고의 문제라기보다는 고학벌을 요구하고 그렇지 않으면 차별하는 시류가 문제입니다.

사실 모두가 고학력자일 필요가 없지요. 미래가 불안하고 남의 시선을 의식해서 대학에 진학하려는 우리 학생들은 '학벌 과잉 시대'에 살고 있는 거죠. 대학진학률이 75%에 이르니 이제는 대학이 전과 같은 고등교육기관이 아니라 누구나 가는 대중교육기관입니다. 우리나라 특유의 교육열이 우리 사회를 이렇게 발전시킨 동력이 되기도 했지만, 이제는 이것이 걸림돌이 돼서 고학력 실업자를 양산한다고도 볼 수 있어요.

저는 '기술 있는 사람이 대접받는 시대'가 지금이라고 생각합니다. 그래서 직업계 교육을 우리 사회에서 유용한 기술을 갖출 수 있는 교육으로 풀어내는 게 입시 중심 교육을 바로잡는 중요한 교육혁신이라고 보았어요. 그래서 직업계 고등학교의 필요성을 강조하면서 시대적 요청에 따라 새로운 학교를 만들고, 학과 개편을 해가면서 직업계고의 교육환경을 획기적으로 바꾸어 왔어요. 또한, 직업계고에 대한 인식 개선의 일환으로 에듀투어를 기획했어요. 학부모들과 지역교육 관계자들과 함께 다른 지역의 특성화고등학교를 방문하면서 인천의 직업계고 모형을 꿈꾸게 했고 그것을 실현하자고 했어요. 그렇게 하니 다른 지역에서는 특성화고등학교가 많이 줄었지만 인천은 거의 줄지 않았고, 학생 수도 99% 이상 충원율을 기록했어요. 물론 이렇게 되기까지 교육공동체의 상당한 노력이 있었어요. 지금은 인천뿐만 아니라 다른 지역도 특성화고에 대한 관심이 대단히 커졌습니다.

저희는 4차산업의 수요에 맞춰 소방고, 바이오과학고, 글로벌쉐프고, 대중예술고, 반도체고 등 5개 특성화고를 단계적으로 신설하면서, 지역의 모든 자원을 결합하는 시도로 '아이잡 에듀 클러스터(I-Job Edu-Cluster)'를 2021년부터 추진했습니다. 이는 인천광역시, 인천광역시교육청 간 협업을 기반으로 기업·대학·유관 기관의 협력체제를 구축하여 인천지역 전략산업 맞춤형 전문인재를 양성하고 취업-후학습-고용유지를 지원하는 '직업교육 혁신지구'를 의미합니다. 특성화고를 인천에 있는 AI, IT, 드론, 항공 및 바이오기업, 실용예술 등 전략산업과 시민을 위한 재난안전산업과 연계해 해당 기업의 기초인력을 교육·훈련하고, 고교 졸업 후 취업으로 연계하는 구도입니다.

2021년 '아이잡 에듀 클러스터' 사업을 교육부 공모사업에 응모했는데, 이게 채택되어 교육부 지원을 받아 학생들에게 더 많은 혜택을 주고 있습니다. 이 공모사업은 3년 종결 후 3년을 연장받아 지금도 잘 운영하고 있습니다. 선정된 3개 사업은 인천의 전략산업들과 연결된 것입니다. 이 사업은 '㈜교육의 봄'으로부터 자문받으며 프로그램 매칭도 하고, 과정 연구도 하여 그 결과를 자료로 내면서 꾸준히 성과분석을 하고 있어요. 이런 자료가 다른 지역에도 영향을 미치고 있다고 합니다.

그리고 2024년 교육부가 '협약형 특성화고등학교'라는 프로젝트를 제안했는데, 우리가 생각한 내용과 거의 일치하는 것이었어요. '지역에서 교육받고 지역에서 직업도 갖고 지역에서 정주하자'는 것으로, 제가 계속 강조하던 것입니다. 저는 인천 아이들이 인천에서 교육받고, 인천에서 일자리도 갖고 계속 인천에서 살아야 선순환되는 도시가 된다고 생각했어요. 이 지역엔 웬만한 인프라가 다 있어요. 국제공항이 있죠, 국제부두가 있죠. 그렇기 때문에 글로벌 역량을 함양하여 무슨 일이든 할 수 있게 되면 세계 어디든 가서 자기가 하고 싶은 것을 하면 되는 거죠.

제일 중요한 것은 학생들이 자신이 하고 싶은 걸 찾는 것이기에, 그것을 돕기 위해 동분서주하던 중에 '협약형 특성화고등학교'가 교육부 공모과제로 올라온 겁니다. 2024년 첫 공모에 저희도 지원했어요. 그때 40여 개 학교가 신청했다는데, 선정된 10개 중 인천이 2개나 된 거예요. 정석 항공과학고와 반도체 고등학교가 선정되었어요. 금년에 또 공모해서 두 개를 냈는데 그중 영종 물류고등학교가 됐어요. 그래서 지금 3개 교육부 공모과제가 인천에서 진행되고 있습니다. 지원 규모가 아주 커요. 5년 동안 45억을 지원받아요. 어마어마한 겁니다. 1년에 9억씩 지원받는 거니까, 학교는 그 돈으로 다양한 과제를 충분히 수행할 수 있어요. 이와 관련하여 고졸 취업자가 적합한 일자리를 얻을 기회를 보장받고, 취업 후 사회적 차별과 불이익을 받지 않도록 하는 '고졸취업안전망 10년' 법제화를 추진하는 1호 교육청으로 선언하고, '인천형 직업교육 안심 취업 10년(중3/고3/졸업 후 4) 보장제'를 시행 중입니다.

직업교육을 대학에 안 가는 아이들을 위한 차별적 교육으로 이해해선 안 됩니다. 대학을 가든 안 가든 누구나 성인이 되면서 직업을 갖게 되죠. 그것이 자기가 하고 싶고 역량이 모아지는 일이어야 재미와 보람을 느끼죠. 그래야 자기에게도 유익하고 사회에도 유익하죠. 그러한 자기 길을 찾아가도록 돕는 것이 직업교육이고 광의의 진로교육입니다. 원래 진로교육은 초등에서 대학에 이르기까지 연속적으로 이루어져야 합니다. 유치원에서부터 내가 뭘 하고 싶은

지를 물으며 이를 위해 어떤 노력을 할지 생각하게 해야 합니다. 초등학교와 중학교에서도 해야겠지만, 특히 고등학교부터는 본격적인 자기 길찾기를 탐색하며 관련 교육과정을 선택하는 과정에 들어가야 합니다. 그래서 조기 진로교육부터 대학 졸업 이후 산업·채용구조의 변화 등을 공유하면서, 좋아하는 일을 찾아갈 수 있게 하자는 의미로 저는 '학생 성공 시대'를 인천교육 비전으로 삼았습니다. 자신이 좋아하는 것을 하면서 사는 것이 성공적인 삶이겠지요.

강 미래교육에서 자기성찰을 위한 인문학적 소양이 많이 강조되고 있습니다. 생각해야죠. 그러려면 철학적 사유의 기반인 인문학적 상상력이 필요합니다. 그런데 미래교육이 컴퓨터 잘하고 AI 시대에 적응하게 하는 교육이라고만 생각하는 경향이 많아 미래교육을 위한 현란한 교실 만들기 같은 사업에만 주력한단 말입니다. 저는 미래역량이 그런 미래교실에서만 촉진된다고 생각하지 않아요. 물론 그런 미래교실도 필요하죠. 그와 함께 읽고 쓰고 셈하기로 대표되는 3Rs 기초학습 위에 창의성, 문제해결력, 비판적 사고력 같은 추론역량의 개발이 미래교육에서 반드시 요구됩니다. 이런 미래역량은 읽고 쓰며 종합하는 인문학적 기반 없이는 계발되기 어려운 역량입니다.

예를 들어 빌 게이츠나 김대중 대통령은 엄청난 독서애호가이고 기록의 달인입니다. 이렇게 읽고 기록으로 남겨두는 교육이 정말 필요하지요. 미래가 젊은이들에게 피 끓는, 기대에 부푼 희망으로 다가올 수 있도록 잘 준비시키는 미래교육이 되면 좋겠어요.

식민지 때 미래를 연 사람, 독립운동에 매진한 사람은 다 10대, 20대, 30대 젊은이였습니다. 이들이 주장한 것, 삶의 방향이 곧 미래교육의 방향입니다. 미래교육을 잘하는 것이, 우리 같은 피식민지 해방국가에서는 식민지교육의 유제를 청산하는 방향과도 같습니다. 일제 식민지교육의 본질이 생각 없이 복종하고 규율에 지배받는 것으로, 이는 곧 '인간됨의 부정'입니다. 이렇게 교육받은 과거 유산을 넘어 자율과 다양성 그리고 인간화를 향해 기본소양을 갖추게 하는 것이 탈식민지화의 방향이자 미래교육의 길이라고 생각합니다. 미래교육을 통해 식민지교육의 유제를 극복하게 됩니다. 이렇게 학교문화를 바꾼 학교공동체에서 아이들은 세상을 바꾸는 10대 활동가로 성장하며 시민들이 참획하는 세계를 만들어 갈 겁니다.

자기 길을 찾아 세계로

도 요즘 성인들이 걷기를 많이 하는데, 혼자 걷는 분도 많지만 두셋씩 걷는 분들은 재미있게 대화하며 즐겁게 걷습니다. 이런 분들을 보면서 재미있는 소통이 이루어지고 있다는 것을 느낄 수 있어요. 저희가 인천에서 시도하는 '읽걷쓰'는 재미있는 미래교육의 한 모형이에요. 학교는 사회가 급변하는 환경에서 점점 더 움직이는 교실로 바뀌어야 합니다. 이런 필요성이 더 커졌지만, 실제는 점점 덜 움직이는 교실로 되었어요. 지금은 입시 공부하느라 안 움직이고, 더구나 핸드폰을 쥐고 있을 때는 그것 보느라 전혀 움직이지 않는 거지요. 접착제 붙여놓은 듯이 자리에 딱 달라붙어 있어요. 체험 학습 가면 전에는 아이들에게 빨리 들어오라고 재촉하곤 했는데, 지금은 애들이 먼저 와서 다 앉아 있어요. 핸드폰 보느라 빨리 들어와 앉아 있는 거예요.

앞서 말씀드렸듯이, 움직이지 않는 아이들을 위해 1.1.1 스포츠 프로젝트를 2년 전부터 시작했어요. 작년에 초등학교 200교에서 실시했는데 효과가 좋아서 올해부터는 중학교까지 확대했습니다. 기초체육이 단단하지 않으면 엘리트 선수 양성은 어렵죠. 그럼에도 다들 유명한 선수는 되고 싶으면서도 기초체육은 등한시하는 풍토라 인천의 1.1.1 스포츠 프로젝트가 주목받고 있습니다. 이 기획은 자연스럽게 전국화될 것 같아요. 사실 이것은 인천교육청 체육과에서 움직이지 않는 아이들을 어떻게 움직이게 할까 토론하면서 만든 거예요. 제가 한국교육학회에서 읽걷쓰 교육을 발표하며 이 사례를 언급했는데, 어느 분이 여학생들은 안 움직이는데 어떻게 할 거냐고 묻더라고요. 저는 여학교 운동장을 바꿔야 한다고 했어요. 아무것도 없는 텅 빈 넓은 운동장을 체육공원으로 바꿔서 읽걷쓰 수업도 하고 1.1.1. 스포츠도 하고 홀로 사색도 할 수 있는 멋진 체육정원으로 바꾸면 아이들이 나올 거라고 했어요.

요즘 여행이나 탐방하면서 젊은 친구들을 만나보면 정말 다양한 소질이 있다는 것을 느낄 수 있어요. 그러한 친구들이 소질을 계발할 수 있도록 학교가 잘 도와주어야 해요. 우리 주변의 평범한 아이들이지만 나름 특별한 길을 걷고 있는 선배 청년들이, 중고등학생들한테 자기 삶을 이야기하게 하는 거죠. 그러면 서로에게 엄청난 동기부여가 됩니다. 한 젊은이가 "가슴에 불을 지르겠다"고 했는데 그 말이 도화선이 되어서, 아이들이 깜짝 놀라 자신을 일깨우게 되더라고요. 이렇게 동네 선배에게 듣는 말 한마디 한마디가 아이들에게 뭔가 해보고 싶다는 마음이 생기게 하면서 가슴에 불이 지펴지는 거죠. 매일 학교 가서 시험 보고 답 맞추고 하면서 위축되고 잔뜩 주눅 들어 있던 아이들이 이런 동네 선배들 이야기에 힘을 얻으면 삶을 바라보는 시야가 엄청 넓어지는 거죠. 이것을 '우리 동네 위인들'이라는 이름으로 하고 있는데, 상당한 자극이 되는 것 같아요.

1970~80년대만 해도 우수인력이 선진국으로 다 빠져나간다는 의미의 두뇌유출(브레인 드레인)이 심각했어요. 지금은 상황이 많이 달라요. 과학 분야도 한국이 뒤처지지 않아요. 기업활동은 말할 것도 없고요. 그래서 아이들이 기회만 있으면 더 넓은 세상으로 나가 봐야 합니다. 학교 울타리 안에서만 교육받은 아이들이 더 큰 세계를 보고 놀라면서 자극도 받고, 스스로 변해야겠다는 것을 깨닫게 해야 해요. 나가서 부딪쳐 보고 경험해보지 않으면 잘 모르는 거예요.

특수교육 대상 학생들도, 이주배경 학생들도 마찬가지입니다. 교육청은 그런 기회를 열어주고 지원하려고 존재하는 겁니다. 공직자는 모든 이들의 사회적 부딪힘을 장려하면서 길을 찾도록 지원할 책임이 있어요. 이제는 시·공간 거리가 얼마만큼 떨어져 있다는 건 중요하지 않아요. 어디 가도 거기엔 사람들이 살고 있고 자기가 거기서 할 수 있는 것을 찾아내는 역량을 갖추고 살아가게 하면 됩니다.

그런 의미에서 지금은 세계시민교육이 대단히 중요해요. 함께 살아가야 한다고 하면서도 막상 이해가 충돌하면 결국 우리나라, 우리 가족, 우리 출신… 이런 식으로 장벽이 쳐지는데, 이것은 자칫 공멸로 갈 수도 있어요. 끝까지 우리만 살겠다는 것이 결국 섶을 지고 불길로 뛰어들게 하는 거죠. 이렇게 공멸의 길을 가지 않으려면 세계시민적 가치와 인간 존엄성의 가치를 더 강화해서 같이 살아갈 수 있는 방향으로 나아가야 합니다. 당장은 국제관계가 너무 자국중심주의로 흘러 걱정입니다만, 미래를 향해 대한민국이 감당해야 하는 민주적 역할과 책무성은 있다고 봐요. 교육 측면에서는 균형잡힌 글로벌 인재들을 더 많이 배출해야 합니다.

인천 학생들이 더 많은 글로벌 경험을 통해 세계시민으로서의 글로벌 역량을 기르도록 도와야 합니다. 이스라엘의 '빅트립'은 고등학교 졸업 후 1~3년간 세계 어디든지 돌아다니며 세계를 공부하는 겁니다. 영국은 17세기 중반 귀족자제들부터 '그랜드 투어'를 시작했고요. 늦었지만 인천은 '세계로배움학교'라는 이름으로 국제교육교류 사업을 진행하고 있습니다. 이제 우리 역량이 아이들에게 여행을 통해 자기성찰을 하게 할 수 있는 수준이 되었다고 봅니다.

강 대학 간다고, 시험준비 하느라고 청소년들이 자기를 돌아볼 시간이 거의 없이 앞만 보고 달려가죠. 다른 나라들도 비슷해요. 그래서 청년기의 '심리적 유예'가 필요하다고 에릭 에릭슨이 강조했죠. 이때 '자유 여행'이 아주 좋습니다. 해외에 나가 다른 문화와 부딪히고, 변화도 경험하면서 그런 복잡함 속에서 자기를 새롭게 발견하도록 자유롭게 자신을 풀어놓는 시간이 필요하지요. 요즘 국제교류는 양적으로는 크게 확대되었습니다. 국제교류와 여행은 다르죠. 이 둘을 결합할 질적 전환이 필요해요. 이것이 미래로 가는 교육의 길로 이어질 수 있다고 봅니다.

도 모든 여행이나 국제교류는 문화학습이기도 합니다. 우리 사회에서 이제 문화는 국력의 상징입니다. 이러한 문화야말로 인간이 자연에 인간의 힘을 더한 것이죠. 자연과의 공존 속에서 문명이 발전하게 된 가장 중요한 기제가 바로 인간의 역할인데, 그것이 합쳐져서 만들어진 문화가 교류의 대상이거든요. 한 문화가 다른 문화로 흘러가는 순간 문화가 상품이 되죠. 이제 문화가 세계시장을 좌우하는 상품 교류의 대명사가 됐어요. 문화는 그냥 만들어진 소재로 배운다고 해서 되는 게 아니고, 자기가 살고 있는 자연적·사회적 토대에서 투쟁하고 성장하면서 인간이 만들어 낸 역량들이 응축된 것이 문화로 표현된 것이라고 생각합니다.

근대로 넘어오면서 식민지를 겪은 국가들은 문화적 토양이 거의 부정되고 파괴되었죠. 더구나 식민지배 국가들이 우리나라 같은 피식민지 국가는 문화가 없다고 단정해버렸기 때문에 우리나라 독립운동가들은 민족독립이 곧 우리 얼과 혼의 되살리기라고 생각했습니다. 이것이 지금은 우리에게 엄청난 문화적 자산이 되었습니다. 우리나라 말이 다른 나라에서 주목받던 예가 거의 없었지만 지금은 그 영향력이 굉장합니다. K문화가 한국만의 문제가 아닌 지구상의 보편적 주제를 다루기 때문에 세계시민의 공감대를 형성하는 게 아닐까요.

지금은 한국이 엄청난 문화 강국으로 떠오르고 있어요. 이것은 민간의 노력과 아울러 특히 한국 정부의 K-한류에 대한 적극적인 지원의 결과이자, 그 성과가 세계시장에 반영된 것이라고 봅니다. 특히 전통문화 부문에 대한 지원과 투자가 대단했습니다. 제 둘째 아들도 그렇게 해서 모델이 됐어요. 2014년에 한류-K모델을 만들자는 한국모델협회의 기획에 엘리트 모델사가 합작해서 처음으로 15명을 뽑게 된 것이 K-모델의 시작이에요. 지금 K-모델들은 세계적 수준이죠. K-푸드, K-아트, K-pop, K-댄싱, K-팬데믹, K-민주주의까지. 미래산업으로 K-문화에 대한 공적 관심과 지원이 없었으면 이렇게까지 빠른 시기에 성장할 수 없었을 겁니다.

미래교육도 마찬가지입니다. 정부의 인프라, 교육정책과 세계화 전략 등이 잘 맞아야 성공합니다. 이를 위한 지역사회의 적극적 후원과 인식 개선이 필요합니다. 지금은 한국에서 생산하는 것이 다 주목받고 있지만, 세계시장은 이익을 챙길 것은 최대한 챙기고, 그다음에는 다른 아이템을 찾아 더 큰 이익을 위해 떠납니다. 이런 상황에서 생존하고 성장하려면 지금 하는 것과 차별성을 갖고 계속 발전시켜 나가야죠. 시류를 좇아가는 게 아니라 우리의 고유성을 강화시켜 발전시킬 수 있는 것들을 찾아내서 끊임없이 새롭게 가치를 창조해야 해요.

강 지금은 한국이 여러 분야에서 주목받는 세계에 살고 있기 때문에 자칫 오만에 빠질 염려가 있어요. 끊임없는 갱신은 기업뿐 아니라 교육도 마찬가지입니다. 어디선가 본 듯한 미래는 벌써 과거가 돼요.

도 우리 문화가 미래의 중심인 거예요. 아이들이 이런 문화적 자긍심을 갖고 저마다 소질에 맞게 열심히 계발하며 성장하도록 지원하자는 것, 그게 '결대로 교육'의 핵심입니다. 이것은 지역사회와 연계될 때만이 가장 고유성을 지닌 미래 교육으로 꽃필 수 있습니다.

학교와 지역 연계를 위한
교육 거버넌스는 무슨 의미인가?

강 도 선생님은 1993년 6월 10일 "인천의 학교교육 무엇이 문제인가?"를 주제로 발표하면서 인천 교사의 교직 만족도가 전국 꼴찌인 48.1%로, 인천은 타 시도 전출을 위한 체류지라는 인식이 팽배해 있다고 분석하셨는데 지금 상황은 어떻습니까? 당시는 전교조 가입을 이유로 성헌고에서 해직된 뒤 전교조 인천지부 사무국장으로 활동하실 때였고, 지금은 진보교육감으로 2018년과 2022년 2차례 당선되어 인천교육을 이끌고 계십니다.

도 2025년 6월에 조사한 '인천교육을 위한 교육공동체 인식조사 결과'에 의하면, 응답자의 약 85%가 인천교육에 만족하는데, 특히 학생들의 경우 약 93%가 만족하고 있습니다. 학생과 학부모는 '무상교육·교육복지 실현'에 만족도가 높고, 교사는 '인천만의 특색있는 교육 발굴·확대'에 높은 만족감을 표시했습니다.

2018년 선거에서는 인천교육에 대한 지역민들의 교육혁신에 대한 기대 때문에 제가 교육감으로 당선된 것입니다. 저는 '촛불혁명을 이어받아 교육혁명을 이루어 내겠습니다'라고 외치며, 민주 진영 단일후보로 나섰습니다. 인천교육을 '부정부패가 없는 청정교육', '아이들의 꿈을 여는 미래교육', '안전하게 믿고 맡길 수 있는 안심교육', '전국 최초 유치원부터 고교까지 무상교육', '기회는 균등하고 결과는 정의로운 평등교육', '학교·마을과 협력하고 노동을 존중하는 소통교육', '세계시민으로 키우는 혁신교육' 등 7개 교육정책을 제시하며 '함께 만드는 공정한 인천교육'을 향해 나아가겠다고 공약했습니다. 그 공약 실현의 성과는 2022년, 인천 최초의 재선교육감 탄생이었습니다. 선거란 주민들이 내린 사회적 인정이라고 생각합니다. 주민들께서 만족스럽지 않으셨다면 저를 다시 선택해 주시지 않았을 겁니다.

저는 지역이 성장해야 학교가 성장하고, 학교가 성장하면 지역도 성장한다고 확신합니다. 그러기 위해서는 아이들이 인천에서 배우고 자라, 인천에서 일하며 거주하는 선순환구조가 필요하다고 생각했어요. 이런 마음으로 2022년 재선에 임했습니다. '세계를 품은 더 큰 인천교육으로 학생성공시대를 열겠습니다'라는 방향을 잡고, 1기의 과제를 지속하고 보완하면서 2기에는 '안전에 안심을 더하는 책임교육', '꿈을 디자인하는 진로·진학·직업교육', '미래를 준비하는 디지털·생태교육', '함께 성장하는 포용교육', '세계를 품은 인천교육' 등 5개 정책을 제시했습니다. 지금도 시민과 약속한 이 정책들은 꼭 지키려고 노력하고 있습니다.

사람들은 '개천에서 용 난다'라는 말은 옛말이라고 하는데, 저는 지금도 개천에서 용 날 수 있다고 생각해요. 학교교육이 제대로 작동만 되면 얼마든지 가능합니다. 사회가 너무 양극화되어 자기 힘만으로는 아무것도 할 수 없다지만, 우리 사회는 결코 그렇게 닫힌 사회가 아닙니다. 학교에서 아이들을 가르치다 보면 부모가 도와줄 수 없는 아이들이 있어요. 그런 아이가 기죽지 않고 잘 성장할 수 있게 하기 위한 장치를 공교육이 갖추어야 합니다. 학교가 그런 아이들을 부싯돌로 점화시켜주는 역할을 잘 해주면, 학교교육만으로도 충분히 유능한 인재로 성장할 수 있습니다. 학교가 공교육기관에서 할 수 있는 모든 방안을 강구해서 이런 길을 지원할 때,

가장 중요한 것은 아이들이 의욕을 잃어 무너지지 않게 돕고, 아이들 가슴에 불을 지피는 일입니다.

공교육이 그런 적극적 노력을 하는 것, 이게 진짜 교육이죠. 이런 방향으로 교육현장 분위기가 바뀌면서, 지역 학교교육에 대한 인천시민들의 효능 체감도가 많이 높아진 듯합니다. 그래서 이제는 잠시 체류했다 떠나는 인천이 아니라 오래 살려고 오는 인천이 되고 있어요.

교육 때문에 떠났다가 교육 때문에 돌아오는 인천

강 교육의 지역의제화가 지방자치 시대에는 아주 중요합니다. 이를 위해서는 구체적으로 지역교육 의제를 드러내면서 교육 행위주체자들의 참여를 독려해야 합니다. 사실 한국의 교육 평준화는 교육여건이나 교사들이 전혀 준비되지 않은 상태에서 강제되다 보니 선진적인 교육평준화제도가 오히려 지역 간 교육격차를 유발하는 결과를 낳습니다. 특히 평준화 과정에서 공교육에 대한 교사들의 평등주의적 인식이 요구되는데, 오히려 교사들이 낙후된 지역의 학교를 피하는 경향이 있어요. 작고하신 이규환 교수께서는 '대애(大愛)가 없다'는 말로 1970년대 중학교 평준화 현장의 교사문제를 비판했습니다.

도 제가 교사 생활을 시작할 때부터 지금까지도 인천은 교육여건 개선과 교원 확충 문제가 대단히 중요한 의제였어요. 인천은 유입 인구가 계속 늘고 있었지만 교원은 그만큼 확충되지 않고 있었죠. 이 문제를 해결하기 위해 교사 시절부터 지금까지 학교와 교육 당국에 '정원확보' 요구를 해왔습니다. 첫 번째는 첫 부임한 학교에서의 일입니다. 저만 하더라도 당시 수업시수가 39시간이었어요. 너무 과다했죠. 이 문제를 포함해서 학교의 민주적 운영을 요구했고, 그 요구가 수용되면서 10~15명의 교사를 채용할 수 있게 되었습니다. 선생님들께 과도한 수업시수를 덜어 주었을 뿐만 아니라, 학생들에게는 더 많은 시간과 노력을 기울일 수 있는 성과를 가져온 거죠. 두 번째는 법정 인원에 맞춰 교사 수가 학교에 책정되지 못한 부실한 교육환경에 맞서 2003년에 전교조지부장으로서 '법정 인원 교사 확보'를 위한 단식농성 투쟁을 했습니다. 세 번째는 교육감 취임 이후, 지속적으로 교원 정원 확보를 요구하고 있습니다. 특히, 코로나 시기를 거치면서 학생 수 감소에 따라 교원 수도 계속 줄이겠다는 정부 정책에 동의하기 어려웠죠. 교육감 재량을 최대한 활용해서 감축하지 않고 전년도 수준으로 유지하며, 학교현장의 어려움을 덜어 주겠다는 각오로 버티고 있습니다.

학생 수가 줄고 있는 지금이 어찌 보면 교육여건을 개선할 좋은 기회지요. 학급당 학생 수를 20명 이하로 줄이면 지금의 학급 수를 줄이지 않고 교사 수를 유지해서 한국 교육지표도 OECD 평균 이상으로 올릴 수 있을 텐데, '학생 수가 주니까 교사 수도 줄인다'는 경제논리만 내세워 교사 수를 줄여가는 거죠. 교육청 차원만으로는 해결하기 어려운 문제이니, 시민 모두가 합심해서 노력해야만 이 문제가 해결될 수 있을 것 같습니다.

제가 전교조 지부장 할 때 지역의 제반 교육문제를 종합해서 '학생 학습환경·교사 근무환경 개선을 위한 연구조사'를 실시했습니다. 그 결과를 공청회에서 보고하며, 학교교육시설, 교원인사, 무상급식, 학교시설 등 인천교육의 열악함을 주민참여로 해결한다는 원칙으로 '인천교육 환경개선 특별법' 제정 운동을 시작했어요. 그때 구청장, 국회의원 및 지역 시민 등 거의 35만 명의 서명을 받아 청원했지만 특별법 제정까지는 못 갔어요. 그래도 서명 청원 과정을 통해 인천교육 개혁의 방향에 가닥이 잡힌 거죠.

그때만 해도 공부 잘하는 많은 학생이 서울 목동이나 강남으로 이사 갔어요. 그게 당시 심각한 지역교육 문제였어요. 지역신문에서는 '서울대 몇 명밖에 못 갔다'는 기사를 계속 내니 학교 분위기가 말이 아니었죠. 그렇게 인천은 오래 살고 싶지 않은, 떠나고 싶은 도시 이미지에 갇혀 있었습니다.

지금은 인천의 치안 순위가 전국 1~2위예요. 수도권의 경우 서울이라는 블랙홀이 돈도, 인재도 다 빨아들여 가는데, 여기서 벗어난 도시가 인천입니다. 현재는 분명 달라요. 모든 차원에서 인천의 교육역량이 엄청 높아졌어요. 그래도 현실을 호도하며 "전교조 교육감이 있는 인천은 학력이 꼴찌"라고 악선전을 하지만, 지금은 학교 분위기가 살아나 학생들이 자기 계발에 전력하기 때문에 자기만의 경로로 성장하고 있어요. 전에는 교육 때문에 인천을 떠났는데 지금은 교육 때문에 인천을 찾는 사람이 늘고 있죠.

강 맘카페에 들어가 보았는데, 인천지역 학부모들이 자녀 대학 진학을 안심하는 분위기가 느껴집니다. 특히 자사고나 특목고에 대한 기대가 엄청 높아 보여요. "조금만 이성적으로 생각하고 합리적으로 입시전략을 짜면 상당한 기회가 있는 곳이 인천이다"라는 만족어린 기대를 표출하네요. 학부모들로서는 당연한 기대라고 생각합니다. 그러나 다른 한편으로는 이러한 특목고 중심의 과도한 기대가 일반고 학생들에게 열등감을 주는 게 아닌지 걱정되기도 합니다. 모두를 위한 포용적이고 공평한 양질의 교육을 위해 사회적 자본화된 교육격차를 어떻게 해소할지는 교육감들의 당면과제입니다. 지역 간, 학교 간 편차가 초래한 아이들의 상실감이 사회적 폭력으로도 비화할 수 있어, 사회안전망 구축 차원에서도 공평한 교육환경 구축은 매우 중요합니다. 특목고 말고도 학교교육 혁신에 대한 지역 주민의 요구가 다양할 텐데 어떤가요?

도 일제는 을사늑약 이후 보통학교로 학제를 개편하며 우리의 기존 소학교 흔적을 없애려 했습니다. 인천은 근대 개항의 시발지이지만, 한반도 역사의 발전과 아픔을 안고 있는 지역이기도 합니다. 저는 인천시민뿐만 아니라 한국인 모두가 개항지 인천의 포괄적 역사를 알아야 세계로 나아가는 교육의 토대를 명확히 세울 수 있다고 생각합니다. 그러기 위해서는 균형 잡힌 교육혁신이 인천에서 안착되어야 합니다.

교육이란 모두를 위한 포용적이고 공평한 양질의 교육을 공적 가치로 실현해야 한다고 생각합니다. 어떤 교육이 바람직한가 아닌가는 아이들 곁에 달려있습니다. 고도의 지적 활동을 즐겨 하는 아이가 있으면 지적 발달을 촉진시킬 수 있는 교육 여건을 만들어줘야 하고, 손재주가 뛰어나거나 기계 만지는 것을 좋아하여 기능공이 되기를 원하는 아이가 있으면 일찍부터 관련 교육을 받을 수 있도록 제도를 마련해 줘야 합니다.

그래서 읽걷쓰 같은 종합적 교육역량개발 프로그램을 통해 특목고 아이들뿐만 아니라, 모든 아이들이 균형 잡힌 사고를 하도록 기회를 확대해야 하는 거지요. 직업계고 학생들도 마찬가지입니다. 기능만을 연마하는 직업교육이 아니라 종합적인 삶의 힘을 발달시킬 수 있도록 읽걷쓰를 함께 하자는 것이지요.

세계 어디에도 하나의 교육만 있는 곳은 없습니다. 인천은 교육권역별 교육적 요구가 다릅니다. 주로 원도심에서는 '젊은 부모가 떠나지 않게 해달라'는 반면 신도심에서는 '과밀 과대 학교를 해소해 달라'고 하지요. 이렇게 과소와 과밀이 상존하는 인천에서 교육정책을 펼 때 원도심 지역이나 도서(島嶼) 지역을 별도로 할 것이냐, 통합해서 할 것이냐, 아니면 제3의 경로를 만들어서 할 것이냐 등 고민이 많죠. 경제적, 문화적, 사회적 격차와 더불어 교육격차 해소 문제는 인천교육청이 당면한 중요한 핵심과제예요.

그래서 이제는 이 점을 근본적으로 다시 성찰할 때가 됐다고 생각해요. 모든 학생에게 균등한 기회를 보장해야 합니다. 예를 들면, 저는 국제교류에서 영어 한 가지만을 기준으로 학생을 선발하면 안 된다고 생각해요. 나중에 어떤 사람이 될지는 아무도 모르니까 모든 아이가 고루 선발될 수 있게 해야 합니다. 그래서 해외 교류 학생 선발할 때 학교별 안배도 참고해서 인문계고, 특목고, 특성화고 등을 일정 비율로 정하여 영어가 다소 미흡하더라도 함께 선발해서 보내면 좋겠다는 의견을 냈어요.

학창기엔 학교별로 친구들이 나뉘어 있지만, 다양한 융합이 이루어질 수 있는 이런 특별프로그램을 통해서라도 통합의 가치가 교육에서 실현되게 해야 합니다. 나와 다른 문화와 사람을 수용하며 더불어 함께 이끌어갈 수 있는 사람이 미래지향적 지도자입니다. 그렇지 않고 우리끼리만 하겠다고 벽을 쌓으면 결코 온전한 지도자로 성장할 수 없죠.

강 지역이 교육적 기능을 포괄하게 하는 것이 필요합니다. 가능하면 아이들을 지역사회공동체에서 돌보고, 교육하고, 일하고, 거주하게 하는 것이 사회적 안정화에 유의미한 정책입니다. 자녀가 있는 주민 입장에서는 학교교육의 안정적 발전이 가장 핵심적인 정주 요인으로 작용할 겁니다. 저만 해도 지역에 내 아이가 걸어서 다닐 수 있는 괜찮은 학교가 있는가가 주거지 선택에서 우선적으로 고려한 요인이었어요. 그런데 공교육 정상화를 일반학교 위주의 교육정책 장려로 설정하는 진보교육 관점에서는, 좋은 학교교육을 지역 특목고와 연결시키려는 시도를 비판하지요.

도 교육의 근본적인 제일 전제는 '기회는 평등하게 결과는 정의롭게' 라고 생각합니다. 저는 한시도 이 원칙을 벗어난 적이 없습니다. 시대 변화에 탄력적으로 대응하는 교육철학을 기반으로 모든 아이의 결에 맞춰 모두를 위한 교육을 실천하고자 했습니다.

현재 인천에는 8개 구와 2개 군이 부분통합된 5개 교육지원청이 있습니다. 강화권역(강화도), 남부권역(중구, 동구, 미추홀구, 옹진군), 서부권역(계양구, 서구), 북부권역(부평구), 동부권역(연수구, 남동구), 이렇게 구성되어 있습니다. 5개 권역의 교육문제는 해당 지역학교 및 주민들과 논의하고, 지자체와 협력하면서 대처하고 있습니다. 인천의 경우 원도심과 신도심의 학급당 학생 수가 다릅니다. 2025년 인천 전체 학급당 학생 수 평균이 30.3명이지만, 원도심은 이보다 적고 신도심은 이를 초과합니다. 이같이 교육권역별 교육여건이 차이가 나고 교육적 기대도 다릅니다. 특히 특목고 관련해서는 학부모들의 기대와 요구가 많지요. 저는 가능하면 일반교육에 통합하여 학생들의 특수한 요구를 반영하는 것이 좋은 방법이라고 생각합니다.

인천은 5개 구역별로 특목고 8개가 고루 분포되어 있어요. 7개는 공립이고 1개는 사립인데, 교육목적은 과거와 변화가 없지요. 그래서 미래세대에 요구되는 혁신적 특수목적고등학교의 설립에 관한 문제도 교육기회의 다양성 측면에서 논의해 볼 필요가 있다고 생각합니다. 저는 대학에 가야만 출세한다고 생각하지 않습니다. 단연코 '결대로 교육'을 통해 자기 길을 찾아가게 하자는 것이 저의 교육철학입니다.

강 우리나라 공교육 교사들은 국가공무원이죠. 지방직이 아니어서 신분안정 면에서는 아주 좋지만, 지역적 자기 특성을 발전시킬 동기가 크게 부여되지 않습니다. 4년 단위 순환보직제도도 한 몫을 담당하는 것 같습니다. 외국의 학교 이야기를 들어보면 담임이 초등학교 내내 한 분이었다, 졸업 후에도 자주 학교에 찾아 가서 선생님을 뵙는다, 선생님이 동네에 같이 사신다 등등, 이런 이야기들입니다. 그런 지역교사 개념이 우리에게는 없습니다. 학교는 지역에 따로 존재하는 상아탑 같은 기구입니다. 지역자원을 활용할 생각을 거의 잘 안 합니다. 우리는 학교관리자를 CEO라고 하지 않죠. 교장은 교육의 책임자이지 학교행정을 일일이 처리하는 행정가가 아니란 뜻입니다. 이 점이 지방교육자치가 오랜 관행인 다른 선진 외국과의 차이라면 차이죠. 우리나라는 지방교육자치를 실시한 지 30년이 지났는데도 관 주도의 중앙집권적 운영방식에서 벗어난 것 같지 않아요.

도 과거에 비해 건강한 민주주의 체제를 갖추긴 했지만 사회 전반적으로 중앙집권적 성격이 여전히 남아 있지요. 영국, 덴마크, 네덜란드나 독일 등 유럽 국가들은 도시마다 색다른 산업을 발전시킬 수 있었다고 합니다. 그렇게 형성된 분권적 가치가 유럽을 선진 민주국가로 만들 수 있는 토대죠. 제 둘째 아이가 모델로 세계 곳곳을 다니는데, 뮌헨이나 함부르크, 밀라노, 런던, 마드리드, 리스본 등 유럽 어디를 가도 지역 고유의 섬유 산업이 살아있다고 합니다. 핵심은 분권이에요. 이런 분권적 사고가 바탕이 돼서 이루어진 통합 국가들의 민주주의에서는 지방자치가 핵심이지요.

반면 우리나라는 아래로부터의 민주주의를 이룬 문화강국입니다. 비록 지방자치의 뿌리는 약하지만, 지방선거를 통해 변화가 조금씩 일어나고 있는 것을 볼 수 있어요. 국가공무원이든 지방공무원이든 다 국민을 섬기는 봉사자죠. 교육공무원이라 함은 고용 불안에 떨지 말고 소신껏 교육하라는 의미가 담겨 있는 겁니다. 그렇지만 안정적 신분만 보장되는 듯할 뿐, 실제 교육의 핵심인 교육과정은 대학입시라는 평가체제로 인해 교사의 완전한 교육자율성으로 가져가기가 어렵죠. 교육감은 선출직이지만 부교육감은 중앙정부가 파견하고, 예산도 중앙에서 기준을 정해 편성해서 나눠주는 구조니까 자율적인 여지가 적습니다.

그럼에도 교육의 방향이 바뀌면, 교육과정도 지원체계도 달라지기 시작합니다. 그래서 '진짜 공부를 시키자'는 정책을 세웠습니다. 공부를 시키지 말자는 게 아니라, 나에게나 사회에 유익한 진짜 공부를 진짜 열심히 하게 하자는 것이지요. 살아가는 데 필요한 삶의 무기들을 만들어내는 공부를 하게 하자는 겁니다. 삶의 힘을 키워 대학 진학뿐만 아니라 스스로 삶의 주인공이자 민주공동체의 시민으로 살아갈 수 있도록 돕자는 것이지요.

기존 학교교육의 한계를 넘어서기 위해, 저는 교사의 자율성을 살려 '지역에서 생각하는 미래에 대한 교육'을 창안하며 실천하고자 노력하고 있는데, 삶의 힘을 기르는 통합교육 모형인 '읽걷쓰'가 그것이죠. 단, 여기서 만들어진 교육의 어떤 창발적인 부분에 대한 평가를 어떻게 체계화할지는 좀 더 연구해야 합니다. 이것을 구체화하면, 읽걷쓰의 철학과 내용이 어떻게 학교교육에서 창의적 교육방법으로 실행되고, 학생들의 삶에 변화를 일으켜 행동변화를 가져오게 할지에 대한 총체적 평가가 가능해진다는 것입니다. 이것이 인천형 바칼로레아(IB, Incheon Baccalauréat)입니다. 이렇게 선순환적인 평가체계가 갖춰지면, 읽걷쓰는 지금까지 논의된 다양한 교육 이론들과 연결되면서, 교과수업, 창의적 체험활동, 학생활동, 방과후 교육과정, 동아리활동 등 모든 교육활동의 실천적 플랫폼으로 충분히 활용될 수 있다고 봅니다.

인천에는 교장선생님들이 자발적으로 만든 '미래교육 포럼'과 5개 권역별 교장, 교감, 교사들이 주도하는 '두레'라는 교육자 연구모임이 있어요. '두레'에서는 모든 참여자가 1인 1주제를 선택하여 연구해서 발표합니다. 그간 500여 명 넘게 연구발표가 진행되었습니다. 여기서는 발표와 토론이 집약적으로 이루어지고, 그 가운데 정책화가 가능한 것은 바로 정책으로 실행되기 때문에 참여자들이 정책적 효능감을 바로 느낀다고 합니다. 최근 참가 인원이 늘고 있다는데, 토론하면서 서로 배울 것이 많아서 그런 것 같아요.

제가 인천형 혁신학교인 행복배움학교를 '결대로 자람학교'로 바꾼 것도 이런 논의를 통해서입니다. 당시 혁신학교가 많이 위축되는 분위기였어요. 인천 혁신교육을 살리기 위해 행복배움학교의 교육 방향과 명칭을 혁신교육 철학에 맞추어 바꾸니, 인천형 혁신교육이 살아나기 시작했죠. 교육 방향과 명칭을 변경하는 논의과정에서 우리가 언제 행복한가 따져 보니, '내가 하고 싶은 것을 할 때 행복했다', 즉 '나의 결에 맞는 교육을 찾았을 때 행복했다'는 거죠. 그렇게 자기가 하고 싶은 것, 좋아하는 것을 찾아서 올바로 성장하는 것이 결대로니까 '결대로 교육'이라고 하자고 했어요. 그러한 철학적 기반의 학교 이름에 아이들 성장을 포함하는 '자란다'는 의미를 붙이자고 해서 '결대로 자람학교'가 된 거예요. 교원대학교

김성천 교수가 인천 결대로 자람학교 사례를 평가하면서 "읽걷쓰와 결합된 결대로 자람학교는 인천형 혁신교육의 틀로 안착되는 것 같다"라고 의견을 내기도 했습니다.

교육 거버넌스로 교육자치의 내실을

강 우리가 원하고 만들어가야 할 사회는 돈보다 보람이 더 가치롭게 여겨지는 사회입니다. 꿈같은 이야기일지 몰라도 여기서는 창의력과 경험이 가장 중요한 기준이 되고, 남들이 쉽게 경험하지 못하는 기이한 업적을 남긴 사람들이 존경받게 됩니다. 영국에서 역경을 이겨낸 학교를 선정해서 책자로 낸 것을 보았는데, 아주 특별한 일반학교들이에요. 교사가, 학부모가, 학생이 원하는 뜻을 교육목표로 설정해서 지역적 특색을 반영하여 교육과정을 구성하고 실행하는 낙후된 지역의 학교들입니다. 다들 신났고, 열심히 참여했고, 그 결과 교육공동체 성장의 기쁨을 다 함께 나누고 있었습니다. 그중 두 곳을 방문했는데, 시설보다 분위기가 압도했습니다. 제가 추구한 민중교육 기반의 혁신학교 방향이어서 기뻤습니다.

학교는 학생 자신이 원하며 가치 있다고 여기는 일이 무엇인지 꾸준히 모색하고 그 일을 할 기회를 찾도록 안내하는 역할을 해야 합니다. 여기서 시민참여가 가장 중요한 자질로 인정되는 시대를 살아가는 아이들을 적극적 시민으로 양성하기 위해선 학교의 지역참여 기회를 확대해야 합니다. 그 안에서 아이들이 지역을 구석구석 찾아다니면서 지역 현안을 생각하고 문제해결의 모형을 만들어낼 수 있어야 합니다. 그런 의미에서 학교는 아이들을 위해 잘 다듬어진 작은 지역공동체입니다. 이 안에서 아이들은 폭넓게 사고하며 미래방향을 그릴 수 있게 됩니다. 이렇게 만드는 것이 학교의 책임이고 지역의 책임일 겁니다. 이를 위해 마을교육공동체 활동이 필요한 거죠.

도 "한 아이를 키우는 데 온 마을이 필요하다"라는 아프리카 민담은 어느 사회에나 해당하지요. 마을이 건강해야 학교도 건강하고, 역으로 학교가 건강해야 마을도 건강하지요. 아무리 학교에서 통합의 가치를 가르쳐도 지역사회에서 이를 수용하지 않으면 그것이 내면화되지 않습니다. 그래서 학교와 지역의 상호이해와 협업은 꼭 필요합니다. 학교에서건 가정에서건 지역사회에서건 끊임없이 협업할 것을 모색해야 합니다. 모색이란 생각입니다. 학교뿐 아니라 지역에서도 아이들이 생각을 모으고 실현할 수 있는 길을 찾을 수 있게 해야 합니다.

저는 행복배움학교인 동암중학교에서 교장으로 재직했습니다. 학교 혁신의 첫걸음은 선생님들과의 대화였습니다. 수요 교사모임을 통해 수업혁신과 생활교육의 혁신 방안을 찾아가니까 한 학기만에 학교의 모습이 바뀌었어요. 학부모 활동도 무척 활발해졌죠. 학교운영위원회에 못 들어가는 학생들을 '교육 3주체 회의'에 참여시켜 맘껏 이야기하게 했어요. 또한, 학부모-교사 간담회를 만들고, 학생 자치 활동과 학부모 강좌도 만들어 실행하다 보니, 이런 활동들이 더 큰 상승효과를 일으키기 위해서는 교실 안에서만 머물러선 안 된다고 생각했어요. 마을과 연계가 필요했던 거였어요. 조금씩 조금씩 마을과의 접점을 넓혀가다 보니, 아이들이 자연스럽게 지역에 관심을 갖게 되었죠. 아이들이 살고 있는 마을에 대한 연계수업을 위해서는 학교 밖으로 나가야 합니다. 그렇게 하다 보니 지역 자원과 학교가 연결되는 선순환구조가 만들어지게 되더군요. 공부도 많이 하게 되었지요. 다른 지역 탐방도 많이 갔고요.

이러한 지역연계 교육을 열심히 하다 보니 자연스럽게 지역과의 연계가 지역자원 활용으로 이어지고, 그 결과를 학교에서 학습 자료로 사용할 수 있게 된 겁니다. 재미있는 사례가 있어요. 과거 이 지역에 지역 사람들과 함께하는 '꽃밭골'이라는 축제가 있었다는 것을 찾아내서, 그것을 되살려 다시 '꽃밭골 축제'를 열었죠.

정부의 정책 기조에 따라 마을교육의 활성화 정도가 달라지기도 하는데, 인천은 상대적으로 큰 타격을 받지 않았어요. 저희는 정치적 당파성에 이끌리지 않고 지역 조례를 만들어 교육혁신지구로 살렸죠. 인천의 교육혁신지구는 마을교육공동체를 위한 틀입니다. 강화 교동도의 난정평화교육원은 지역주민의 참여와 요구를 결집하여 설립한 거예요. 주민 속으로 들어가서 설득하고 합의해서 만든 거지요. 이같이 교육혁신지구 활동에는 보수도 진보도 없습니다. 지역주민이 하고 싶어 하는 교육활동이 중심입니다.

이런 차원의 마을교육공동체 활동을 한 발 더 진전시키다 보니 '마을교육 주민자치회'가 만들어지고, 이를 중심으로 지역교육 활동이 펼쳐지니까 자연스럽게 행정복지센터와 주민자치회가 합류하게 되었습니다. 청소년들이 마을축제 무대에 올라가고 젊은이들이 동네 투표에 참여하며 동네 문제에 관심을 갖고 문제해결을 위해 노력하니까 온 동네가 활기를 찾는 거죠. 동네 축제에 학교장이 참여하니까 마을에서 학교운동장 빌리는 게 쉬워졌다며 다들 행복해하죠. 강사가 필요한 프로그램이나 강사 자체를 양성하는 과정은 지역 내 대학과 협력해서 진행하죠. 이렇게 지역에서 필요한 일을 다 함께 계획을 세워 지역자원을 활용하여 실천하니, 모두가 만족해 했어요. 지역사회 교육 활성화를 위한 결합이 동사무소, 주민자치회, 교육청 3자 교육 거버넌스 틀로 자연스럽게 발전되는 겁니다. 이러한 마을교육 주민자치회 활동이 지금은 재미있게 다양하게 전개되고 있어요. 이는 마을 주민 간, 학교와 지역사회 간 상호이해와 협력 증진의 계기가 됩니다.

강 교육자치제에서 교육 거버넌스 구축은 시대적 요청으로 시급히 안착되어야 할 정책적 방향입니다. 한국 교육자치제의 특수성인 일반행정과 교육행정의 분리는 정치적 중립성 측면에서 보면 다행스럽지만, 이행의 효율성 면에서는 한계도 있지요. 이런 점에서 지역에서 교육 거버넌스, 즉 교육 관련 기관과의 협치 구조가 요구됩니다. 도 선생님은 지난 11월 국회토론회에서 교육 거버넌스 활성화 법제 마련에 대한 확고한 입장을 밝히셨죠.

도 교육 거버넌스는 시대적 요청이며 세계적 흐름입니다. 학생, 학부모, 교직원, 시민 모두가 동행하고 협치에 참여하는 탄탄한 교육 거버넌스 구축이 필요합니다. 이것이 교육자치의 핵심이죠. 민주적 교육 거버넌스 틀 없이 교육자치제는 성립하지 않습니다.

저는 2018년 저의 첫 번째 교육감 선거에서 '민관 협치기구 인천미래교육위원회 신설'을 공약으로 발표했습니다. '인천미래교육위원회'는 정책 결정 과정에 시민이 참여하고, 집행은 관련 법률에 따라 관련 기관이나 단체가 담당하는 교육 거버넌스 형태의 조직입니다. 당시 교육청은 정책 결정 및 추진 과정이 투명하고 공정하다고 보기 어려웠습니다. 학생과 교직원은 물론 학부모와 시민 모두가 교육 주체로 바로 서게 하는 인천교육 민주주의가 필요한 시점이었습니다. 그래서 교육감과 시민대표가 민관 협치기구 대표를 맡고, 인천시민, 학부모, 지역교육전문가, 교직원, 노조 등 다양한 인천의 구성원들이 참여하여 인천의 교육정책을 협의하는 단위를 구상하게 되었습니다. 이런 산고(産苦)의 과정을 거쳐 열매 맺은 기구가 '인천미래교육위원회'입니다.

이후 2019년 7월 「인천광역시 미래교육위원회 설치 및 운영에 관한 조례」를 제정했고, 이를 기반으로 2019년 11월, 제1기 인천광역시 미래교육위원회를 발족했습니다. 더 나아가 2021년 8월에는 전국 최초로 시청-시의회-지자체와 〈2030 인천미래교육 공동비전〉을 선언했습니다. 2024년 9월에는 조례 개정을 통해 한층 진일보한 민관 협치를 위해 시의회-지자체가 함께하는 특별위원회를 구성하여 협치의 성숙도를 높였습니다. 현재 미래교육위원회는 3기 활동을 이어가고 있습니다. 민관 교육 거버넌스인 인천광역시 미래교육위원회는 사회적 대화를 구현하는 기구라고 볼 수 있습니다.

〈2030 인천미래교육 공동비전〉은 '행복한 배움, 다채로운 성장, 함께 하는 인천교육'을 지향하는 것으로 이는 사회적 대화를 통해 공유된 비전입니다. 이러한 비전을 어떻게 교육정책화할 것인가는 우리 교육청의 과제입니다.

저는 코로나 3년이 남긴 교훈을 잊을 수 없습니다. 닫힌 교문을 보며, 벽을 문으로 만들기 위해 고민하고 토론하며 지속발전가능한 인천교육을 위한 해법 찾기에 골몰했습니다. 그렇게 해서 당시 가장 큰 고민이었던 진로상담과 진로체험을 위해 사이버진로교육원을 만들었습니다. 그 외 동아시아국제교육원, 난정평화교육원, 대중예술고등학교 등의 신설은, 인천교육의 균형적 발전을 희망하는 집단지성이 낳은 결실입니다. 이 모든 것은 교직원, 학부모, 지역사회가 함께했기에 가능했습니다. 중앙정부의 대책만 기다려선 학생들의 교육적 요구와 필요를 채워줄 수 없겠다고 판단했습니다. 그래서 지자체와 마을, 학교를 넘어 지역주민의 힘을 모아 '벽을 문으로' 만들며, 인천 미래교육의 튼실한 토대를 만들 수 있었습니다. 이것이 바로 '교육 거버넌스의 힘'이라고 생각합니다. 이제는 학생, 교사, 학부모 등 교육 3주체에 교육청과 지역사회까지 5주체가 합쳐 인천교육 협치의 틀을 새롭게 만들어야 합니다. 5주체가 힘을 합칠 때 미래교육의 바탕도 만들어지고, 지역 특색 교육도 더욱 튼실해집니다.

지금은 인간-자연-AI가 공존하고 협력해야 하는 시대입니다. 우리 사회가 부닥치고 있는 '사회적 양극화, 전쟁과 분쟁 등 갈등 심화', '지구 평균 기온 2도 이상 상승 등 지속 가능한 지구의 문제',

'기술이 인간을 초월하는 시기가 2029년으로 당겨진 AI 대전환', '진짜 공부 말고 시험공부 하라는 세상', '학벌과 스펙 대신 전문 역량을 요구하는 인재상의 변화' 등은 결국 우리 모두가 함께 헤쳐가야 할 시대적 과업입니다. 이러한 전환의 시대에 교육도 달라져야 합니다.

아이들이 나다움과 인간다움을 지니고 더 나은 세상을 위해 행동해야 하는 주체가 되어야 합니다. 그러려면 AI 기계 문명의 노예가 되지 않고, 주도적으로 삶을 살아갈 힘이 자라야 합니다. 그 힘이 바로 '읽걷쓰'를 기반으로 한 "인간성을 갖춘 돌파력"이라고 생각합니다. 삶의 힘이 자라도록 돕기 위해 "아이들을 틀에 가두지 말자. 지역이, 마을이 아이들의 말에 귀를 기울이며, 아이들을 믿고 기다려주자. 아이들의 생각을 마을의 정책에 담아 함께 걸어가자"는 것입니다. 이러한 실천적 지성이 모이도록 돕는 것이 교육 거버넌스입니다.

교육 거버넌스는 이미 국제적 '표준'이 되어가고 있습니다. 캐나다에는 민간주도형 중간지원 조직인 '커뮤니티 리소스 센터(Community Resource Centre)'가 있습니다. 지역 학생들의 배움과 성장을 위해 마을이 참여하는 구조로, 인천의 '마을교육공동체'와 유사합니다. 일본의 '커뮤니티 스쿨'은 학교와 지역사회의 연계·협력에 기초하여 특색있는 학교 만들기와 지역 특성과 요구에 부합하는 교육을 실천하고 있는데, 인천의 '강화 교육 발전 특구'와 닮아 보입니다. 이처럼 교육 비전 공유를 위한 연대와 협력이 지속적으로 실현되려면, 자발적 참여 수준을 넘어 지속 가능한 구조를 위한 제도적 기반이 조성되어야 합니다. 인천은 조례를 통해 제도적 기반 위에서 교육 거버넌스를 발전시키고 있습니다. 〈2030 인천미래교육 공동비전 선언〉 외에도, 각종 분과위원회를 중심으로 포럼과 대토론회를 열어 함께 나아가야 할 교육방향에 대한 사회적 합의를 도모하고 있습니다. 인천시민 정책 역량 증진을 위한 시민 아카데미도 운영하며 핵심역량을 강화하고 있고, 중장기 관점에서 교육정책을 제안하는 「인천 미래교육 2030」을 발간하며 협력적 교육 거버넌스를 확산하고 있습니다.

하지만, 「인천광역시 미래교육위원회 설치 및 운영에 관한 조례」는 교육 거버넌스 관련 법령 부재로 지방자치법 제130조(자문기관 설치 등)와 같은 법 시행령 제78조(자문기관 설치요건)에 따라 설치했기 때문에, 교육청에 정책에 대한 조언과 의견을 제공하는 자문기구로서의 한계를 넘기 어렵습니다. 그래서 실질적인 정책 평가와 개선으로까지 이어지기에는 제약이 있지요. 인천광역시교육청과 지역사회 내 다양한 거버넌스 조직과 연계하거나, 지방자치단체와의 협력적 거버넌스 구축도 어렵습니다. 국가교육위원회 같은 광역단위 교육 거버넌스 간 교육정책에 대한 공유도 기대하기 어렵습니다. 따라서 교육 거버넌스 이행에서 다른 지역보다 상대적으로 앞선 인천이 '교육 거버넌스 활성화를 위한 법령' 제도화를 선도해야 할 것입니다.

지역사회와 함께하는 돌봄

강 교육 거버넌스 차원에서 활성화해야 할 분야가 바로 지역사회 돌
봄입니다. 오늘날에도 우리 사회에는 부모님과 함께 살 수 없는
아동들이 많습니다. 이혼이나 사별 혹은 불행한 사건 등으로 가
족이 어려움에 처해 자녀들을 아동시설에 위탁하는 경우가 있어
요. 저는 이런 아동을 시설에서 키우지 말고 일반 위탁가정에서
양육하자는 시민단체 일을 돕게 되면서 가정 친화적 양육환경이
아이 성장에 얼마나 중요한 여건인지 절감했습니다.

학교교육에서 돌봄의 필요성이 많이 강조되지만 정작 교육과
돌봄업무가 분리되어 있어 난감할 때가 많습니다. 한 아이가 교사
에게 교실에서는 수업을 받고 방과 후에는 집에 가면 혼자 있어야
하기 때문에 학교 돌봄교실에 남아 돌봄을 받아야 합니다. 이런
현실에서 우리는 학교에서의 교육과 돌봄의 관계를 어떻게 해야
할까요? 당연히 돌봄아동 중심으로 설정해야 합니다.

이전에는 돌봄 기능은 전적으로 가정이 맡았습니다. 학교는 말
그대로 가르치는 일만 하면 됐어요. 하지만 학교교육 기회가 크게
확대되고, 학교교육의 기능도 분화되어 이제는 배우는 것을 학교
에서만 할 수 없는 단계에 와 있습니다. 학교는 이보다 더 필요한
인간공동체적 연대, 즉 마음의 움직임을 다스리는 정동적 측면인
돌봄을 함께 하는 것이 당연하게 되었습니다. 돌봄의 핵심은 어린
아이를 집이나 학교에서 혼자 있게 하지 않는 것, 밥을 제때 먹이
는 것, 숙제나 놀이 등을 도와주는 것, 그리고 심리적으로 위축되

지 않게 정서적 지원을 하는 것 등입니다. 이러한 돌봄 기능은 이전엔 가정의 일이었지요.

'식구(食口)'는 옛날엔 밥을 같이 먹는 가족입니다. 밥을 집에서 먹지 학교에서 해줘서 먹지 않았습니다. 요즘은 아이들이 밥을 집에서보다 학교에서 급식이나 간식으로 먹는 때가 더 많아요. 방과후에도 집에 가면 아무도 없어요. 그래서 아이들이 학교에 남아 친구들과 놀며 공부하다 가도록 아이들을 안전하게 보호해 주는 것이 돌봄이기에, 이제는 학교교육의 기능에서 돌봄을 말하지 않을 수 없어요. 아이들의 안전한 성장과 발달을 위한 사회적 돌봄의 안착을 위해 학교와 지역사회 간 협치는 반드시 이루어져야지요.

도 저는 어렸을 때 부모님과 떨어져 할머니·할아버지 집에서 살았어요. 그때만 해도 돌봄교실이나 지역사회 어린이집 같은 시설이 없어서 일하는 부모님 입장에서는 아이를 맡길 데가 없었을 겁니다. 지금은 우리나라가 사회·경제적으로 많이 발전했음에도 어려운 처지에 있는 아이들이 많습니다. 우리 지역에도 상당수입니다.

최근 '학생맞춤통합지원법'이 통과됐는데, 이것은 자연히 학교 돌봄 정책과 연결될 수밖에 없어요. 학생맞춤통합지원이란 학생의 학습참여를 어렵게 하는 기초학력 미달, 경제적·심리적·정서적 어려움, 학교폭력, 경계선 지능, 아동학대 등 다양한 문제를 통합적으로 해소하고, 학생의 전인적 성장과 교육받을 권리 향상을 위해 이루어지는 복합적 지원입니다. 사회적 취약아동의 교육과 돌봄 지원을 위한 법적 근거가 마련됐으니 이것이 실질적 효과가 있게 노력해야죠.

정부가 늘봄학교를 추진하는 과정에서, '학교 교사와 늘봄교사와의 업무 분장 문제' 그리고 각자의 역할 및 자질 등을 둘러싸고 갈등이 많았지요. 2025년 2월 대전의 한 초등학교에서 발생한 하늘 양 사건으로 학교에서 늘봄학교 운영을 염려하고 기피하는 분위기가 생기니까, 정부에서는 지역돌봄센터를 설립하여 한곳에서 돌봄을 수행케 하는 조치를 취하고 있어요.

인천교육청에서는 지역별 거점 돌봄센터를 지정해서 여러 학교의 아이들을 돌보는 구조를 만들었어요. 아이들이 계속 줄어드는 추세여서 앞으로 돌봄의 형태는 어떻게 가야 하는가에 고민이 많습니다. 어떻게 학교에서 교육과 돌봄을 운영할지 다양한 의견이 있습니다.

미래학자들은 학교 소멸을 이야기하죠. 그러면서 학교교육의 기능 중 남아 있을 중요한 것이 인간교육의 정동적 측면인 돌봄 기능이라고 보더라고요. 사회적 취약 아동뿐만 아니라 모두를 위한 돌봄, 아무도 사회적 돌봄으로부터 소외되지 않는 통합형 돌봄으로 나아가야 하는데, 그 실현 방안이 걱정입니다. 많은 나라들도 같은 고민에 처해 있습니다. 미국, 영국, 호주 등에서 접근하는 '협력적 분리(collaborative distinctiveness)는 학교에서 아이들 돌봄을 행할 때 교사와 돌봄교사가 각자 전문적 역할을 존중받으면서 아이를 중심에 두고 긴밀한 협력을 한다는 원칙입니다. 우리도 이처럼 돌봄을 비롯한 교육복지업무가 교사들의 교육전담 업무와 충돌하지 않도록 슬기롭게 협력적 분리정책을 펴야 합니다.

강 인터뷰 서두에서 이야기했듯이 도 선생님이 교직에 입문한 지 40년이 지났습니다. 인천에서 태어나지 않았지만 초등학교 4학년 이래 인천의 삶에서 한시도 떨어져 본 적이 없는 교육자로서의 인생 그 자체가 도 선생님의 모습입니다. 인천사람 도선생님은 늘 "우리 지역에서 새로운 사람들을 만나면 뭔가를 배운다. 그리고 그들로부터 많은 영감을 얻는다"라고 하셨습니다. 삶의 힘을 기르는 진짜 교육으로 우리 사회를 안전하게 보장하여 미래사회를 환하게 여는 것이 모든 교육자의 사명이겠지요.

도 진짜 교육 지킴이로서의 인생 40년이 갔네요. 뚜벅뚜벅 걸어오는 과정에서 험한 길도 있었지만, 돌아보면 제가 성장한 순간순간이 다 의미가 있었어요. 저는 '현장에 답이 있다'고 생각해서 늘 현장에 있었습니다. 그 현장이라는 게 생물이지요. 늘 바뀝니다. 난관도 많습니다. 그래서 새로운 길을 끊임없이 열어가야 합니다. 이 과정에서 끊임없이 험난한 벽을 만나는데, 그 벽을 넘기 위해 그 벽을 문으로 만드는 일을 계속하는 것이 우리 삶의 연속이겠죠. 이렇게 역동적인 현장 중심 활동으로 경험을 쌓는 것이야말로 온전한 인식과 배움이 이루어지게 하는 것이기에, 세상을 함께 읽고 걸으며 성찰하고 또, 자신의 글로 표현하는 힘이 중요합니다.

제가 소위 진보교육감이라는 이미지로 선거에 임했고 당선되었지만, 이제는 인천시민 전체의 교육감입니다. 그 의미는 제가 추구한 진보교육이 인천시민의 가치와 만날 때 비로소 인천의 얼을 담은 인천교육의 변화와 성과로 이어진다는 것입니다. 저에게 인천시민이라는 자부심이 오늘 이 자리까지 오게 한 겁니다. 특정인이 아닌 모든 인천시민이 저의 멘토입니다.

대담에 불러주셔서 감사합니다. 저를 돌아보며 깨닫고 배울 수 있는, 대단히 의미 있는 시간이었습니다.

정년퇴임을 앞두고 연구실을 정리하는데, 전에 사놓고 읽지 않았던 『오에 겐자부로, 작가 자신을 말하다』가 눈에 들어왔습니다. 왜 이 책을 집어 들었는지 알 수 없습니다. 다만 이 책을 읽은 후 오에 겐자부로 자신이 말하는 자기 소설, 철학, 사회참여, 가족과 삶이 그의 소설보다 더 저를 매료시킨다는 생각에 오자키 마리코 기자의 이야기 풀어내기 방식을 저의 글쓰기에 적용하고 싶어졌습니다.

당시 저는 북아일랜드 지역연구 과정에서 만난 '평화의 사람들 (peace people)' 이야기가 한반도 분단극복 평화교육 운동에도 의미가 있을 것 같아, '평화의 사람들' 시리즈를 구상하고 있었습니다. 그런데 전혀 생각지 못한 곳에서 이야기가 먼저 나오게 되었습니다. 2023년 4월 말에 도성훈 교육감께서 유럽국가 교육현장 탐방을 가는데, 북아일랜드 통합학교를 안내해 달라고 부탁하셨습니다. 일주일 넘게 도 선생님과 함께 유럽의 학교탐방 성과를 어떻게 인천교육에 접목할지에 대한 논의를 하면서, 저는 교육실천가 도 선생님의 진지하고 실행력 있는 교육적 이상주의에 매료되었습니다. 이후 인천교육청의 평화교육 정책을 자문하면서 도 선생님이야말로 한국적 여건에서 보편적 가치를 훼손하지 않으면서 지혜롭게 인천형 평화교육을 구축하고 실행하는 '평화의 사람'이라고 생각하게 되었습니다.

한국의 평화교육 실천가로서 도 선생님을 먼저 대담하자는 발상이 일었습니다. 현직 교육감의 교육 정책을 기반으로 한 이야기가 과연 한 권의 책으로 가능할지 우려도 있었지만, 우리의 대담은 2025년 2월부터 시작되었습니다. 대담자로서 우선 도 선생님 관련 자료를 다 찾아 읽고, 질문을 구상하여 보내고, 만날 때마다 2시간 이상 그날의 주제를 중심으로 대담을 했습니다. 그러고는 대담 자료를 활자화해서 확인하고 사실 여부를 검토하며 문장을 다듬고 체계화하여, 1차 원고가 8월 말에 완성되었습니다.

이후 정리된 원고를 도 선생님과 함께 읽어가면서 문장을 다듬고 사실과 다른 부분은 수정하고 자료가 부족한 부분은 보완하여 11월 말에 최종 원고가 만들어졌지만, 이후로도 계속 수정·보완하는 작업을 했습니다. 교육감으로서 늘 바쁜 일정에 쫓기고 있었기 때문에 주중엔 시간을 낼 수 없어서 우리는 주말을 이용하여 집중적으로 대담을 이어갔습니다. 도 선생님의 아내 김인숙 여사와도 세 번 만나 초고를 하루종일 통독했습니다. 남편의 생각이 잘 드러났다고 빙그레 웃으시는 모습에 마음이 놓였습니다. 그래서 그 틀로 교정에 들어갔지만, 그 후로도 혹독한 편집진의 가위질은 끝나지 않았습니다. 결국 초고에 비해 분량이 대폭 줄었지만, 도선생님의 교육철학은 한결 더

간결하게 정리되었다고 느껴집니다.

사실 도성훈 교육감의 교육 실천을 기반으로 8개의 핵심 주제를 만드는 것은 어렵지 않았습니다. 늘 강조하던 이야기와 발표자료를 중심으로 뽑으니 너무나 확연하게 주제군이 만들어졌습니다. 평화교육이든, 사회정서학습이든, 세계시민교육이든, 미래교육이든, 교육 거버넌스든, 도 선생님의 교육적 관심은 어떻게 하면 아이들을 올곧게, 자기 삶을 살아갈 수 있도록 할 것인가, 즉 '아이들의 삶의 힘을 기르는 교육'이었습니다. 나다움, 인간다움, 인간성을 갖춘 돌파력을 키우는 교육 등 특이한 표현들을 거침없이 생성해 내는 도 선생님께서는 '아이들 가슴에 불을 질러 어떤 세파가 몰려와도 이를 뚫고 나아갈 수 있는 마음근력을 길러줘야 한다, 그러기 위해선 그 아이들을 사랑으로 품어야 한다'는 감성교육의 역설을 이야기합니다. 전인교육의 완성체 같은 표현입니다.

대학에서 이론 기반의 활동에 몰두하던 연구자로서 이것은 새로운 충격이었습니다. 저희가 대담을 통해 완성한 이 책은, 온몸으로 부딪혀 깨달은 도성훈 선생님의 교육행정 철학입니다. 국가적으로, 경제적으로, 사회문화적으로 척박했던 교육환경이 있었기에, 이에 저항하며 정의로운 참교육을 올곧게 실행한 교육실천가를 이제 우리도 갖게 된 것입니다. 인천교육이 이렇게 중심을 잡고 변화를 일으키면, 이 파장이 확산되면서 전 사회로 변화의 물결이 일게 될 것입니다. 저는 이것이 한국적 풍토에서 잉태하여 인천에서 발화한 K-교육이라고 말할 수 있다고 생각합니다.

10개월 동안 만나서 쉬지 않고 질문하고 대답하며 주제를 모아가는 과정은 저 자신의 교육학적 성찰로 이어진 대담이었습니다. 우리의 교육현장을 제대로 읽어내지 못한 채 설익은 서구 이론만 들이댄 대학교수로서의 한계를 반성하는 시간이었습니다. 그런 제가 인천형 교육실천 모형을 정리할 수 있는 자리에 있었다는 것이 큰 영광이고 기쁨입니다. 그동안 쉬지 못하고 대담을 풀고, 조사하고, 정리하고 책으로 잘 비칠 수 있게 함께해 주신 분들의 수고를 잊지 않겠습니다.

2026년 1월
강순원

동양서

강경석 편저(2024). 『한국사상선19-안창호: 민족혁명의 이정표』. 파주: 창비

강순원(2017). 『북아일랜드 통합학교 기행』. 파주: 한울.

강순원(2022). 『교육회복과 적극적 시민교육』. 서울: 살림터.

고제민(2020). 『인천, 그리다』. 성남: 헥사곤.

교육의봄 외 17인(2021), 『채용이 바뀐다 교육이 바뀐다』. 서울: 우리학교.

권택환(2024). 『맨발학교 권택환의 맨발혁명』. 고양: EBS BOOKS.

기시미 이치로, 고가 후미타케(2013), 전경아 번역(2014). 『미움받을 용기』. 서울: 인플루엔셜.

김구(1947). 『백범일지』. 도진순 재구성. 2005. 파주: 돌베개.

김금희(2018). 『경애의 마음』. 파주: 창비.

김길홍, 나성섭, 폴김, 함돈균(2020). 『교육의 미래 컬처 엔지니어링』. 서울: 동아시아.

김대중(1972). 『망명일기』. 연세대학교 김대중도서관 기획. 2025. 파주: 한길사.

김도연(2025). 『젊은이를 위한 미래 엿보기』. 서울: 태재대학교 출판문화원.

김동기(2021). 『지정학의 힘』. 파주: 아카넷.

김병찬(2017). 『왜 핀란드 교육인가』. 서울: 박영스토리.

김애란(2024). 『이중 하나는 거짓말』. 파주: 문학동네.

김영록(2022). 『진격의 늑대』. 서울: 쌤앤파커스.

김영순(2025). 『공존의 별자리』. 하남: 패러다임북.

김이재(2021). 『부와 권력의 비밀, 지도력(地圖力)』. 서울: 쌤앤파커스.

김재훈(2024). 『미용실에서 읽는 철학책』. 청주: 형설의공.

김찬배(2015). 『요청의 힘』. 서울: 올림.

김현수(2024). 『교사 상처』. 서울: 미류책방.

나태주(2020). 『꽃을 보듯 너를 본다』. 대전: 지혜.

도성훈(2014). 『생각을 바꾸면 교육이 보인다』. 인천: 다인아트.

도성훈(2018). 『행복해야 교육이다』. 인천: 다인아트.

도종환(2022). 『어린이를 노래하다』. 파주: 미디어창비.

도종환(2025). 『고요로 가야겠다』. 파주: 열림원.

미상, 이원섭 번역(2002). 『당시』. 서울: 현암사.

민중교육편집위원회·편(1985). 『민중교육 1』. 서울: 실천문학사.

박노해(2021). 『걷는 독서』. 서울: 느린걸음.

박동창(2024). 『맨발걷기학 개론』. 파주: 국일미디어.

박지원(1780), 리상호 번역(2004). 『열하일기』. 파주: 보리.

서광일(2025). 『AI 시대, 예술가처럼 경영하라』. 서울: 행복에너지.

서광일, 나채훈(2023). 『인천아리랑』. 인천: 티앤티.

손주은, 이소영, 도현명, 신태균, 이형우(2022). 『채용 대전환, 학벌 없는 시대가 온다』. 서울: 우리학교.

신기욱(2017). 『슈퍼피셜 코리아』. 파주: 문학동네.

신영복(2016). 『처음처럼』. 파주: 돌베개.

신현석(2023). 『한국 교육정책의 패러독스: 연구와 실제』. 서울: 박영스토리.

신현수(1994). 『처음처럼』. 서울: 내일을 여는 책.

아키모투 유지(2015), 정지영 번역(2025). 『왜 성공한 리더들은 아무리 바빠도 미술관에 가는가』. 서울: 센시오.

안희경(2021). 『내일의 세계』. 서울: 메디치미디어.

양진채(2019). 『열전, 18인의 인천민주화운동가』. 인천: 인천민주화운동센터.

여은호, 원숙경(2025). 『우리를 위한 디지털 리터러시: '좋아요'와 '싫어요'를 넘어』. 서울: 살림터.

오에 겐자부로(2003). 위귀정 번역(2025). 『새로운 사람에게』, 서울:까치.

오에 겐자부로(2007), 윤상인·박이진 번역(2012). 『오에 겐자부로, 작가 자신을 말하다』. 서울: 문학과지성사.

유동우(1977). 어느 돌멩이의 외침, 『대화』. 1-3월호.

유범상·유해숙(2024). 『선배시민』. 인천: 마북.

이광식(2022). 『강화돈대 순례』. 고양: 들메나무.

이규환(1972). 중학교 평준화 정책에 대한 사회학적 연구. 『성곡논총 3』. 579-634.

이규환, 강순원 편역저(1984). 『자본주의사회의 교육』. 서울: 창작과비평.

이소영(2022). 『당신은 다른 사람의 성공에 기여한 적 있는가?』. 서울: 퍼블리온.

이어령(2008). 『젊음의 탄생』. 서울: 마로니에북스(재발간, 2013).

이옥남(2018). 『아흔일곱 번의 봄 여름 가을 겨울』. 서울: 양철북.

이정동(2024). 『기술은 세상을 어떻게 바꾸는가』. 서울: 김영사.

이케다 미쓰후미, 하진수 번역(2025). 『걷는다』. 서울: 더퀘스트.

이혜정, 이범, 김진우, 박하식, 송재범, 하화주, 홍영일(2019). 『IB를 말한다』. 서울: 창비교육.

인천광역시교육청(2021). 『인천광역시교육청 코로나19 대응』. 인천: 인천광역시교육청.

인천광역시교육청(2023). 『인천을 품고 세계로』. 인천: 인천광역시교육청.

장성민(2024). 『AI시대의 글쓰기』. 서울: 커뮤니케이션북스.

장정구(2024). 『장정구의 하천 이야기』. 인천: 다인아트.

전국교직원노동조합 인천지부(2006). 『인천교육노동운동사 1, 2/ 1960-2005』. 인천: 다인아트.

전성원(2022). 『하루 교양 공부』. 파주: 유유.

전우익(1993). 『혼자만 잘 살믄 무슨 재민겨』. 서울: 현암사.

정진오(2020). 『여행자를 위한 도시 인문학: 인천』. 서울: 가지.

정진오(2024). 『대장간 이야기』. 파주: 교유서가.

조대현(2025). 『트래블로그 아이슬란드』. 파주: 해시태그.

조병영(2021). 『읽는 인간 리터러시를 경험하라』. 서울: 쌤앤파커스.

조병영(2024). 『학교를 삶으로』. 인천: 인천광역시교육청.

조용헌(2024). 『조용헌의 내공』. 서울: 생각정원.

조천호(2019). 『파란하늘 빨간지구』. 서울: 동아시아.

최서윤(2024). 『다시 읽는 '어린이': 한국 근대 어린이생태시민 교육서』. 원주: 공명.

최원식(2009). 『제국 이후의 동아시아』. 파주: 창작과비평사.

최원식 편저(2024). 『한국사상선 17-김옥균 유길준 주시경; 조선의 근대를 개척하다』. 파주: 창비.

최인아(2023). 『내가 가진 것을 세상이 원하게 하라』. 서울: 해냄출판사.

최재천(2024). 『숙론』. 서울: 김영사.

폴 김(2025). 『이유 있는 지성』. 서울: 알에이치코리아.

핀란드한인과학기술인협회, 박솔잎 외(2020), 『핀란드 실패 파티:포스트-
노키아에서 혁신을 외치다』, 서울: 부크크.

한강(2014). 『소년이 온다』. 파주: 창비.

한강범(2023). 『선생님, 제주 4·3이 뭐예요?』. 서울: 살림터.

함돈균(2025), 『초연결학교』. 서울: 쌤앤파커스.

황석영(1993). 『사람이 살고 있었네』. 서울: 시와사회사.

황해섬네트워크(2025). 『황해섬연구총서 6 자월도』. 인천: 다인아트.

서양서

Avanesian, A.아르멘 아바네시안(2020), 한정라 번역(2025), 『미래의
형이상학』. 파주: 한울.

Bion, W. 윌프레드 비온(1963), 홍준기 번역(2018). 『정신분석의 요소들』.
남양주: 눈출판그룹.

Burnett, B. & Evans, D. 빌 버넷, 데이브 에번스(2021), 이미숙 번역(2021).
『일의 철학』. 파주: 갤리온.

Clair, A. & Trybou, V. 안-엘렌 클레르, 뱅상 트리부(2016), 구영옥
번역(2024). 『마음의 기술』. 성남: 상상스퀘어.

Dewey, J.존 듀이(1915). 이홍우 번역(1996). 『민주주의와 교육』. 서울;
교육과학사.

Diamond, J. 재레드 다이아몬드(2019), 강주헌 번역(2019). 『대변동: 위기,
선택, 변화』. 서울: 김영사.

Erickson, E. 에릭 에릭슨(1993). 송제훈 번역(2014). 『유년기와 사회』. 고양:
연암서가.

Galtung, Johan(1996), Peace by Peaceful Means, London: Sage
Publications.

Gros, F. 프레데리크 그로(2009), 이재형 번역(2014). 『걷기, 두 발로
사유하는 철학』. 서울: 책세상.

Hari, J.(요한 하리)(2022), 김하현 번역(2023).『도둑맞은 집중력』 서울: 어크로스.

Holiday, R. 라이언 홀리데이(2014), 안종설 번역(2024).『돌파력』, 파주: 심플라이프.

Kurzweil. R. 레이 커즈와일(2024), 이승호 번역(2025).『마침내 특이점이 시작된다』. 서울: 비즈니스북스.

Márquez, Gabriel García 가브리엘 가르시아 마르케스(1967), 조구호 번역(2000).『백년의 고독』. 서울: 민음사.

Muller, R. (2005). A Framework and Ways to Create it. Global Reconstruction Vol.19, Issue 8. World Business Academy. 1-15.

Murphy, T. 태가트 머피R(2014), 윤영수, 박경환 번역(2021).『일본의 굴레』, 파주: 글항아리.

Nakazawa, D. 도나 잭슨 나카자와 (2020), 최가영 번역(2021).『너무 놀라운 작은 뇌세포 이야기』. 파주: 브론스테인.

National Commission on Education(1996). Success Against The Odds: Effective Schools in Disadvantaged Areas. London and New York: Routledge.

Olivier, B. 베르나르 올리비에 외(2012), 임수현 번역(2014).『쇠이유, 문턱이라는 이름의 기적』. 파주: 효형출판.

Oppezzo, Marly & Schwartz, D.(2014). Give Your Ideas Some Legs: The Positive Effect of Walking on Creative Thinking. Journal of Experimental Psychology: Learning, Memory, and Cognition. Vol. 40, No. 4, 1142-1152.

Prensky, M. 마크 프렌스키(2010), 허성심 번역(2023).『세상에 없던 아이들이 온다』. 서울: 한문화.

Quammen, D. 데이비드 콰먼(2012), 강병철 번역(2020).『인수공통 모든 전염병의 열쇠』. 서울: 꿈꿀자유.

Readon, B. 베티 리어든(1988), 강순원 번역(2021).『포괄적 평화교육』, 서울: 살림터.

Saint-Exupéry, A. 생택쥐페리(1943), 정연복 번역(2023).『어린 왕자』. 서울: 시공주니어.

Sandel, M. 마이클 샌델(2009), 김명철 번역(2014). 『정의란 무엇인가』. 서울: 와이즈베리.

Shirky C. 클레이 셔키(2008), 송연석 번역(2008). 『끌리고 쏠리고 들끓다: 새로운 사회와 대중의 탄생』. 대전: 갤리온.

Smith, W & Lewis, M. 웬디 K. 스미스, 메리앤 W. 루이스(2022), 엄성수 번역(2024). 『패러독스 마인드셋』. 성남: 상상스퀘어.

Tett, G. 질리언 테트(2021), 문희경 번역(2022). 『알고 있다는 착각』. 서울: 어크로스.

UNESCO(2015). APCEIU 번역(2018). 『다시 생각하는 교육: 교육은 전지구적 공동재를 향해 가고 있는가?』. 서울: APCEIU.

UNESCO(2016). A Teacher's Guide on the Prevention of Violent Extremism. Paris: UNESCO.

UNESCO(2021). KNCU 번역(2022). 『함께 그려보는 우리의 미래: 교육을 위한 새로운 사회계약』. 서울: 유네스코한국위원회.

UNESCO(2023), KNCU 번역(2024). 「평화, 인권, 국제이해, 협력, 기본 자유, 세계시민성 및 지속가능발전을 위한 교육에 관한 권고(Recommendation on Education for Peace and Human Rights, International Understanding, Cooperation, Fundamental Freedoms, Global Citizenship and Sustainable Development)」. 서울: 유네스코한국위원회. https://unesco.or.kr/standard/

Waldinger, R & Schultz, M. 로버트 월딩거, 마크 슐츠(2023), 박선령 번역(2023). 『세상에서 가장 긴 행복 탐구 보고서』. 서울: 비즈니스북스.

Yong, E. 에듀 융(2022), 양병찬 번역(2023). 『이토록 굉장한 세계』. 서울: 어크로스.

Zeihan, P. 피터 자이한(2014), 홍지수, 정훈 번역(2018). 『21세기 미국의 패권과 지정학』. 서울: 김앤김북스.

인터넷

thinking school network
https://www.thinkingmatters.com/thinking-schools-network

삶의 행복을 꿈꾸는 교육은 어디에서 오는가?

● **교육혁명을 앞당기는 배움책 이야기** 혁신교육의 철학과 잉걸진 미래를 만나다!

혁신학교	성열관·이순철 지음 l 224쪽 l 값 12,000원
행복한 혁신학교 만들기	초등교육과정연구모임 지음 l 264쪽 l 값 13,000원
서울형 혁신학교 이야기	이부영 지음 l 320쪽 l 값 15,000원
혁신교육, 철학을 만나다	브렌트 데이비스·데니스 수마라 지음 l 현인철·서용선 옮김 l 304쪽 l 값 15,000원
대한민국 교사, 어떻게 가르칠 것인가?	윤성관 지음 l 320쪽 l 값 15,000원
아이들을 어떻게 가르칠 것인가	사토 마나부 지음 l 박찬영 옮김 l 232쪽 l 값 13,000원
모두를 위한 국제이해교육	한국국제이해교육학회 지음 l 364쪽 l 값 16,000원
경쟁을 넘어 발달 교육으로	현광일 지음 l 288쪽 l 값 14,000원
혁신교육 존 듀이에게 묻다	서용선 지음 l 292쪽 l 값 14,000원
다시 읽는 조선 교육사	이만규 지음 l 750쪽 l 값 33,000원
교실 속으로 간 이해중심 교육과정	온정덕 외 지음 l 224쪽 l 값 13,000원
대한민국 교육혁명	교육혁명공동행동 연구위원회 지음 l 224쪽 l 값 12,000원
포스트 코로나 시대의 교육	성열관 외 지음 l 224쪽 l 값 15,000원
내일 수업 어떻게 하지?	아이함께 지음 l 300쪽 l 값 15,000원
핀란드 교육의 기적	한넬레 니에미 외 엮음 l 장수명 외 옮김 l 456쪽 l 값 23,000원
한국 교육의 현실과 전망	심성보 지음 l 724쪽 l 값 35,000원
독일의 학교교육	정기섭 지음 l 536쪽 l 값 29,000원
교실 속으로 간 이해중심 통합교육과정	온정덕 외 지음 l 224쪽 l 값 15,000원
초등 백워드 교육과정 설계와 실천 이야기	김병일 외 지음 l 352쪽 l 값 19,000원
학습격차 해소를 위한 새로운 도전 보편적 학습설계 수업	조윤정 외 지음 l 240쪽 l 값 15,000원

● **경쟁과 차별을 넘어 평등과 협력으로 미래를 열어가는 교육 대전환!** 혁신교육 현장 필독서

학교의 미래, 전문적 학습공동체로 열다	새로운학교네트워크·오윤주 외 지음 l 276쪽 l 값 16,000원
마을교육공동체 생태적 의미와 실천	김용련 지음 l 256쪽 l 값 15,000원
학교폭력, 멈춰!	문재현 외 지음 l 348쪽 l 값 15,000원
학교를 살리는 회복적 생활교육	김민자·이순영·정선영 지음 l 256쪽 l 값 15,000원
삶의 시간을 잇는 문화예술교육	고영직 지음 l 292쪽 l 값 16,000원
미래교육을 디자인하는 학교교육과정	박승열 외 지음 l 348쪽 l 값 18,000원
코로나 시대, 마을교육공동체운동과 생태적 교육학	심성보 지음 l 280쪽 l 값 17,000원
혐오, 교실에 들어오다	이혜정 외 지음 l 232쪽 l 값 15,000원
수업, 슬로리딩과 함께	박경숙 외 지음 l 268쪽 l 값 15,000원
물질과의 새로운 만남	베로니카 파치니-케처바우 외 지음 l 이연선 외 옮김 l 240쪽 l 값 15,000원
그림책으로 만나는 인권교육	강진미 외 지음 l 272쪽 l 값 18,000원

참된 삶과 교육에 관한
생각 줍기